Das Wettrennen der Fichtenstämme

RR

Jochen Frickel

Das Wettrennen der Fichtenstämme

Historischer Kriminalroman

Roland Reischl Verlag

Sie handeln mit ihrem Wald. Sie fällen und behauen ihre Tannen, flößen sie den Rhein hinab, bis weit hinein nach Holland. Diese Menschen sind ein raues, wanderndes Leben gewöhnt. Ihre Freude ist, auf ihrem Holz die Ströme hinabzufahren, ihr Leid, am Ufer wieder heraufzuwandeln.

Wilhelm Hauff, Das kalte Herz

Bibliografische Information der Deutschen Nationalbibliothek. Die Deutsche Nationalbibliothek verzeichnet diese Publikation in der Deutschen Nationalbibliografie; detaillierte bibliografische Daten sind im Internet über www.dnb.de abrufbar.

Bildnachweis: Umschlagvorderseite: Hilke Hallen, 63694 Limeshain [inspiriert vom Denkmal „Der Flößer“ in Mainz-Kastel]; Rückseite: Deutsches Schifffahrtsmuseum Bremerhaven [Rheinfloß, geschleppt von einem Dampfer, auf einer Werbepostkarte eines Mainzer Holzhändlers]. Innenteil: siehe S. 335.

Satz, Layout & Covergestaltung: Roland Reischl

Zweite, überarbeitete Auflage 2024.

Alle Nutzungsrechte dieser Ausgabe:
Roland Reischl Verlag, Herthastr. 56, 50969 Köln, www.rr-verlag.de

Herstellung: BoD – Books on Demand, Norderstedt

ISBN: 978-3-943580-43-3

Inhalt

Prolog

Im Morgennebel des Vorfrühlingstages bewegte sich ein fauchendes, rasselndes Ungetüm aus Stahl langsam flussaufwärts. Wie ein riesiges Krokodil lag es auf dem Wasser, fünfzig Meter lang, flach, mit einem kleinen Buckel in der Mitte und zwei hohen Kaminen, aus denen dicke schwarze Rauchwolken hervorquollen. Voraus stieg wie eine eiserne Schlange eine schwere Kette aus dem Flussbett empor, rollte über das Verdeck, verkroch sich – und plötzlich war sie zurück, um ganz hinten wieder im nassen Element zu verschwinden.

Vor einer Stunde, noch vor Sonnenaufgang, hatte das Kettenschleppschiff[1] *Mainkette No. 2* im Hanauer Hafen abgelegt, mit sechs schwer beladenen Lastkähnen im Schlepptau. Kapitän Günther Baumgartner lugte vom Führerstand aus angestrengt nach vorne zum Ausleger am Bug mit den beiden Führungsrollen, welche die neun Zentimeter breite Eisenkette aufnahmen. In dieser Jahreszeit, nach der Schneeschmelze im Obermaingebiet, musste man mit allerlei Treibgut auf dem Fluss rechnen: Schilf, Äste, mitunter sogar ganze Bäume, deren Wurzeln vom Hochwasser freigespült worden waren. Kleinere Zweige, die an der auftauchenden Kette hängen blieben, wurden beim Durchlaufen mühelos gebrochen – große, massive Äste jedoch konnten sich in den Rollen oder in der Trommelwinde verklemmen und erhebliche Störungen verursachen. Zur Sicherheit hatte er einen seiner Matrosen am Ketteneinlauf platziert, der genau aufpassen musste.

Das Schiff näherte sich jetzt einer Flussbiegung, und Kapitän Baumgartner gab das übliche Warnsignal über das Nebelhorn

---

[1] Kettenschifffahrt gab es auf dem Main von 1886 bis 1936. Siehe S. 336 [1].

ab – einen lang gezogenen, weithin hörbaren Heulton. „Die *Maakuh* kommt“, sagten die Leute in den Dörfern und Städten längs des Flusses, denn das dumpf dröhnende Signal hörte sich an wie das ferne Muhen einer Kuh, und das laute Rasseln der Kette erinnerte an die Geräusche in einem unruhigen Kuhstall.

Plötzlich begann der Mann am Bug wild zu gestikulieren, und nun sah auch Baumgartner das seltsame Gebilde, das die Kette aus dem Main gezogen hatte. Was es war, konnte er nicht genau erkennen. Es sah nicht aus wie der Ast eines Baumes, eher wie ein großer schlaffer Sack, der in der Mitte aufgehängt war. Mechanisch griff er zum Steuerhebel, stoppte die Trommelwinde und hakte die Arretierung ein. Der schwere Schleppverbund kam zum Stehen, wenige Zentimeter bevor das fremde Objekt die Führungsrollen erreicht hatte.

Der Kapitän ging nach vorne und blickte in das erschrockene Antlitz seines Matrosen, der am ganzen Leib zitterte. Im nächsten Moment wusste er, warum.

Über der Kette hing der triefende Leichnam eines Mannes, mit bläulich aufgedunsenem Gesicht und leeren, trüben Augen. Am Hals klaffte eine tiefe Wunde, aus der das rohe, vom Wasser ausgewaschene Fleisch hervorquoll.

Die entsetzten Matrosen hoben den leblosen Körper von der Kette herunter und legten ihn aufs Deck. Erschüttert beugte sich Baumgartner zu ihm hinunter. Der Mann musste auf jeden Fall schon einige Stunden im Wasser gelegen haben. Der Kapitän untersuchte die Taschen der durchnässten Kleidung, fand aber nichts, was einen Hinweis zur Identität des Toten gegeben hätte.

Er sah sich um. Am linken Ufer erkannte er eine große weiße Tafel mit der Zahl 63,5. Rechts von ihm zeichneten sich in der Ferne schemenhaft die Umrisse einiger Häuser im Nebelgrau ab; das musste der Ort Klein-Krotzenburg sein. Weit und breit war keine Menschenseele zu sehen.

Baumgartner fluchte leise vor sich hin. Es blieb ihm nichts anderes übrig, als den Toten bis zur nächsten Anlegestelle in Seligenstadt mitzunehmen. Dort gab es auch eine Gendarmeriewache, wo er den Vorfall melden und die Leiche übergeben konnte. Auf jeden Fall würde er heute Morgen wertvolle Zeit verlieren. Sein Arbeitgeber, die Mainkette AG, sah es überhaupt nicht gerne, wenn die Frachtkähne mit Verspätung ihr Ziel erreichten.

Im Führerstand holte er das Logbuch hervor und schrieb:

Freitag, 11. März 1904, 7 Uhr.
Männliche Person bei km 63,5 aus dem Main geborgen, etwa 50 Jahre alt, mit schwerer Verletzung am Hals. Die Leiche wird der Gendarmerie in Seligenstadt übergeben.

Noch einmal betätigte er die Dampfpfeife, dann löste er die Arretierung und setzte die Trommelwinde wieder in Gang. Langsam, rasselnd und fauchend, hangelte sich das Schiff mit seiner grausigen Fracht weiter an der Kette entlang mainaufwärts.

Vier Monate zuvor ...

Kapitel 1 – Holz für Holland

Holland braucht Holz – viel Holz! Denn Hollands Wirtschaft blüht und gedeiht; die Städte blähen sich auf und wuchern längs der Kanäle und Flüsse immer tiefer hinein ins flache Hinterland. Überall wird gebaut – neue Wohnviertel wachsen aus dem Nichts, gewaltige Hafenanlagen entstehen, Lagerhallen, Fabriken, Deichbefestigungen. Doch die nassen Marschen, mühsam genug dem Meer abgetrotzt, bilden einen trügerischen Untergrund. Wer hier bauen will, braucht ein solides Fundament, am besten aus massiven Baumpfählen, die dicht an dicht tief in den sumpfigen Boden gerammt werden.

Seit Jahrhunderten macht man das so. Fleißige Bauern und Handwerker, rührige Kaufleute und Erfinder, vor allem aber kühne Seefahrer und Walfänger haben die Niederlande zu beachtlichem Wohlstand gebracht. Es ist ein reiches Land, aber es fehlt an Holz. Die krummen Kiefernwäldchen zwischen den Dünen, vom Westwind zerzaust, sind nicht in der Lage, das notwendige Material zu liefern.

Drüben, beim großen Nachbarn im Südosten, gibt es noch genug Holz. In den Mittelgebirgen längs des Rheins und seiner Nebenflüsse wachsen die kerzengeraden hohen Tannen und Fichten, die Holland braucht. Und so werden weiterhin im Schwarzwald und in den Vogesen, im Fichtelgebirge und im Frankenwald, in der Rhön und im Spessart riesige Mengen Holz eingeschlagen, werden unzählige Stämme entastet, geschält und zu den Gebirgsbächen gebracht. Und genau wie aus wilden Sturzbächen allmählich kleine gewundene Wasserläufe werden, die in den Tälern ruhiger dahinfließen und sich nach und nach zu breiteren Flüssen vereinen, zur Enz und zur Nagold, zum Weißmain und zur Rodach, so wächst auch deren hölzerne Fracht – beginnend mit einzelnen Stämmen, die in der Trift[2] zu Tal schießen, über zusammengebundene kleinere Gestöre[3], die noch von einem einzelnen Mann gesteuert werden können, bis hin zu beachtlichen Flößen aus Hunderten von Stämmen. Am Ende aber sammelt der mächtige Vater Rhein das Wasser und das Holz aller seiner Kinder ein, das ihm über Kinzig und Murg, über Neckar und Main zuströmt, und leitet es gemächlich weiter bis zur Nordsee.

Vorbei sind allerdings die Zeiten, als noch die riesigen Holländerflöße rheinabwärts unterwegs waren – schwimmende Inseln, mehr als 300 Meter lang und 60 Meter breit, mit einer Besatzung von über 500 Mann und mit einem regelrechten Dorf bebaut: Schlafhütten für die Mannschaft, Proviantmagazin und Küchengebäude, ein Viehstall für Ochsen, Ziegen und Federvieh und natürlich auch ein Schlachthaus. Als das Dampfschiff kam und der Verkehr auf dem Strom immer mehr zunahm, waren solche Ungetüme nicht mehr zeitgemäß. Seit fast fünfzig Jahren gelten daher strenge Regeln für die Flößerei auf dem Rhein, die sich der Schifffahrt unterordnen muss. Die Maximallänge eines Rheinfloßes ist inzwischen auf 220 Meter, die maximale Breite auf 56 Meter beschränkt.

Das Dampfschiff brachte allerdings noch andere Umbrüche in den Ablauf des Holztransports: Für die schwierige und gefährliche Durchfahrt durch das enge Mittelrheintal war es einfacher, sicherer und schneller, das Floß von einem Dampfer ziehen zu lassen. Letztendlich war das sogar billiger, denn die Besatzung konnte damit auf dieser Strecke deutlich reduziert werden.

Seitdem endet die eigenständige Talfahrt der Flößer aus Franken, Baden und Württemberg fast immer auf der Höhe von Mainz. Die Floßherren verkaufen dort ihre Fracht an die ortsansässigen Holzhändler, die sich dann um den Weitertrans-

---

[2] Frei schwimmendes, ungebündeltes Holz.

[3] Aus mehreren Stämmen eingebundenes Floßteil.

port ins Ruhrgebiet oder nach Holland kümmern. In einem der großen Floßhäfen auf der rechten Rheinseite, in Kostheim, Kastel oder Schierstein, werden die Stämme neu eingebunden und an die Kette eines Raddampfers gehängt. So erreichen sie ihr Ziel in der Regel innerhalb von drei Tagen anstelle einer mehrwöchigen Reise wie in früheren Zeiten. Die Mehrzahl der Flößer kehrt unterdessen in ihre Heimat zurück, was nun gleichfalls nicht mehr wie einst eine wochenlange Wanderschaft bedeutet, sondern dank der Eisenbahn in ein bis zwei Tagen zu bewerkstelligen ist.

Vieles hat sich im Leben der Flößer durch die moderne Technik verändert. Geblieben ist ihnen die harte und gefährliche Arbeit bei Wind und Wetter, der ständige Einsatz von Kraft, Geschicklichkeit und Ausdauer im Kampf mit den Naturgewalten, aber auch das stolze Gefühl von Freiheit und Unbesiegbarkeit. Geblieben sind auch die Legenden und Mythen, die sich seit jeher um dieses Gewerbe ranken und bei den Außenstehenden widersprüchliche Empfindungen auslösen: Furcht und Abwehr auf der einen Seite, romantische Verklärung auf der anderen Seite, oft aber einfach nur Geringschätzung und reichlich Vorurteile.

Um Hollands Heißhunger auf Holz zu stillen, war Balthasar Nauth, Inhaber einer Holzgroßhandlung und Frachtflößerei, wieder einmal von Mainz nach Dordrecht gereist. Nun saß er im altehrwürdigen Kontor seines langjährigen Geschäftspartners Adriaen Jongeneel, das mit seinen holzvertäfelten Wänden und dem kunstvoll gedrechselten Mobiliar eine gediegene Behaglichkeit ausströmte. Neben ihm hatte noch ein weiterer Besucher Platz genommen, der ihm als der Börsenmakler Jan van Gelderen vorgestellt wurde. Beide hatten die ihnen angebotenen dicken Sumatra-Zigarren mit Dank angenommen, während der Hausherr am Tisch gegenüber an einer langen Gesteckpfeife sog – kunstvoll gefertigt aus Palisanderholz und Porzellan, ähnlich wie die des Firmengründers, der von einem lebensgroßen Ölporträt an der Wand ernst auf sie herunterschaute. Huybertus Jongeneel hatte bereits 1797 in Utrecht mit dem Holzhandel begonnen.

„Wann, sagten Sie, kommt das nächste Floß aus Mainz?“, wollte der jetzige Inhaber von Jongeneel & Zoon wissen.

„Nächste Woche, Mittwoch oder Donnerstag. Allerdings ist es das letzte für dieses Jahr. Von Mitte November bis Ende Februar ruht der Floßbetrieb auf Neckar, Main und Rhein, wie Ihnen bekannt ist.“

Der Händler nickte. „Es war ein gutes Jahr für uns beide. Und das nächste verspricht noch besser zu werden.“ Er stand auf, trat ans Fenster und blickte hinunter aufs Wasser vor dem Groothoofds-Tor, wo ein geschäftiges Treiben im Gange war. Drei Flüsse vereinigten sich hier: Alte Maas, Merwede und Noord. Es war die Stelle, an der die schwimmenden Wälder aus Deutschland wieder in kleinere Einheiten zerlegt wurden, um über ein Gewirr von Flussläufen, Kanälen und Grachten den letzten Teil ihrer Reise bis zum endgültigen Bestimmungsort anzutreten.

„Im Winter ruht auch die Arbeit hier auf den Baustellen. Aber im zeitigen Frühjahr geht es wieder richtig los. Rotterdam, Delft, Leiden – überall entstehen neue Siedlungen am Stadtrand. Die reichen Kaufleute wollen raus aus der Enge der alten Städte und planen ihre schicken Villen im Grünen.“

Adriaen Jongeneel kam an den Tisch zurück. Er bewegte sich aufrecht und stolz, im vollen Bewusstsein der langen Tradition seines Hauses, und dennoch mit einem heiteren, beinahe schelmenhaften Gesichtsausdruck, den er selbst bei schwierigen Verhandlungen stets beibehielt.

„Ich habe jetzt schon Bestellungen für nächstes Jahr", fuhr er fort. „Aber meine Lager sind leergefegt. Ich brauche spätestens in der Woche vor Ostern 3.000 Festmeter in der üblichen Qualität."

Balthasar Nauth zog seinen kleinen ledergebundenen Taschenkalender hervor und blätterte auf den hinteren Seiten. „Das wird eng", stellte er fest. „Ostersonntag fällt nächstes Jahr auf den 3. April – wenn ich Sie recht verstehe, möchten Sie die Ware dann bis spätestens Samstag, den 26. März hier in Dordrecht haben. Nun, mir geht es wie Ihnen – meine Lager sind fast leer. Ich muss also kräftig dazukaufen. Aber die Flößerei kommt erst nach dem 1. März wieder so richtig in Gang, und ob dann innerhalb von drei Wochen genügend Holz in Mainz angelandet wird ..."

„Ach, kommen Sie, Sie haben doch die besten Beziehungen zu den Floßherren im Schwarzwald und in Franken", zwinkerte Jongeneel. „Die sollen sich mal ein bisschen sputen. Ich wette, dass Sie das hinkriegen!"

Der Mainzer zog sein Taschentuch hervor und wischte sich den Schweiß von der Stirn. Nicht, dass ihn das Gespräch sonderlich aufgeregt hätte – als routinierter Geschäftsmann war er einiges gewohnt. Aber es war recht warm im Kontor, und im Übrigen war das eine ganz normale Reaktion seines Körpers, mehr seinem Übergewicht und dem erhöhten Blutdruck geschuldet.

Rund 600 Festmeter Holländerstämme[4] hatte er noch auf Lager, weitere 600 konnte er vermutlich zu Winterpreisen vor

---

[4] Nach damaliger Handelsnorm gerade gewachsene Stämme von Fichte oder Tanne, mindestens 18 Meter lang und in der Mitte 30 Zentimeter dick.

Ort bekommen. Den größeren Teil für einen solchen Auftrag mussten jedoch die Flößer im März rechtzeitig nach Mainz bringen. Für die aus dem Frankenwald war das praktisch unmöglich – der Winter dauerte dort lang, und der Weg über den Main war weit. Einfacher war es für die Floßherren aus dem Schwarzwald, falls sie im Februar schon genügend Holz an den Oberrhein bringen konnten.

„Ich werde es versuchen", sagte Nauth. „Aber ich kann nichts versprechen. Was ist, wenn ich nicht liefern kann?"

„Nun, ich muss mich natürlich absichern", erwiderte Adriaen Jongeneel. „Deshalb werden wir das Ganze als Termingeschäft über die Amsterdamer Börse abwickeln." Auf den fragenden Blick seines deutschen Geschäftspartners hin wandte er sich an den Makler: „Jan, erklären Sie ihm, wie das funktioniert."

Der junge Mann, der sich bisher nicht an dem Gespräch beteiligt hatte, räusperte sich. Jan van Gelderen war eine gepflegte Erscheinung mit einem leicht arroganten Gesichtsausdruck. Er trug ein schmales Oberlippenbärtchen und war äußerst korrekt nach der neuesten Mode gekleidet.

„Also – Mijnheer Jongeneel wird in den nächsten Tagen einen Kontrakt mit der Amsterdamer Rohstoffbörse abschließen", erläuterte er. „Einen Kontrakt über den Ankauf der entsprechenden Menge Holz zum 25. März 1904. Ein solcher Kontrakt für ein Geschäft, das erst in der Zukunft abgewickelt wird, hat derzeit einen Börsenwert von 11 Gulden 80 Cent pro Festmeter Holz, liegt damit also um fast acht Prozent über dem heutigen Kassakurs für die gleiche Ware. Darin spiegelt sich die Erwartung des Marktes, dass die Preise im nächsten Jahr weiter ansteigen werden – eine Erwartung, die nach allem, was wir wissen, durchaus gerechtfertigt ist. Ich persönlich rechne damit, dass der Holzpreis im März zehn bis fünfzehn Prozent über dem heutigen Niveau liegt. Viele Spekulanten, die mit dem Holzhandel überhaupt nichts zu tun haben, schließen jetzt ähnliche Kontrakte ab, in der Hoffnung, sie im Frühjahr gewinnbringend verkaufen zu können."

Das war einleuchtend. Nauth wusste, dass die Preise für Bauholz im ersten Quartal, wenn die Nachfrage stieg und die Vorräte knapp waren, regelmäßig in die Höhe schossen. Das waren die Gesetze des Marktes. Jongeneel konnte jetzt noch relativ günstig an der Börse einsteigen und musste sich dann um künftige Preiserhöhungen keine Sorgen machen.

„Sie kaufen also nicht bei mir, Mijnheer Jongeneel, sondern an der Rohstoffbörse. Und trotzdem soll ich liefern?"

„Richtig", antwortete van Gelderen an Stelle des Gefragten. „Meine Aufgabe als Makler ist es, nach dem Fälligkeitstermin Käufer und Verkäufer zusammenzubringen. Wenn Sie rechtzeitig liefern können, ist das kein Problem. Sie sind Mijnheer Jongeneels bevorzugter Lieferant; er übernimmt die Ware und Sie bekommen von der Börse innerhalb von 30 Tagen Ihr Geld entsprechend dem aktuellen Kassakurs am Fälligkeitstag – natürlich abzüglich meiner Courtage und sonstiger Gebühren."

„Und wenn ich es nicht rechtzeitig schaffe?"

„Dann tragen Sie zunächst mal kein weiteres Risiko – abgesehen davon, dass Ihnen das Geschäft entgeht. Für mich wird es dann allerdings schwieriger, weil ich versuchen muss, die Ware anderweitig zu besorgen. Das kann dauern – wahrscheinlich muss ich mit verschiedenen Anbietern an unterschiedlichen Standorten verhandeln; für den Käufer kommen zusätzliche Transportkosten und Wartezeiten hinzu ..."

„... eine Situation, die ich unbedingt vermeiden möchte", warf Jongeneel dazwischen. „Es geht um meinen guten Ruf als Geschäftsmann. Wenn meine Kunden warten müssen oder die Qualität nicht stimmt, springen sie ab. Deshalb mache ich Ihnen ein zusätzliches Angebot, um die Sache für Sie noch attraktiver zu machen: Ich übernehme die Gebühren und die Maklercourtage. Außerdem zahle ich Ihnen, wenn die Ware pünktlich ankommt, eine zusätzliche Prämie in Höhe von fünf Prozent auf den Börsenpreis per Lieferdatum."

Das klingt in der Tat verlockend, dachte Balthasar Nauth. Ich muss das irgendwie hinbekommen. Auch für mich geht es um meinen guten Ruf als zuverlässiger Geschäftspartner. Notfalls kann ich ja, wenn auch zu höheren Transportkosten, das Langholz im Bayerischen Wald kaufen und mit der Eisenbahn nach Kastel bringen lassen.

„Ich versuche mein Möglichstes", versicherte er.

„Aber kommen Sie nicht auf die Idee, für den Transport einen Güterzug zu bestellen", warnte Adriaen Jongeneel, als hätte er die Gedanken seines Gegenübers erraten. „Nur wenn die Stämme lange genug im Wasser waren, werden die Salze ausgewaschen und alle Schädlinge abgetötet. Die paar Tage von Mainz bis zu uns reichen da bei Weitem nicht. Die Architekten und Bauherren hier schwören nach wie vor auf das Flößerholz – nicht zuletzt, weil es sich bei der Trocknung kaum verwirft."

„Aber Mijnheer Jongeneel, wo denken Sie hin?", rief Nauth schnell. „Ich würde doch niemals versuchen, Sie zu täuschen. Wir kennen uns doch schon so lange ..."

„Eben drum, mein lieber Nauth", schmunzelte der Holländer. „Eben drum."

Der Mainzer Holzhändler lächelte etwas säuerlich und wandte sich noch einmal dem Makler zu. „Mijnheer Jongeneel belieben zu scherzen", bemerkte er. „Was ich Sie noch fragen wollte: Sie sagten, dass viele Spekulanten solche Terminkontrakte abschließen, um vom zu erwartenden Kursanstieg zu profitieren?"

„Genau! Im Grunde ist es eine Wette auf steigende Holzpreise – in diesem Fall eine Wette mit recht guten Gewinnchancen."

Balthasar Nauths Herz schlug schneller. Wetten waren seine heimliche Leidenschaft, der er regelmäßig auf der Galopprennbahn in Frankfurt-Niederrad frönte. Warum nicht auch einmal an der Börse?

„Und könnte man – ich meine, könnte auch ich einen solchen Kontrakt abschließen?"

„Selbstverständlich! Sie sollten es sogar tun, um das Geschäft, von dem wir reden, auch Ihrerseits abzusichern. Wenn Sie die flüssigen Mittel zur Verfügung haben, sollten Sie jetzt einen Kontrakt über die gleiche Menge Holz mit dem gleichen Fälligkeitsdatum vereinbaren. Sie können das Papier jederzeit wieder an der Börse verkaufen – bis zum Tag der Fälligkeit. Verkaufen Sie kurz vorher, und Sie können mit dem Erlös die Lieferung Ihrer Floßherren bezahlen. Wenn alles gut geht, verdienen Sie doppelt: An der Wertsteigerung des Kontrakts und am Verkauf der Ware an der Börse. Hinzu kommt die großzügige Prämie, die Ihnen Mijnheer Jongeneel in Aussicht gestellt hat. Geht etwas schief, bleibt Ihnen immer noch der Erlös aus dem Verkauf des Kontrakts."

„Hören Sie ruhig auf ihn, Herr Nauth", meinte Adriaen Jongeneel. „Der Junge hat wirklich Ahnung vom Geschäft. Ich bin mit seinen Tipps bisher immer ganz gut gefahren."

Jan van Gelderen beugte sich zu seinem Nachbarn hinüber, schob ihm seine Geschäftskarte zu und sprach in vertraulichem Ton: „Wenn Sie interessiert sind – kommen Sie doch morgen früh um zehn Uhr in mein Büro am Varkenmarkt; dann können wir alles regeln. Für Sie ist das auf jeden Fall einfacher und billiger, als wenn Sie den Terminkontrakt über eine deutsche Bank abwickeln würden."

Balthasar Nauth steckte die Karte ein. „Vielen Dank, Mijnheer van Gelderen. Ich werde pünktlich sein."

Kapitel 2 – Eine ungewöhnliche Wette

Im Gasthaus *Zum Engel* in Kostheim nahe Mainz, direkt an der neuen Mainbrücke gelegen, ging es hoch her – wie immer, wenn Flößer da waren. Mit hochgekrempelten Ärmeln stand der Wirt hinterm Tresen und zapfte ein Bier nach dem anderen, um seine durstigen Gäste zu versorgen.

Gleich drei Holzfrachten waren heute an der Maaraue angelandet: Ein großes Rheinfloß aus dem Schwarzwald und zwei kleinere, die über den Main aus dem Frankenwald gekommen waren. Im Stimmengewirr, das die Gaststube erfüllte, mischten sich schwäbisch-alemannische Laute mit der derben Mundart der Oberfranken und dem breiigen Hessisch der Einheimischen. Die Männer waren in bester Stimmung: Die letzte große Fahrt in diesem Jahr war zu Ende, sie hatten ihren Lohn ausbezahlt bekommen, und morgen würden die meisten von ihnen nach Hause zu ihren Familien zurückkehren.

Anna Weckbacher[5], die resolute, etwas füllige Wirtsgattin, schleppte die Bierkrüge durch die engen Stuhlreihen und musste sich dabei den einen oder anderen frechen Kniff in ihren ausladenden Hintern gefallen lassen. Das war ihr jedes Mal ziemlich zuwider, aber allzu empfindlich durfte sie sich nicht zeigen – es war nicht gut fürs Geschäft. Nur wenn einer der Kerle gar zu aufdringlich wurde, gab's etwas auf die Finger, und erst neulich hatte sie schon mal einem Gast ein volles Bierglas mitten ins Gesicht geschüttet – zum allgemeinen Gelächter

[5] Das Gasthaus Zum Engel in Kostheim ist heute noch im Besitz der Familie Weckbacher. Die Figuren der hier beschriebenen Wirtsleute sind natürlich frei erfunden.

der Umstehenden, aber letztlich ohne abschreckende Wirkung. Denn der Rüpel fühlte sich durch diese temperamentvolle Reaktion erst so richtig angestachelt. „Du bist ja ein richtiges Satansweib“, grinste er anerkennend und langte gleich noch einmal hin.

Auf dem schmalen Podest neben der Theke hatte sich ein rundes Dutzend Männer um einen stattlichen blonden Floßherren aus dem Kinzigtal geschart, der seinem ebenso neugierig wie amüsiert lauschenden Publikum freimütig von seinen amourösen Abenteuern bei diversen Floßfahrten berichtete. Alle hier kannten ihn natürlich; ihn, den größten Waldbesitzer und Holzlieferanten im ganzen Schwarzwald, obwohl wahrscheinlich die wenigsten seinen richtigen Namen wussten: Horst Michael Faller aus Wolfach. Alle Welt nannte ihn nur, wie schon seinen Vater und Großvater, den „Holzmichel“, und die Leute raunten sich zu, dass er im Grunde drei Vermögen sein Eigen nennen konnte: eines auf der Bank, das zweite im Wald, und das dritte schwamm in Form von Flößen auf dem Rhein.

Gerhard Wich, ein junger Floßherr aus dem Frankenwald, stand etwas abseits und rollte die Augen. Er konnte diesen Angeber, der stets im Mittelpunkt stehen wollte, nicht ausstehen. Am meisten ärgerte ihn, dass zwei Männer aus seinem eigenen Dorf unter den Zuhörern waren und offensichtlich Gefallen an den wüsten Geschichten des Schwarzwälders fanden.

Der Holzmichel war inzwischen bei seinen Erfahrungen im Amsterdamer Rotlichtviertel angekommen. „Ob ihr’s glaubt oder nit – da hocke die Weiber reihenweise halber nackert hinner de Fenschder. Da haschdu die freie Auswahl – blonde, rothaarige, dunkelhäutige, fette, dürre ...“

„Und? Was für eine hast du dir denn ausgesucht?“, wollte jemand wissen.

Der große Floßherr lachte. „Oine? Glei drei von dene Schätzle henn i vernaschd, in oiner Nachd!“

Jetzt konnte sich Gerhard Wich nicht länger zurückhalten. „Die, wo die Goschn so weid aufreißen“, rief er ziemlich heftig dazwischen, „die hams velleichd nöedich. Die bringa nämlich kaan Floßbaum mehr hoch."

Faller, leicht irritiert durch die Unterbrechung, drehte sich ganz langsam um und musterte den Zwischenrufer mit einem verächtlichen Blick.

„Haschdu ebbis gsait – Leidenscheißer?"

Das war heftig und zudem völlig daneben. Wich spürte, wie ihm das Blut in den Kopf schoss. „Leidenscheißer"– so nannte man im Frankenwald scherzhaft die Bewohner der oberen Talgründe, die Förtschendorfer und die Steinwiesener etwa, wo die Täler so eng waren, dass neben dem Wohnhaus kein Platz mehr für den Abort blieb und die Toilettenhäuschen am Steilhang, also an der „Leite", errichtet werden mussten. In Unterrodach nahe der Stadt Kronach, wo er zu Hause war, gab es so etwas nicht; dort hatten die repräsentativen Bauten der wohlhabenden Floßherren sogar schon Toiletten mit Wasserspülung innerhalb des Hauses. Niemand durfte ihn einen „Leidenscheißer" nennen – schon gar nicht einer aus dem Schwarzwald.

Zum Glück hatte er aber im Laufe der Zeit genug schwäbische Schimpfwörter aufgeschnappt, mit denen er sich bei dem Schwarzwälder revanchieren konnte. „Du, bass fei Obachd, was du sochsd – Schoofsäggel[6]!"

Das saß. Der Ausdruck in Fallers Gesicht wechselte von amüsierter Arroganz zu kalter Wut. Er kam einen Schritt näher und stemmte die Fäuste in den Gürtel: „Hör mal, wenn du Streit suchst ..."

Der Franke blieb unbeeindruckt und musterte sein Gegenüber mit höhnischer Geringschätzung. Der Holzmichel trug eine massive Goldkette am rechten Handgelenk; zu allem Überfluss baumelte am linken Ohrläppchen ein kleiner Ring mit einem funkelnden Brillanten. Wich hatte wenig übrig für Männer, die

---

[6] Das Schimpfwort geht auf den schwäbisch-alemannischen Ausdruck für das Geschlechtsorgan des Schafsbocks zurück.

Schmuck trugen. Was sollte das? Zur Arbeit eines Flößers passte es schon gar nicht. Aber der Wolfacher wollte offensichtlich aller Welt zeigen, dass er es sich leisten konnte.

Die aggressive Stimmung zwischen den beiden sprang alsbald auf die Umgebung über. Unter den Männern, die eben noch fröhlich miteinander gescherzt hatten, bildeten sich im Nu zwei feindliche Lager. Schon flogen die Kraftausdrücke hin und her – „Hölbl“, „Grummschdiefl“ kam von der einen Seite; „Dalläpper“, „Schlure“ von der anderen. Schon gab es die ersten Rempeleien, und viel hätte nicht gefehlt, dass die verbalen Beleidigungen in eine handfeste Schlägerei umgeschlagen wären.

Bis der Wirt hinter dem Tresen mit seiner Donnerstimme dazwischenfuhr: „Augenblicklich ist jetzt Ruhe, sonst fliegt ihr allesamt hier raus! Das hier ist ein anständiges Wirtshaus!“

Jean-Baptiste Weckbacher, den alle Stammgäste nur „Schambes“ nannten, war eine Respektsperson – anders hätte er sein Lokal gar nicht führen können. Als Mitbegründer und Aktiver des Kostheimer Athleten-Clubs konnte er, wenn es sein musste, auch mal kräftig hinlangen. Selbst die raubeinigsten Flößer wagten es nicht, sich mit ihm anzulegen. Mit seinem gefürchteten Würgegriff hatte er schon so manchen von ihnen an die frische Luft gesetzt, und es ging das Gerücht, dass er einmal einen besonders aufmüpfigen Gast kurzerhand in den Main geworfen hätte.

Auch dieses Mal verfehlte der dröhnende Bass des Wirtes seine Wirkung nicht. Die Spannung legte sich; selbst die größten Hitzköpfe brummelten nur noch leise vor sich hin. Der Holzmichel drehte sich achselzuckend um und zeigte seinem Widersacher die kalte Schulter, konnte sich aber einen frechen Spruch zum Abschluss nicht verkneifen. „Man muss Gott für alles danken – sogar für einen Oberfranken!“, gab er von sich und erntete prompt schallendes Gelächter unter seinen Anhängern. Gerd Wich ballte die Faust in der Tasche.

Inzwischen waren zwei Herren am Eingang zur Gaststube erschienen, die nicht so recht in diese deftige Männerrunde zu passen schienen. Der Ältere war recht vornehm gekleidet, mit Stehkragen und dunklem Jackett, von der Figur her etwas rundlich und mit einem spärlichen Haarkranz rund um die Stirnglatze ausgestattet. Im Gegensatz dazu war der Jüngere spindeldürr und lang. Er wirkte unsicher und nervös; seine devote Haltung ließ unschwer erkennen, mit wem man es bei den Neuankömmlingen zu tun hatte: Hier kam ein respektabler Firmenchef mit seinem subalternen Angestellten.

Die beiden bahnten sich ihren Weg durch das Gedränge bis zur Theke, wo sie vom Wirt mit einer tiefen Verbeugung begrüßt wurden: „Ah, der Herr Direktor Nauth gibt uns auch mal wieder die Ehre! Was wünschen die Herren zu trinken?“

Balthasar Nauth runzelte die Stirn. Beim Schambes war er sich nie sicher, ob dessen Höflichkeit ehrlich gemeint war oder ironisch. „Geben Sie mir einen Schoppen Kostheimer Riesling – aber den guten vom Bott“, verlangte er, während sich sein Adlatus, der Kaufmannsgehilfe Leberecht Windling, bescheiden mit einem Glas Wasser begnügte.

Ein beinahe ehrfürchtiges Raunen ging durch den Saal. Der Name Nauth war den meisten ein Begriff, und die Flößer wussten, dass Leute wie er es waren, denen sie letztlich ihr einigermaßen erträgliches Auskommen verdankten. Solange die Mainzer Händler das Holz aus ihrer Heimat brauchten und bereit waren, dafür anständig zu zahlen, war alles in Ordnung.

Während der Wirt einschenkte, wandte sich Nauth dem Schwarzwälder Floßherren zu: „Herr Faller, gut, dass ich Sie hier noch antreffe. Ich hätte da etwas Geschäftliches mit Ihnen zu besprechen ...“ Er sah sich suchend um, in der Hoffnung, irgendwo ein ruhiges Eckchen zu finden, wo man einigermaßen ungestört miteinander reden konnte, aber es war aussichtslos. Alle Tische waren besetzt, und auch in den Gängen drängten sich die Gäste. Es blieb ihm nichts anderes übrig, als mit dem Holzmichel am Tresen stehen zu bleiben und dabei in Kauf zu nehmen, dass die Umstehenden mithören konnten.

„Ich komme gerade aus Holland“, erklärte er, wobei er sich mit seinem Taschentuch den Schweiß von der Stirn wischte. „Mein wichtigster Abnehmer dort erwartet im nächsten Frühjahr ein Bombengeschäft. Ich soll ihm noch vor Ostern das erste Rheinfloß nach Dordrecht bringen. Das bedeutet, dass ich bis Mitte März zusätzliche 2.000 Festmeter Holz hier in Mainz brauche. Wäre das für Sie zu schaffen?“

Horst Faller kratzte sich am Kopf. „Bis Mitte März? Das wäre aber e bissle arg zeitig. Sie wisset ja, dass erst ab Anfang März die Flößerei wieder erlaubt ist.“

„Ja, ja, ich weiß – es wäre eine echte Herausforderung. Deshalb soll sich die Sache für Sie auch lohnen.“

Nauth ergötzte sich einen Moment an der aufkeimenden Gier in den Augen des Schwarzwälders, dann legte er seine rechte Hand auf Fallers linke Schulter. „Ich mache Ihnen jetzt ein einmaliges Angebot, mein Bester. Wenn Sie rechtzeitig liefern, zahle ich Ihnen einen guten Preis. Einen Preis, der sich ausnahmsweise nicht am Mainzer Holzmarkt, sondern am Kurs der Amsterdamer Rohstoffbörse orientiert. Natürlich abzüglich der Transportkosten von Mainz nach Holland, die ich tragen muss. Na, was sagen Sie jetzt?“

Der Holzhändler hatte versucht, möglichst leise zu sprechen, aber er musste gegen den erneut aufbrandenden Lärm in der Gaststube ankämpfen, und Gerhard Wich, der direkt danebenstand, hatte jedes Wort verstanden. Er war verblüfft. Das war in der Tat ein ungewöhnliches Angebot – aber eines, das seiner Vorstellung von einem fairen Handel ziemlich nahekam. Die enorme Gewinnspanne der Mainzer Händler beim Verkauf der Ware in Holland hatte er schon immer als ungerecht empfunden, und er hatte sogar schon daran gedacht, ein eigenes Floß bis nach Holland zu bringen, um dort das Holz auf eigene Rechnung zu verkaufen. Aber ohne die Kontakte zu den einheimischen Händlern war das ziemlich aussichtslos.

Der Holzmichel dagegen reagierte völlig verständnislos. „Wie meinet Sie des jetzt mit dem Kurs der Amsterdamer Börse? Wie viel bekomme ich dann für den Festmeter?“, wollte er wissen.

„Das kann ich Ihnen jetzt natürlich noch nicht genau sagen, aber es ist zu erwarten, dass die Kurse im nächsten Jahr weiter steigen, sodass Sie auf jeden Fall ordentlich Profit machen werden.“

Wich konnte sich wieder einmal nicht beherrschen. Eigentlich ging ihn das Gespräch zwischen Nauth und Faller einen feuchten Kehricht an, aber dieser Angeber aus dem Schwarzwald war wirklich zu blöd. Es drängte ihn, ihm noch eines auszuwischen.

„Geben Sie sich keine Mühe, Herr Nauth, der kapiert das nicht“, quatschte er ungefragt dazwischen. Dann ließ er sich dazu herab, den Holzmichel schulmeisterlich zu belehren: „Der Kurs für Fundamentpfähle an der Amsterdamer Rohstoffbörse liegt derzeit bei elf Gulden pro Festmeter, das sind ungefähr 18 Mark. Bei den hiesigen Händlern haben wir in diesem Jahr 13 oder 14 Mark bekommen. Erfahrungsgemäß steigt der Amsterdamer Kurs im Frühjahr nochmal um mindestens zehn Prozent an. Rechne dir selbst aus, ob das für dich ein gutes Geschäft wird.“

Balthasar Nauth drehte sich erstaunt um. „Sie scheinen ja recht gut Bescheid zu wissen, Herr Wich.“

„Das gehört zu meinem Beruf, Herr Nauth.“

Faller aber war jetzt kurz davor, zu explodieren. „Wenn du so schlau bist, du Obergscheidle, dann liefer du doch im März dem Herrn Nauth sein Holz“, fauchte er.

„Mich hat ja keiner gefragt“, stellte der Franke fest.

Nauth zeigte sich überrascht. „Ja, würden Sie sich das denn tatsächlich zutrauen, Herr Wich? 2.000 Festmeter, das ist eine Menge. Ich meine – bei Ihnen ist doch der Winter immer ziemlich lang, und der Transport über den Main kostet viel Zeit ...“

„Es wäre machbar“, erwiderte Gerhard Wich, ohne lange zu überlegen.

Der Holzmichel lachte höhnisch. „Nie im Leben schaffst du das, Leidenscheißer! Bis ihr euch im Frankenwald endlich aus dem Schnee geschaufelt habt, blühen bei uns im Kinzigtal schon die Maiglöckle. – Herr Nauth, ich denke, da kommen wir ins Geschäft."

Wieder spürte Wich, wie ihm sein heißes Blut zu Kopfe stieg. Etwas in seinem Hirn machte *klick*; die Vernunft war ausgeschaltet. Es gab nur noch eines, was zählte: Er durfte vor seinem Gegner nicht klein beigeben, nicht die geringste Schwäche zeigen. „Wetten, dass ich vor dir da bin?", rief er.

„Wetten, dass du im März nicht mal bis Würzburg kommschd?"

Balthasar Nauth war dem Disput der beiden mit wachsendem Amüsement gefolgt. „Aber meine Herren", versuchte er nun zu beschwichtigen, „warum denn so heftig? Sehen Sie das Ganze doch mal sportlich! Eine Wette – keine schlechte Idee."

Er nahm einen Schluck aus seinem Schoppenglas und schmunzelte. „Was halten Sie davon, wenn ich Ihnen eine Wette anbiete? Ich wette, dass es keiner von Ihnen schafft, die nötige Menge Holz bis zum 15. März zu liefern. Sollte ich die Wette verlieren, zahle ich demjenigen, der als erster hier eintrifft, sagen wir ... achtzig Prozent des Amsterdamer Börsenpreises."

„Neunzig!", warf Wich sofort dazwischen.

„Aber lieber Herr Wich – ich muss doch auch leben! Ich muss den Schleppdampfer von Mainz nach Dordrecht bezahlen, die Versicherung, die Flößermannschaft ..."

„Das alles zusammen macht weniger als zehn Prozent des Warenwertes aus. Sie verdienen immer noch genug an dem Geschäft."

„Wollen Sie mich ruinieren?" Nauth zeigte sich zunehmend verärgert. „Schließlich muss ich auch meine Angestellten entlohnen und meine Familie ernähren. Herr Faller, was sagen Sie?"

Doch wenn der Holzhändler gehofft hatte, von dem Schwarzwälder Unterstützung zu bekommen, sah er sich getäuscht.

„Er hat recht“, stellte der Holzmichel fest. „Ihr Halsabschneider wollt uns doch ausquetschen, wo es nur geht.“

„Halsabschneider? Ich muss doch sehr bitten! Ich bin ein seriöser Geschäftsmann und mache Ihnen ein attraktives Angebot. – Also schön, ich werde ihnen noch ein Stück entgegenkommen. 82 Prozent vom Börsenpreis!“

„Achtundachtzig!“, verlangte der Franke.

Balthasar Nauth rollte mit den Augen. „Sie sind ein zäher Bursche, nicht wahr, Herr Wich? Ich sehe schon, mir bleibt nichts übrig – wir müssen uns in der Mitte treffen.“ Mijnheer Jongeneel hatte ihm einen Aufschlag von fünf Prozent auf den Börsenpreis zugesichert – da blieb immer noch eine ordentliche Marge für ihn. „85 Prozent – mein letztes Wort!“

„Und was kriegt derjenige, der als Zweiter ankommt?“, wollte Wich noch wissen.

„Da hören Sie's!“, lachte Faller. „Er weiß jetzt schon, dass er keine Chance hat, das Großmaul!“

„Nun, der Zweite muss halt sehen, wie er sein Holz loswird“, stellte Nauth klar, ohne auf Fallers Bemerkung einzugehen. „Ich könnte mir vorstellen, dass einer meiner Händlerkollegen interessiert ist, die Ware aufzukaufen – dann allerdings zu den hiesigen Marktpreisen.“

Er griff erneut zu seinem Weinglas, trank bedächtig, wobei er die beiden Männer nicht aus den Augen ließ. Dann streckte er ihnen seine Hand entgegen.

„Na, was ist? Schlagen Sie ein, meine Herren! So eine Gelegenheit kommt so schnell nicht wieder!“

„Ich bin dabei!“ Gerhard Wich ergriff als Erster die ausgestreckte Hand des Händlers und drückte sie fest und entschlossen.

Klar, dass der Holzmichel da nicht zurückstehen konnte. „Ich natürlich auch, Herr Nauth!“

Der Holzhändler strahlte über sämtliche Backen. Die Sache lief ganz nach seinem Geschmack. Er war eine Wette eingegangen, bei der er im Grunde nur gewinnen konnte. Seine

Chancen, den Wunsch von Mijnheer Jongeneel nach einer ungewöhnlich frühen Lieferung erfüllen zu können, standen nicht schlecht. Gleich zwei erfahrene Floßherren aus den wichtigsten Waldgebieten würden miteinander wetteifern, das Holz rechtzeitig nach Mainz zu bringen. Beide würden ihr Bestes geben, um dieses Ziel zu erreichen; dessen war sich Balthasar Nauth sicher. Und wenn sie sich dennoch um ein paar Tage verspäten würden – umso besser für ihn. Er würde dann nur den niedrigeren Mainzer Marktpreis bezahlen und könnte trotzdem seine Verpflichtungen gegenüber den Holländern erfüllen, solange wenigstens einer der Flößer vor dem 22. März eintreffen würde.

„Wir müssen natürlich noch einen sauberen Vertrag abschließen und notariell beglaubigen lassen, damit es hinterher keine Missverständnisse gibt", ergänzte er und wischte sich erneut die Schweißperlen von der Stirn. „Schließlich geht es um eine Menge Geld, meine Herren. Kommen Sie doch morgen früh um elf Uhr in mein Büro in der Lauterenstraße – Sie wissen ja, wo das ist." Und seinem Gehilfen gab er die Anweisung: „Windling, bestellen Sie bitte den Notar Hirschfeld für morgen Punkt neun Uhr zu mir. Falls er schon einen anderen Termin hat, muss er ihn halt verschieben. Sagen Sie ihm, es sei wichtig!"

„Wird erledigt, Herr Nauth!" Leberecht Windling zog ein kleines Oktavheft hervor und machte sich eifrig Notizen.

Nachdem die ungewöhnliche Wette besiegelt war, hielt es Gerhard Wich nicht länger im Wirtshaus. Er wollte jetzt allein sein, um in Ruhe nachzudenken – um zu überlegen, wie er der Herausforderung, die er angenommen hatte, begegnen könnte. Mit einem Kopfnicken verabschiedete er sich von seiner Mannschaft, zahlte ordnungsgemäß seine Zeche und machte sich auf den Weg zurück zum Floßhafen.

Draußen in der frischen Abendluft, auf dem holprigen und schwach beleuchteten Weg entlang des Mainufers, kam schlagartig die Ernüchterung. Worauf hatte er sich da eingelassen? Der Holzmichel hatte ja recht – er hatte praktisch keine Chance. Wieder einmal hatte ihm sein hitziges Gemüt einen Streich gespielt und seinen Verstand außer Kraft gesetzt. Gegen jede Vernunft hatte er seinem Gegner die Stirn geboten, ohne die Konsequenzen zu bedenken.

Schon in der Schule war das so. „Gerhard, du bist so ein kluger Kopf“, hatte der Lehrer mehr als einmal zu ihm gesagt. „Aber du musst lernen, dich zu beherrschen – auch wenn man dir Unrecht getan hat. Sonst tust du Dinge, die du hinterher bitter bereust.“

Zum ersten Mal musste er sich den Spruch anhören, als er während des Unterrichts seinem Banknachbarn das volle Tintenfass übers Schönschreibheft gegossen hatte. Aber erst, nachdem der freche Bengel ihn mehrfach beim Schreiben geschubst hatte, sodass seine sorgfältig geschriebenen Zeilen mit hässlichen Strichen verunstaltet wurden. Der Lehrer hatte das Schubsen nicht bemerkt, aber das Tinten-Attentat brachte dem kleinen Gerd zwei Stunden im Karzer und hinterher noch eine Tracht Prügel von seinem Vater ein.

Dem Heranwachsenden wurde allmählich klar, dass er seine unbedachten Reaktionen irgendwie in den Griff bekommen musste. Denn er war stark und flink, stärker und flinker als die meisten seiner Altersgenossen, und kaum einer wagte es, sich mit ihm anzulegen. Andererseits hatte er kaum Freunde, weil alle seinen Zorn fürchteten. Manchmal fürchtete er sich vor sich selbst; er hatte eine unbestimmte Ahnung, dass er eines Tages in unbeherrschter Wut eine schlimme Tat vollbringen könnte, die sein ganzes Leben ruinieren würde.

Allmählich lernte er, sein heißes Blut unter Kontrolle zu bringen. Er ballte die Faust in der Tasche und ging erst mal auf Distanz, wenn ihn jemand reizte. Dabei machte er die erstaunliche Erfahrung, dass aus einer Aufwallung von blindem Hass schon nach kurzer Zeit ein sanftes Tröpfeln von Gleichgültigkeit, wenn nicht gar Mitleid werden konnte.

Es gelang nicht immer. Erst letztes Jahr hatte er einem anderen Floßherren aus dem Nachbardorf die Nase blutig geschlagen, nachdem dieser abfällige Bemerkungen über seine Schwester gemacht hatte. Hinterher hatten sie sich ausgesöhnt und waren seitdem die besten Freunde.

Und jetzt diese unmögliche Wette. Soweit er sich erinnern konnte, hatte noch niemand vor Anfang April ein Floß aus dem Frankenwald bis nach Mainz gebracht. Und ein einzelnes Floß würde nicht reichen. 2.000 Festmeter Holz – das waren fast 1.300 Baumstämme, die größtenteils noch gefällt, entastet, geschält, zu Tal gebracht und zu den Einbindeplätzen getriftet werden mussten. Selbst wenn alle Männer seines Dorfes über den Winter mithelfen würden, war das kaum zu schaffen. Wahrscheinlich musste er noch in den Nachbardörfern um Unterstützung bitten, in Steinwiesen oder Wallenfels zum Beispiel.

Schon im Februar, sobald die Witterung es zuließ, würden sie die Stämme zu *Böden* einbinden – so nannte man die schmalen Langholzflöße, die von einem einzelnen Mann gesteuert wurden. Mehr als hundert dieser Böden mussten anschließend die Rodach hinuntergebracht werden bis nach Schwürbitz, wo das Flüsschen in den Main mündet. Dort entstanden aus dem angelandeten Holz größere Einheiten, *Hallstädter Stück*[7] genannt und bis zu 75 Meter lang. Vor dem 1. März durfte keines dieser Flöße den Main unterhalb von Lichtenfels befahren, sonst gab es saftige Strafen. Aber gleich danach würde sich eine eindrucksvolle Flotte von zehn oder zwölf Hallstädtern in Bewegung setzen, und in der Nähe von Bamberg mussten sie ein weiteres Mal umgebaut werden, zu drei gewaltigen Mainflößen. Mit einem solchen Floß waren sie heute Abend hier in Kostheim gelandet.

---

[7] Benannt nach Hallstadt bei Bamberg; das lange der Zielort dieser speziellen Flöße war, bevor sie etwas weiter bis nach Bischberg an der Regnitz-Mündung fahren konnten.

Es lag jetzt direkt vor ihm, an schweren Eisenpollern festgezurrt – ein schwimmender Wald, Stamm an Stamm; eine zerfurchte rechteckige Fläche, deren Ende sich in der Dunkelheit verlor, 90 Meter lang und elf Meter breit. Für zwölf Tage war dieses Floß sein Zuhause gewesen. Reglos und unschuldig lag es jetzt da, und doch hatte sich das schwankende und eigenwillige Wasserfahrzeug auf seiner langen Reise mal träge und störrisch, mal flink und unberechenbar gezeigt. Mit Kraft und Geschick hatte die Mannschaft alle kritischen Situationen gemeistert.

Gerhard Wich sprang hinüber und betrat den Bretterverschlag in der Mitte mit dem charakteristischen Pultdach, der den Flößern Schutz vor Wind und Wetter bot und gleichzeitig als Schlafplatz, Küche und Lagerraum genutzt wurde. Er zündete eine Petroleumlampe an. Eine Truhe diente zur Aufbewahrung von Vorräten und wichtigen Dokumenten. Wich entnahm ihr ein Notizbuch, eine Landkarte und einen Bleistift, setzte sich an den roh zusammengezimmerten Tisch und begann zu schreiben. Er notierte die Namen von Waldbesitzern und Gemarkungen, schätzte die vorhandenen Lagerbestände und den möglichen Zuwachs im Winter ab. Sorgfältig kalkulierte er Arbeitslöhne, Transportkosten sowie verschiedene Gebühren. Er erstellte einen ersten groben Ablaufplan für das ganze Unternehmen und markierte mögliche Liegeplätze zusammen mit Kalenderdaten auf seiner Karte.

Wahrscheinlich hatte er ja wirklich keine Chance. Aber er war jedenfalls fest entschlossen, sie zu nutzen.

Unterdessen strebte die Stimmung im Gasthaus Engel ihrem Höhepunkt entgegen. Nachdem einer der beiden Hauptstreithähne das Lokal verlassen hatte, war der Holzmichel wieder unangefochten Herr der Lage und lästerte über seinen fränkischen Widersacher, der sich offenbar jetzt schon vor lauter Angst in die Hosen geschissen hatte und deshalb schnell nach Hause musste. Die Männer aus dem Frankenwald konterten mit ihrem

Schlachtruf: „Wer seid ihr?“ – „Die Flößer!“ – „Wo seid ihr?“ – „Dou!“ – „No lasst euch hören!“ – „Dunnerkeil!“

Balthasar Nauth stand mittendrin, hatte schon seinen zweiten Schoppen bestellt und war bester Laune. Er prostete der wilden Horde lachend und schwitzend zu und parierte schlagfertig ein paar allzu vorlaute Anspielungen auf die reichen Holzhändler.

An einem kleinen Tisch in der Ecke saß einer, den das bisherige Geschehen um ihn herum scheinbar unberührt gelassen hatte. Stoisch starrte er in sein Bierglas und gab allenfalls kurze, abweisende Antworten, wenn ihn jemand ansprach. Jetzt aber stand er auf und näherte sich der Theke.

„Schambes, mach mer noch e Bier“, verlangte er.

Weckbacher wies ihn schroff zurück: „Du krisst nix mehr, Pirat! Bezahl erst emol dei Schulde vom letzde Monat.“

Doch der Mann vor der Theke ließ sich nicht so schnell abspeisen. „Ich bin noch niemand was schuldig gebliwwe!“, brauste er auf. „Nächst’ Woch’, wenn ich von Holland zurück bin, krissde dei Geld!“

„Ja, ja – wer’s glaabt, werd seelisch.“

Ausgerechnet Leberecht Windling, der danebenstand, mischte sich jetzt ungefragt in den Disput ein. „Es stimmt – Herr Büttner gehört zu der Mannschaft, die morgen unser Floß nach Dordrecht begleitet“, verkündete er wichtigtuerisch.

„Da heersd’es“, ergänzte der durstige Gast.

„Nun zapfen Sie dem Mann schon sein Bier, damit er Ruhe gibt. Auf meine Rechnung!“ Balthasar Nauth zeigte sich großzügig.

Etwas widerwillig ließ der Wirt den Gerstensaft einlaufen. „Na schön, wenn Sie meinen, Herr Nauth ... aber verdient hat der’s nicht!“

Jakob Büttner hielt es nicht für nötig, sich bei dem Spender zu bedanken. Brummelnd zog er sich auf seinen Platz zurück. „Die halte mich für e arm Sau, die nix hat un nix kann“, sagte er zu seinem Tischnachbarn. „Aber ihr werdt euch all noch wunnern. Ich hab vielleicht mehr im Säckel als ihr all middenanner."

„Ach, heer doch uff mit deine Sprüch', Pirat", bekam er zurück. „Wo hasde se dann versteckt, deine Reichtümer?"

„Des werd ich dir grad verrade! Ich sach nur: Da gibt's so einisches. Vielleicht kimmt sogar bald noch mehr dezu. Werst sehe: Eines Tag's bin ich so rischdisch reich – wie der da driwwe." Er machte eine Kopfbewegung in Richtung des Holzhändlers.

„Wenn du werklisch so reich bist, könnt'ste doch eischentlich emol eine Lokalrunde ausgewwe", stichelte sein Nachbar.

„Peifedeckel!", brummte Büttner. „Von mir krischt ihr nix!" Er starrte düsteren Blickes in sein Bierglas und versank wieder in vieldeutigem Schweigen.

Jakob Büttner, in ganz Kostheim unter dem Spitznamen „Pirat" bekannt, war eine Erscheinung, die einem unvorbereiteten Fremden schon ein wenig Furcht einflößen konnte. Der Mann war nicht sehr groß, aber kräftig gebaut. Sein krauses dunkles Haar und der ungepflegte Vollbart umrahmten ein finsteres, von Narben zerfurchtes und von der Sonne gegerbtes Gesicht. Das Eigentümliche an ihm aber waren seine Augen. Denn während das linke ständig umherschweifte und wachsam die Umgebung abtastete, als wolle es eine unbekannte Bedrohung entdecken, blickte das andere starr und unbeweglich geradeaus. Das alleine war schon irritierend genug, doch bei näherem Hinsehen fiel eine weitere Merkwürdigkeit auf: Während das lebendige Auge, dem Typus seines Trägers entsprechend, ein verwaschenes Grünbraun zeigte, kontrastierte das rechte in einem leuchtenden Hellblau. Spätestens jetzt wurde dem Gegenüber schlagartig klar, dass es sich dabei um ein künstliches Auge handeln musste.

Seinen Spitznamen hatte er allerdings schon vor etlichen Jahren erhalten, als er das Glasauge noch gar nicht hatte. Eines Tages nämlich war er nach längerer Abwesenheit nach Kostheim zurückgekehrt – mit einer schwarzen Augenklappe im Gesicht, die ein hässliches Loch verdeckte: die Stelle, wo früher mal der rechte Augapfel gesessen hatte. Jetzt sah er tatsächlich aus wie ein berüchtigter Seeräuber aus einem billigen Abenteuerroman.

Es war nicht ratsam, Jakob Büttner nach der Ursache seiner Verletzung zu fragen – er konnte dann sehr ungehalten werden. „Das geht dich einen Scheißdreck an", war noch das Harmloseste, was der Fragesteller zu hören bekam. Jedoch erzählte er gelegentlich, wenn er gut aufgelegt war, bereitwillig und von sich aus wilde Geschichten über das Geschehen in immer neuen Versionen, denen nur eines gemeinsam war: derjenige, der ihm das angetan hatte, habe hinterher noch viel schlimmer ausgesehen.

Trotz allem – Büttner war ein erfahrener Flößer, der meist im Auftrag der Mainzer Holzhändler unterwegs war. Den Rhein und auch den Untermain kannte er sozusagen wie seine Westentasche – wenngleich das Bild nicht ganz passend war, denn eine Weste hatte er nie besessen. Seit ewigen Zeiten lief er sommers wie winters mit der gleichen verschlissenen braunen Strickjacke herum.

Vor zwei Jahren, nachdem er mal wieder ein Rheinfloß nach Dordrecht gebracht hatte, schlenderte er durch die engen Gassen des geschäftigen Städtchens und blieb vor einem Schaufenster in der Wijnstraat stehen, in dem allerlei merkwürdige medizinische Utensilien ausgestellt waren: künstliche Gliedmaßen, verschiedene Gebisse, spezielle Brillen, Hörrohre und andere Prothesen. In einer Porzellanschale entdeckte er ein blaues Glasauge, das ihn herausfordernd anzublicken schien.

Er betrat den Laden und zeigte dem Inhaber seine Verletzung. Der gab sich als *dokter in de geneeskunde* aus und versicherte, das künstliche Auge problemlos und nahezu schmerzfrei einsetzen zu können, und zwar so geschickt, dass niemand den Unterschied zu einem richtigen Auge bemerken würde. In der Tat war die Operation nach einer Stunde glücklich überstanden. Büttner hatte sich schnell an den Fremdkörper in seinem Gesicht gewöhnt, und da er selten in den Spiegel schaute, störte ihn der farbliche Unterschied zu seinem gesunden Sehorgan nicht. Er warf die Augenklappe weg und hoffte, dass die ständigen Hänseleien über sein Aussehen jetzt aufhören würden. Doch sein Spitzname blieb an ihm hängen.

„So, Leute, Feierabend! Polizeistunde! Trinkt eure Gläser aus, und dann ab mit euch – aber leise!"

Weckbachers Bass dröhnte durch den Saal, und das laute, schrille Stimmengewirr erstickte allmählich in einem diffusen, unwilligen Gemurmel, als die Gäste sich nach und nach erhoben und dem Ausgang zustrebten.

Balthasar Nauth zog seine Taschenuhr hervor. „Na, für mich wird's jetzt auch Zeit! Morgen steht uns ein anstrengender Tag bevor! Herr Wirt, schnell noch ein Piffchen[8], und dann zahle ich."

Er wandte sich dem Schwarzwälder Floßherren zu: „Gute Nacht, Herr Faller! Wir sehen uns dann morgen um elf in meinem Büro!"

„Ach, Herr Nauth", bat der Holzmichel, „hätten Sie vielleicht noch einen Platz in Ihrer Kutsche frei, und könnten Sie mich ein Stück mitnehmen? Ich habe nämlich noch eine Verabredung in Mainz."

Der Holzhändler war erstaunt. „Was, so spät noch? Wo wollen Sie denn hin?"

Faller grinste etwas einfältig und flüsterte ihm ins Ohr: „Unter uns - ich habe ein Rendezvous mit einer Dame. Wenn Sie mich vielleicht in der Nähe vom Holzturm absetzen könnten ..."

„Ach so!", lachte Nauth. „Sie wollen in die Kappelhofgasse, Sie Schwerenöter! Sagen Sie's doch gleich! Doch nicht etwa zu der Gaultier? Eine Mainzer Institution, sage ich Ihnen! Bei der habe ich damals als Primaner meine Unschuld verloren. Aber

---

[8] Ein kleines Glas Wein (0,1 Liter), das man gerne als „Absacker" trinkt.

passen Sie ein bisschen auf – da kann man sich ganz schnell eine recht unangenehme Krankheit einfangen."

Das Kappelhofgässchen in der Mainzer Altstadt war eng und ziemlich dunkel – was durchaus von Vorteil war, denn die späten Besucher, die dort aufkreuzten, wollten meist nicht gesehen oder erkannt werden, wenn sie mit hochgeschlagenem Mantelkragen und tief in die Stirn gezogenem Hut ihrem Ziel entgegenstrebten. Eine Reihe alter und schmalgiebeliger Fachwerkhäuser gab es da, durch große aufgemalte Hausnummern und rote Laternen gekennzeichnet. Eigentümerin dieser Gebäude war, wie bei nahezu allen Liegenschaften im Schatten des Domes, die heilige katholische Kirche, vertreten durch das Bischöfliche Ordinariat. Die geistlichen Herren hatten beileibe kein schlechtes Gewissen, wenn sie Monat für Monat den nicht unerheblichen Pachtzins kassierten und somit am anrüchigen Geschäft kräftig mitverdienten. Denn schräg gegenüber lag das Haus Maria Frieden, bereits unter Kurfürst Johann Philipp von Schönborn als „Verwahr- und Erziehungsanstalt für Mädchen und Frauen von liederlichem Lebenswandel" eingerichtet und ebenfalls im Besitz des Bistums. Das Sündengeld floss direkt in die Kasse der frommen Marienschwestern, wurde dadurch gewissermaßen reingewaschen, und die weiblichen Insassen der Anstalt profitierten in doppelter Hinsicht von ihren unzüchtigen Nachbarn: Sie bekamen immer satt zu essen, und wenn sie aus ihren vergitterten Fenstern ins Gässchen schauten, hatten sie anschaulich vor Augen, welches Schicksal ihnen blühte, wenn sie sich nicht von Grund auf besserten.

Horst Michael Faller betrat das Haus mit der Nummer drei und stieg die schmale, mit rotem Plüschteppich belegte Treppe hinauf in den „Salon", ausgestattet mit einer kümmerlichen Zimmerpalme, einem Trichtergrammophon und abgewetzten Sesseln, in denen sich die halbnackten Attraktionen des Hauses zur Wahl stellten. Die Leiterin des Etablissements kam aus ihrem Boudoir nebenan und begrüßte ihren freigiebigen und zahlungskräftigen Stammgast überschwänglich mit Küsschen links, Küsschen rechts. „Ah, Monsieur Olzmichel – wieder mal in Mayence? Bienvenue, mon amie! Ein Fläschchen Schampus wie immer?“

Madame Gaultier, deren Name von den Mainzern hartnäckig „Gaul-Tier“ ausgesprochen wurde, war eine Dame reiferen Alters, mit opulentem Schmuck behängt, übertrieben geschminkt und in der grellen Eleganz einer Pariser *Grande Cocotte* gekleidet.

Der Holzmichel ließ seinen Blick durch den Raum schweifen; flüchtig musterte er das halbe Dutzend Schönheiten um ihn herum. Die Blonde mit dem Lockenköpfchen sah zwar süß aus, war aber für seinen Geschmack zu mager. Er bevorzugte eher die prallen, üppigen Formen. Die beiden Dunkelhaarigen, die sich auf dem Sofa räkelten und ohne ersichtlichen Grund ständig vor sich hin kicherten, waren schon besser, aber wahrscheinlich zu albern und wenig einfühlsam.

Am besten gefiel ihm die Rothaarige mit den langen Beinen und einem recht freizügigen Dekolleté. Er zwinkerte ihr zu, und schon kurze Zeit danach kam die junge Frau herüber, mit einer Flasche Sekt und drei Gläsern bewaffnet. Faller ließ den Korken knallen und schenkte ihr, der Chefin und sich selbst ein. Sie prosteten sich zu.

„Ich heiße Susanne“, lispelte die Rothaarige. „Du darfst mich Susi nennen. Stimmt es, dass du ein Flößer bist? So ein richtig starker, wilder Kerl?“ Sie warf ihm einen verheißungsvollen Blick zu und begann, seinen Rücken zu kraulen.

Faller wusste nicht so recht, warum er ausgerechnet in diesem Moment an den Leidenscheißer aus dem Frankenwald denken musste und an dessen unverschämte Bemerkung: Der kriegt keinen Floßbaum mehr hoch.

„Monsieur Olzmichel ist kein gewöhnlicher Flößer“, korrigierte Madame Gaultier. „Ihm ge-ört der albe Fôret Noir. Also sei ein bisschen nett zu ihm!“

Susi gab sich alle Mühe. Ihre Finger wühlten sich durch seine Haare und unter den Hemdkragen.

„Oh – was für ein wunderschöner Ring“, entfuhr es ihr, als sie Fallers Ohrenschmuck entdeckte. „Schenkst du mir den, wenn ich ganz lieb zu dir bin?“

„Des goht nit, Schätzle – der isch eigwachse!“, entgegnete Faller missmutig. „Da müschd du mir ja es Ohrläpple abreiße. Aber wenn i wieder emol nach Holland komm, bring i dir vielleicht was Schönes mit.“

Die Frau schmiegte sich jetzt noch enger an ihn; er konnte den Druck ihrer warmen, weichen Brüste fühlen. „Los, komm mit nach oben in meine Kammer“, flüsterte sie in sein Ohr. „Wir machen es uns ein bisschen gemütlich.“

„Noi – wart noch e bissle ...“ Der Holzmichel machte sich frei, goss noch einmal aus der Sektflasche nach und nahm einen tiefen Schluck. Was war denn los mit ihm? Normalerweise hätte er nach diesem Auftakt seine Erregung kaum noch unter Kontrolle halten können, aber heute war es wie verhext – in seiner Hose rührte sich nichts.

Madame Gaultier sah ihn von der Seite an. Mit ihrer jahrzehntelangen Erfahrung spürte sie sofort, dass ihr Gast ein Problem hatte.

„Gefällt dir die Susi nicht? – Chantal, komm mal her. Kannst du unseren Freund ein bisschen in Stimmung bringen?“

Doch weder die kesse Chantal noch die kichernde Lisa und erst recht nicht die dürre Frieda waren in der Lage, den Floßbaum zum Leben zu erwecken. Es schien, als habe sein fränkischer Widersacher Fallers Männlichkeit mit einem bösen Fluch belegt.

„Aber das ist doch nicht weiter schlimm – das kann jedem mal passieren“, versuchte die Gaultier zu trösten. „Weißt du – wir machen uns jetzt einfach mal einen netten Abend und plaudern ein wenig miteinander. Bestellst du uns noch was zu trinken?“

Der Holzmichel ließ sich nicht lumpen. Er bestellte und bezahlte für die gesamte Belegschaft noch zwei weitere Flaschen Sekt sowie zwei Flaschen Süßwein von zweifelhafter Herkunft. Allerdings mussten die Damen jetzt auf seine Gesellschaft verzichten. Er verabschiedete sich ein wenig überhastet und stürmte hinaus.

Seine Wut auf den Leidenscheißer wuchs von Minute zu Minute, als er durch menschenleere, von trüben Gaslaternen spärlich erleuchtete Straßen irrte. Aber er würde es ihm heimzahlen, so viel stand fest. Spätestens im nächsten Frühjahr würde er ihn zum Gespött im ganzen Land machen. Überall, wo Holz geschlagen, geflözt, gehandelt und bearbeitet wurde, draußen in den abgelegenen Wäldern, in den Dörfern und Städten längs der Flüsse, den Rhein hinunter bis nach Holland – überall würden die Leute über ihn reden und ihn auslachen; dieses Großmaul aus dem Frankenwald, der es gewagt hatte, den legendären Holzmichel herauszufordern, obwohl er wusste, dass er keine Chance hatte.

„Du elender Dreggsbolla – Halbdaggl – du krommbohrds Arschloch“, fluchte er laut in die Nacht hinein. Danach fühlte er sich besser.

Der, dem die wilden Flüche galten, hockte indes immer noch einsam in der kleinen Flößerhütte und brütete über seinen Zahlen und Plänen. Heute Nacht war er allein auf dem Floß; die Mannschaft hatte es vorgezogen, für ein paar Pfennige im Schlafsaal der Hafenmeisterei zu nächtigen, wo man nach der langen Fahrt endlich wieder ein festes Dach über dem Kopf hatte. Morgen in aller Frühe würden sie die Hütte auseinandernehmen und die Bretter als Brennholz verkaufen; die wichtigsten Werkzeuge würden in der Truhe verstaut und mit dem nächsten Kettenschiff wieder flussaufwärts gebracht werden. Drei der Männer hatten sich für die Weiterfahrt nach Holland gemeldet, die anderen wollten möglichst schnell mit der Eisenbahn zu ihren Familien zurückkehren. Er selbst musste allerdings morgen noch im Kontor des Holzhändlers Nauth den Vertrag unterschreiben.

Gerd Wich hatte gerade ausgerechnet, welche Summe für ihn persönlich bei Erfüllung der Wettbedingungen herausspringen könnte. Auf seinem Blatt standen zum Schluss drei Zahlen: der mögliche Gewinn beim derzeitigen Börsenkurs sowie unter der Annahme einer zehnprozentigen und einer fünfzehnprozentigen Kurssteigerung. Die Variante, dass er die Wette verlieren könnte, kam in seinem Kopf schon nicht mehr vor.

Der Floßherr strich zwei der Zahlen durch und konzentrierte sich auf den Fall einer zehnprozentigen Steigerung als die wahrscheinlichste Kursentwicklung. Er lächelte zufrieden vor sich hin. Der Betrag würde ausreichen, um endlich die betagte Sägemühle daheim zu modernisieren – notfalls auch gegen den Widerstand seines eigensinnigen Vaters. Eine leistungsfähige Dampfmaschine könnte er anschaffen, um vom schwankenden Wasserstand der Rodach unabhängig zu sein, und es würde noch genug übrig bleiben, um das marode Dachgestühl zu sanieren und zusätzlich neueste Maschinen und Werkzeuge zu kaufen. Danach hätten sie zweifellos eine der größten und modernsten Anlagen dieser Art im ganzen Bezirk.

Dann endlich könnte er erhobenen Hauptes vor seinen künftigen Schwiegervater treten und ihn in aller Form um die Hand seiner einzigen Tochter bitten. Dann müsste selbst der sture, dünkelhafte, selbstgerechte Fritz Porzelt zugeben, dass er, Gerhard Wich, kein gewöhnlicher dummer Flößer war – sondern ein erfolgreicher junger Unternehmer, der es zu etwas gebracht hatte. Einer, der sein Geschäft verstand. Einer, der wirtschaften konnte und alle Voraussetzungen mitbrachte, eine Familie zu gründen und zu ernähren.

Dann hätten die Heimlichkeiten ein Ende. Stolz und frei könnte er sich mit Käthe, seiner Verlobten, in aller Öffentlichkeit zeigen. Sie würden möglichst bald heiraten, Kinder kriegen und auf ewig in Liebe zusammenstehen.

Noch einmal griff er in die Truhe und holte ein rosafarbenes Kuvert hervor, das er vor wenigen Tagen auf einem Postamt abgeholt hatte. Der Brief war *An den Floßherren Gerhard Wich – postlagernd – Postamt Frankfurt-Sachsenhausen* adressiert, und obwohl er ihn inzwischen schon hundertmal gelesen hatte und auswendig wusste, öffnete er ihn erneut. Käthe hatte die Ränder des Blattes mit schwungvollen Blätterranken, bunten Blumen und roten Herzchen kunstvoll bemalt und mit ihrer klaren, steilen Handschrift geschrieben:

Mein herzallerliebster Schatz,
wenn Du diese Zeilen liest, ist Deine lange Reise bald zu Ende, und dann sehen wir uns wieder. Ich kann es kaum erwarten und sterbe fast vor Sehnsucht! Immerzu muss ich an Dich denken und mache mir große Sorgen, weil Du da draußen bei Sturm und Regen auf den gefährlichen Flüssen unterwegs bist. Aber dann denke ich, Du bist so stark, klug und umsichtig, und ich weiß, dass Du gesund und wohlbehalten zu mir zurückkehren wirst.
Heute beim Abendessen hat sich Vater wieder über die Flößer aufgeregt. Er hält sie allesamt für dumm, roh und gewalttätig. Wenn er Dich nur kennenlernen würde ... bestimmt würde er dann anders denken. Noch darf ich ihm unser Geheimnis nicht verraten, sonst würde er mich wahrscheinlich sofort aus dem Haus jagen. Aber das wäre mir grad egal; dann würde ich gleich zu Dir kommen und für immer bei Dir bleiben und mit Dir gehen, wohin Du willst; bis ans Ende der Welt.
Ich schicke Dir ganz, ganz viele Bussi und werde jetzt wie jede Nacht von Dir träumen.
Deine Dich innigst liebende Käthe

Gerhard Wich führte das Schreiben langsam und andächtig an seine Lippen und drückte einen langen, sehnsuchtsvollen Kuss auf das Papier. Schließlich verstaute er den Liebesbrief zusammen mit seinen Notizen wieder vorsichtig in der Truhe. Er wickelte sich in eine Wolldecke, löschte die Petroleumfunzel und streckte sich auf seinem harten Strohlager aus. Minuten später war er eingeschlafen.

Kapitel 3 – Winter im Frankenwald

Die Nachricht von der abenteuerlichen Wette hatte sich im Dorf wie ein Lauffeuer verbreitet, noch bevor Gerhard Wich zu Hause angekommen war. Die letzten Kilometer vom Bahnhof Kronach bis Unterrodach hatte er größtenteils zu Fuß zurückgelegt; erst hinter Höfles konnte er ein Stück auf dem Ochsenkarren eines Bauern mitfahren. Dann, auf seinem Weg entlang der Hauptstraße seines Heimatortes, wurde er alle paar Meter von neugierigen Mitbürgern angehalten:

„Souch amol, Gerd, stimmt des, wos iech dou ghört hou?“

„Du horch amol, wie soll denn des überhabds gehn?“

„Bass fei auf, dass du dich dou nieä in was verrennsd ...“

Der Floßherr bemühte sich geduldig, alle Fragen zu beantworten, und erntete teils stummes Kopfschütteln, teils offene Skepsis, selten auch spontane Ermunterung.

Als sich beim Kirchplatz fast schon ein kleiner Menschenauflauf gebildet hatte, gab er auf. „Wer Näheres wissen will, kann ja am Samstagabend zum Hans kommen“, rief er erschöpft in die Menge und zeigte mit ausgestrecktem Arm hinüber zum Gasthaus Seidel. „Da erkläre ich euch dann alles ganz genau. Aber jetzt muss ich erst mal meinem Vater Grüß Gott sagen dürfen!“

Mit diesen Worten drehte er sich um und lief beinahe fluchtartig die Steinera[9] hinauf.

Der Saal im Gasthof von Hans Seidel, normalerweise für Hochzeiten, Vereinsfeiern und den Kerwatanz genutzt, war brechend

[9] Straße in Unterrodach.

voll. Das halbe Dorf war erschienen; auch die Bauern, die Handwerker, die Beamten, sogar der Bürgermeister und der Pfarrer. Schließlich lebte ja fast jeder in Unterrodach direkt oder indirekt von der Holzwirtschaft. Flößer war man ohnehin nur auf Zeit – für viele Tagesfahrten auf der Rodach, für etwas längere Touren auf dem oberen Main und für drei oder vier mehrwöchige Fahrten im Jahr bis nach Mainz und vielleicht noch weiter den Rhein hinunter. Dazwischen, für die meiste Zeit des Jahres, gingen sie alle noch einer anderen Beschäftigung nach; waren Gastwirte oder Bauern, Forstaufseher, Müller, Schreiner, Zimmerleute – oder sie betrieben ein Sägewerk, so wie Gerhard Wich und sein Vater.

Der Vater war allerdings heute Abend nicht gekommen. Noch am Mittag hatten sie sich heftig gestritten, als Gerd von seinen Plänen erzählte, die alte Anlage endlich auf den neuesten Stand der Technik zu bringen. „Unsere Mühle war deim Obba un mir allemol gud genuch", hatte der Alte gesagt. „So a neumodisches Glumb, wo nur an Haufen Geld kosd' – des brauchd kaa Sau!"

Wieder einmal hatte der Sohn die Aufwallung seines heißen Blutes gespürt. „Der Obba is aa nuch ze Fuß von de Raas[10] haam gloffn. Drei Wochen hodder dou jedsmol verdrödeld. Heud fohrn mer hald middä Eisenbahn. – Dada, e neua Vollgattersääch zum Beispiel – dou is heudzedouch a audomaddische Säächezahn-Schleifmaschin gleich mit eigebaut! Mir könndn fünfmal so viel Aufdrääch in der gleichen Zaid schaffn!"

„Un ich souch naa – un dodebei bleibd's!"

Der Jüngere hatte die Faust in der Tasche geballt. „Schau dich doch um, Dada! Überoll im Frankenwald sterbm die Säächmühln, weil die Besitzer nix invesdiern. Bal simmä aa sowaid!"

Alois Wich war also aus Trotz nicht zur Versammlung erschienen, dafür hatten einige der Männer ihre Ehefrauen mitgebracht. Gerhard erkannte einige der ortsbekannten Klatschweiber und bereute zutiefst, dass er ausgerechnet heute den Streit mit seinem

---

[10] Oberfränkisch: Reise, mehrwöchige Floßfahrt.

Vater vom Zaun gebrochen hatte. Es würde Gerede geben. Nicht einmal der eigene Vater steht hinter ihm, würde es heißen.

Die Männer hatten inzwischen alle ihr Bier vor sich, rauchten wie die Schlote und diskutierten lautstark, während die Frauen die Köpfe zusammensteckten und miteinander tuschelten. Schließlich trat Hans Seidel, der Wirt, nach vorne, bat mehrfach und eindringlich um Ruhe, und erteilte seinem Freund Gerhard Wich das Wort.

Der Floßherr räusperte sich. „Also – wie ihr alle schon gehört habt, bin ich eine Wette eingegangen“, begann er. Er hatte sich angewöhnt, Hochdeutsch zu sprechen, wenn er sich konzentrieren musste; wenn es ums Geschäft, um Fakten und Zahlen ging. Einige im Dorf nahmen ihm das übel oder spotteten darüber – sie nannten ihn hinter vorgehaltener Hand den „Broffesser“, weil sie dachten, er wolle damit zeigen, dass er was Besseres war als sie. Aber es geschah ganz automatisch, denn er war weit herumgekommen und hatte schnell gemerkt, dass bereits hinter Miltenberg das oberfränkische Idiom kaum noch verstanden wurde – erst recht nicht am Niederrhein oder gar in den Niederlanden.

„Der Holzhändler Nauth in Mainz, den viele von euch zumindest vom Namen her kennen, braucht bis Mitte März nächsten Jahres dringend zweitausend Festmeter Holländerstämme“, fuhr er fort. „Eigentlich wollte er den Auftrag an den Holzmichel aus dem Schwarzwald vergeben. Aber ich bin der Meinung, dass wir fränkischen Flößer das auch schaffen – und zwar noch vor den Schwarzwäldern!“

„Jawoll!“, rief jemand aus dem Publikum, und sofort erhob sich wieder allgemeines Gemurmel, das rasch zu einem chaotischen Stimmengewirr anschwoll. Der Wirt schlug zwei leere Biergläser aneinander und sorgte so allmählich wieder für Aufmerksamkeit.

„Etzerdla lassd fei den Gerd z’örschd amol ausredn.“

Also erklärte Wich nun ausführlich die Einzelheiten des abgeschlossenen Vertrags – immer wieder unterbrochen durch

Zwischenrufe, Kommentare und Nachfragen. Als er sicher sein konnte, dass ihn alle verstanden hatten, zog er das Fazit.

„Es wird also für alle, die mitmachen, einiges dabei herausspringen“, betonte er. „Mehr als üblich.“

Marius Döser, der Bürgermeister, schaltete sich ein: „Und unser Unterrodach wird berühmt. Der ganze Frankenwald profitiert davon. Wir stellen die besten und geschicktesten Flößer im ganzen Land!“

Hochrufe erschallten, einige sprangen spontan auf und klatschten Beifall. Gerd war erleichtert, dass das Ortsoberhaupt dem Unternehmen positiv gegenüberstand. Döser war recht beliebt bei den Leuten; er hatte ein Gespür für Aktionen, die das heimische Gewerbe voranbrachten, und förderte sie nach Kräften – in der Hoffnung, sich dadurch weiter als Wirtschaftsfachmann zu profilieren. Schließlich wollte er ja wiedergewählt werden. Aber Wich ließ sich nicht täuschen. Er hatte sein Publikum scharf im Auge und registrierte sehr wohl, dass ein paar Dorfbewohner mit steinerner Miene sitzen geblieben waren.

Als wieder Ruhe eingekehrt war, kam er zu den entscheidenden Punkten seines Plans.

„Wir müssten im bevorstehenden Winter rund 1.300 Holländerstämme fertigmachen“, erklärte er. „Das ist richtig viel Holz. Ich habe noch ungefähr 150 Stück auf Lager und schätze, dass wir im Winter in unserem Waldstück an der Hohen Wart noch 200 weitere einschlagen können, wenn wir uns ranhalten. Das meiste muss ich allerdings von euch dazukaufen, und bezahlen kann ich leider erst im März. Aber wenn alles klappt, bekommt ihr dafür einen außergewöhnlich guten Preis!“

Der Landwirt Heinrich Eber meldete sich spontan: „Vo miech koosda hunnerd Stämm kriegn – velleichd aa zwaahunnerd.“

„Na, das ist doch ein Wort!“, freute sich der Floßherr. „Danke, Heinrich!“

Er wandte er sich an Ludwig Hempfling, der nicht nur der erfahrenste Floßführer, sondern auch der größte Waldbesitzer am Ort war. „Ludwig, wie sieht’s bei dir aus?“

„No dou müssd' ich blöd sei", rief Hempfling höhnisch. „Du willsd erschd zohln, wenn da des Holz verkaafd hosd. Un wenn der Holzmichel schnella is, gemmä leer aus, oder wie?"

„Wenn du Bedenken hast, können wir unser Geschäft gerne über eine Bankbürgschaft absichern. Oder ich nehme einen Kredit auf und zahle gleich. Aber ich will dich nicht drängen." Er schaute in die Runde. „Sonst noch jemand interessiert?"

Doch niemand meldete sich.

„Na schön, ihr könnt es euch ja noch überlegen. Jedenfalls müssen wir das ganze Holz bis Ende Februar nach Schwürbitz bringen. Da wird jeder gebraucht, der einen Boden einbinden und steuern kann. Nächstes Jahr ist ein Schaltjahr – also haben wir einen Tag länger Zeit. Von Schwürbitz nach Bischberg müssen wir es in einem Rutsch schaffen. Dort zerlegen wir am nächsten Tag die Hallstädter Stücke und bauen daraus bis zum Abend drei große Mainflöße zusammen. Die Schwürbitzer Flößer helfen uns dabei."

Der Floßherr legte eine Pause ein und wartete, bis sich die wachsende Unruhe im Saal wieder gelegt hatte.

„Wir haben dann noch genau zwölf Tage, um die Mainflöße hinunter nach Kostheim zu bringen. Das ist zu schaffen, aber es darf nicht mehr viel dazwischenkommen. Dafür brauchen wir eine Mannschaft von mindestens zwanzig zuverlässigen und erfahrenen Flößern und drei Floßführer mit der Lizenz gemäß der Mainschifffahrtsordnung. Einer von ihnen werde natürlich ich selber sein – fehlen noch zwei."

„No freilich, iech bin debei", rief Hans Seidel sofort.

„Prima – dann sind wir schon zu zweit. Einen brauchen wir noch. – Ludwig, was ist mit dir?"

Ludwig Hempfling ging bereits auf die fünfzig zu und war bestimmt schon hundertmal den Main hinuntergefahren. Er hatte zweifellos die meiste Erfahrung von allen und war obendrein Vorsitzender des Unterrodacher Floßvereins. Sein Wort galt etwas in Flößerkreisen. Aber er war genau wie Wichs Vater: stur, rechthaberisch und grundsätzlich gegen alles, was die Jungen anders machen wollten. Gerhard Wich war deshalb schon öfter mit ihm zusammengerauscht und daher kaum überrascht, als er hörte:

„A Gschmarri[11] is des alles. Des back'ma doch im Lebn nieä, in dera kurzn Zaid! Der Holzmichel hodd's eifach – der schickd sei Holz middä Eisenbahn nundern Rhein, un dann is er ruckzuck in Mainz. – Gerd, geb's auf!"

Wieder schwoll das Gemurmel an; Befürworter und Gegner des Abenteuers stritten heftig miteinander. Wich hatte das einkalkuliert. Er konnte an Hempfling nicht vorbei, und obwohl er wusste, dass er keine Unterstützung bekommen würde – er hatte ihn wenigstens gefragt. Jetzt waren die Fronten im Dorf klar.

Er wartete geduldig, bis sich die Wogen wieder einigermaßen geglättet hatten. Dann fuhr er mit ruhiger Stimme fort: „Es stimmt – auf der Kinzig wird schon seit Jahren nicht mehr geflößt. Dort läuft jetzt alles über die Schiene. Aber ich hab genau hingehört, was die Floßknechte vom Holzmichel erzählt haben. Der Faller hat kaum noch nutzbaren Wald auf der badischen Seite – er muss seine Stämme überwiegend auf der schwäbischen Seite des Schwarzwalds schlagen. Dann werden sie über Nagold, Enz und Neckar geflößt, und das dauert fast so lang wie über Rodach und Main. Also – wer ist mit dabei auf der Tour nach Kostheim?"

Ein paar Hände gingen hoch; anfangs noch zögerlich, dann wurden es mehr: vier ... sieben ... neun ... Schließlich zählte er elf Meldungen.

Gerhard Wich war zufrieden. Zwar fehlte ihm noch die Hälfte der Mannschaft und zwei Drittel der Fracht, aber es war ein vielversprechender Anfang. Nächste Woche würde er seinen lieben Freund Gottlieb Schalk in Wallenfels besuchen und ihn um Verstärkung bitten. Er war sich ziemlich sicher, dass er sie bekommen würde.

---

[11] Fränkisch: dummes Gerede.

Ludwig Hempfling und seine Anhänger hatten das Lokal bereits mit säuerlichen Gesichtern verlassen. Die noch da waren, steigerten sich beim dritten und vierten Seidla Bier mehr und mehr in eine lokalpatriotische Begeisterung hinein.

„Mir wern's denena scho zeign, dena Schoofsäggel", rief der junge Eduard Kleylein, der in diesem Jahr seine erste große Fahrt absolviert hatte. „Mir senn die bessern Flüeßä!"

„Jou – wos a Frangge oofängd, des baggd er aa!", bestätigte Hans Seidel. „Der Holzmichel, die blöd' Sau, werd sich nuch wunnän ..."

„Die Schwazzwäldler, die Fregger, die elendigen ...", fluchte der Müller Georg Hümmrich.

Gerhard Wich war still geworden. In den letzten Tagen hatte er sich immer wieder gefragt, warum er seinem Herausforderer aus dem Kinzigtal unbedingt die Stirn bieten musste. Inzwischen wusste er: Es war nicht nur seine persönliche Abneigung gegen den Angeber Horst Faller, die ihn angetrieben hatte. Im Grunde war es der tief verwurzelte, historisch bedingte Konkurrenzneid, der seit Generationen das Verhältnis zwischen den Flößern in Franken und denen im Schwarzwald prägte und der zuweilen in offene Feindschaft umschlug. Und er wusste auch: Diese Männer hier im Saal würden alles geben, um den Holzmichel und seine Gesellen auszustechen.

Jahrhundertelang waren die Floßherren aus dem Schwarzwald die unangefochtenen Herrscher im Holzhandel längs des Rheins, speziell in Holland. Blühende Städte wie Amsterdam, Rotterdam und Haarlem gründeten ihre prachtvollen Bauten und damit ihre Macht auf Hunderttausenden von Tannen aus dem süddeutschen Mittelgebirge, dessen Vorrat an erstklassigem Holz unerschöpflich schien. Die Nachfrage stieg von Jahr zu Jahr, und im gleichen Maße wuchs auch der Reichtum der Waldbesitzer ins Unermessliche.

Doch um 1800 herum zeigten sich die Folgen des ungezügelten Kahlschlags auf dramatische Weise. Die riesigen dunklen

Wälder, die einst dem Gebirge seinen Namen gegeben hatten, waren weitgehend verschwunden. Die Hänge waren verwüstet und kahl, der Erosion durch Wind und Regen schutzlos ausgesetzt. Die Heerscharen Napoleons besorgten den Rest und nahmen mit, was noch übrig war: Bauholz für Kriegsschiffe und Festungsanlagen, Brennholz für Kasernen und Feldlager.

In dieser Zeit begann der rasante Aufschwung des fränkischen Holzhandels. Im Frankenwald war man etwas schlauer; man verzichtete auf großflächige Rodungen, schlug immer nur einzelne Bäume aus dem Verbund und gab so dem Sturm und den zu Tal schießenden Sturzbächen weniger Angriffsfläche. Eine Zeit lang konnten die fränkischen Anbieter die Lücke füllen, welche die Schwarzwälder auf dem Markt hinterlassen hatten. Die einfachen Leute hatten wenig davon; sie schufteten für kargen Lohn als Holzfäller und Floßknechte im Dienste der Waldbesitzer und Floßherren, von denen sie abhängig waren. Jene aber erbauten nun in den entlegensten Dörfern plötzlich stattliche Villen, die in der ärmlichen ländlichen Umgebung wie fremdartige Monumente aus einer anderen Welt wirkten und heute noch wirken.

Im Schwarzwald blickte man voller Neid auf die erfolgreichen Franken und gab ihnen in völliger Verkennung der eigentlichen Ursachen die Schuld an dem Niedergang ihres Gewerbes. Und während man dort darüber verzweifelte, dass jedes Jahr bei der Schneeschmelze die mühsam angelegten Neupflanzungen wieder hinweggespült wurden, wuchs der Zorn auf die oberfränkischen Konkurrenten, die weiterhin souverän den Markt bedienten.

Das änderte sich erst allmählich, nachdem man begonnen hatte, eine systematische Wiederaufforstung nach modernen forstwirtschaftlichen Methoden durchzuführen – und dabei nicht mehr auf die Tanne, sondern auf die schnellwüchsige Fichte setzte. Jahrzehnte später waren die Schwarzwälder zurück im Geschehen und konnten ihren Standortvorteil, den kurzen Weg zum Rhein, wieder voll ausspielen. Und nun waren es plötzlich die Franken, die den wiedererstarkten Wettbewerbern die Rückkehr ins Geschäft missgönnten und ihnen vorwarfen, die Preise zu verderben.

Was beide Seiten nicht wahrhaben wollten: Das goldene Zeitalter des Holzhandels und die Blütezeit der Flößerei gingen so oder so zu Ende. Trotz steigender Bevölkerungszahl sank die Nachfrage nach Holz allmählich: Schiffe baute man jetzt aus Stahl, Häuser überwiegend aus Stein, und gefeuert wurde mit Kohle. Der Transport über die Schiene war zudem schneller, billiger und zuverlässiger als die schwimmende Fracht auf den Flüssen. Schon in wenigen Jahren würde der Anblick eines großen Floßes auf dem Rhein, dem Neckar oder dem Main Seltenheitswert besitzen, und die lange Tradition der stolzen und abenteuerlichen Zunft jener Männer, die sie steuerten, würde nur noch in der Erinnerung der Alten weiterleben.

„Ich bitte dich, Käthe – ausgerechnet ein Flöh-ßer!" Die Art, wie Fritz Porzelt die beiden Silben ausspuckte und dabei das Gesicht verzog, offenbarte die ganze Verachtung, die er für diesen Berufsstand empfand.

„Aber wir lieben uns doch, Papa!", rief seine Tochter unter Tränen.

„A sou a Gschmarri!" Porzelt legte Wert darauf, dass in seinem Haus in Kronach hochdeutsch gesprochen wurde, doch wenn er erregt war, fiel er schon mal in den heimatlichen Dialekt zurück. „Was weißt du schon, was Liebe ist? Das kommt von diesem Schund, den du da ständig liest. Hier – was ist das wieder?" Er zog das Buch hervor, das Käthe unter das Sofakissen geschoben hatte, und studierte den Titel: *Das Eulenhaus* von Eugenie Marlitt. Eine Frau hat das geschrieben! Wahrscheinlich hat sie keine Ahnung, worauf es im Leben wirklich ankommt!"

Fritz Porzelt glaubte zu wissen, worauf es im Leben ankommt. Er hatte das ehrbare Handwerk eines Schuhmachers erlernt und ziemlich schnell kapiert, dass die Zukunft der

Fußbekleidung weniger in der handwerklichen Einzelanfertigung nach Maß lag, sondern eher in der industriemäßig produzierten Massenware. Er knüpfte rechtzeitig Kontakte zu den großen Fabriken in Pirmasens und Weißenfels, die ihn fortan belieferten. Vor ein paar Jahren hatte er seinen kleinen Laden beträchtlich erweitert und in die Strau verlegt, an der Auffahrt zur Oberen Stadt – eine Adresse, die für ihn durchaus Symbolcharakter hatte: Er hatte es zwar noch nicht nach ganz oben geschafft, in die Amtsgerichtsstraße etwa oder an den Martinsplatz, wo die bessere Gesellschaft wohnte, aber er war auf dem Weg dorthin. *Die Dame und der Herr von Welt kauft Schuhe nur bei Fritz Porzelt* stand seitdem, etwas holprig gereimt, auf dem Werbeplakat im Schaufenster. Das Schuhfachgeschäft[12] wurde gut angenommen – was aber nicht weiter verwunderlich war, denn es war der einzige Laden dieser Art in dem 5.000-Seelen-Städtchen.

Käthe war also das, was man eine gute Partie nennen könnte, und da sie das einzige Kind der Porzelts war und blieb, war es umso wichtiger, dass sie mit ihren achtzehn Jahren allmählich einen passenden Ehepartner aus gehobenen Kreisen finden würde - einen, der geeignet wäre, das Geschäft des Vaters irgendwann weiterzuführen.

Und so ist es kaum verwunderlich, dass Fritz Porzelt aus allen Wolken fiel, als er gestern von einem Vereinskollegen hören musste: „Du, Fritz, dei Dochdä hou ich unlängsd gsähn – middan Flüeßä ..."

Sie waren sich im August beim Kronacher Schützenfest zum ersten Mal begegnet. Er hatte sie beim Tanzen in seinen starken Armen gehalten – so fest und sicher, dass sie sich wünschte, die Musik würde nie aufhören zu spielen. Käthe war dahingeschmolzen unter dem Blick seiner klaren, tiefgründigen Augen und seinem herzerwärmenden Lächeln. Als das Fest zu Ende

[12] Das Schuhhaus Porzelt in Kronach (gegründet 1896) existiert noch heute; die hier beschriebene Familie Porzelt ist natürlich rein fiktiv.

ging, hatte er sie nach Hause gebracht, und sie war wie elektrisiert vom Kitzeln seiner Schnurrbarthaare beim Küssen.

Seit diesem Tag hatten sie sich regelmäßig getroffen – aber immer heimlich, jeden Donnerstag nach ihrer Klavierstunde bei Fräulein Zurwesten in der Haingasse. Dann war sie hinaufgestiegen zum Wallgraben unterhalb der Festung Rosenberg, wo Gerd auf einer versteckten Steinbank schon auf sie wartete. Eine halbe Stunde in der Abenddämmerung hatten sie, um miteinander zu reden, ein wenig zu schmusen und zu träumen – dann musste sie schnell nach Hause, sonst wären die Eltern misstrauisch geworden.

Käthe hätte sich denken können, dass ihre Beziehung zu dem Flößer in dem kleinen Städtchen nicht lange verborgen bleiben würde. Nun war genau das eingetreten, wovor sie sich gefürchtet hatte: ein Wutausbruch ihres gestrengen Vaters in der elterlichen Wohnstube.

„Der Gerd ist kein gewöhnlicher Flößer“, versuchte sie sich zu rechtfertigen. „Er ist ein richtiger Floßherr, der auf eigene Rechnung arbeitet und sein eigenes Holz verkauft!“

„Floßherr oder Floßknecht – alles dasselbe Gschwaddel[13]“, tobte der Vater. „Wenn du dich mit so einem einlässt, machst du dich für dein ganzes Leben unglücklich! Der ist das halbe Jahr irgendwo in der Weltgeschichte unterwegs und hurt mit irgendwelchen Weibern herum, und du hockst daheim und weinst dir die Augen aus! – Luise, sag doch auch mal was!“

Die Mutter schaute beinahe erschrocken von ihrer Stickarbeit auf. Sie konnte ihre Tochter nur allzu gut verstehen. Als junges Ding hatte sie selbst oft genug sehnsüchtig den verwegenen Männern nachgeschaut, die so fröhlich und unbekümmert daherkamen und sich an keine Konventionen hielten. Auch heute noch träumte sie manchmal davon, wie ihr Leben wohl verlaufen wäre, wenn sie damals an der Seite eines Flößers ausgebrochen wäre aus der Enge ihres Elternhauses, aus dem

---

[13] Gesindel.

Mief des Kleinbürgertums, um den Duft der großen weiten Welt zu atmen. Aber das konnte sie natürlich nicht aussprechen – schon gar nicht in Gegenwart ihres Gatten.

„Dein Vater hat recht“, sagte sie stattdessen. „Wenn man jung ist und verliebt, glaubt man, der schöne Traum würde nie enden. Aber hinterher sieht der Alltag ganz anders aus. Was du brauchst, ist ein solider und treuer Ehemann, auf den du dich verlassen kannst – so wie ich einen bekommen habe.“ Sie streifte ihren Fritz mit einem Seitenblick, der wortlos fragte: *Habe ich jetzt das Richtige gesagt?*

„Da hörst du es!“, bekräftigte der Vater. „Käthe, ich verbiete dir, dich weiterhin mit diesem Kerl zu treffen!“

Jetzt hatte Käthe endgültig genug. Zum ersten Mal in ihrem Leben lehnte sie sich offen gegen ihren Vater auf. „Du hast mir gar nichts mehr zu verbieten!“, heulte sie. „Ich bin erwachsen! Meinetwegen kannst du mich enterben und verstoßen, es ist mir egal! Aber meine Liebe zu Gerd kannst du niemals zerstören! Hörst du – niemals!“ Sie lief hinauf auf ihr Zimmer, verriegelte die Tür und warf sich heftig schluchzend aufs Bett.

Fritz Porzelt blieb völlig verdutzt zurück. „Da haben wir den Salat!“, meinte er schließlich. „Das ist nun das Ergebnis deiner Erziehung, Luise! Du warst ja schon immer viel zu nachgiebig mit dem Kind!“

Schweigend, mit Tränen in den Augen, wandte sich Frau Porzelt wieder ihrer Stickerei zu. Unter ihren fleißigen Händen entstand ein Wandbild nach einer Vorlage von Carl Spitzwegs Gemälde *Der Bücherwurm*, das schon bald die Galerie ähnlicher Motive an der Wohnzimmerwand ergänzen sollte.

„Ein Flößer in unserer Familie – das fehlte noch!“, polterte ihr Mann unterdessen weiter. „Was kann denn so einer schon? Bloß saufen und raufen, das ist alles. Ansonsten dumm wie Bohnenstroh!“

Diesbezüglich täuschte sich der Schuhhändler allerdings gewaltig. Im Bücherregal von Gerhard Wich fanden sich Werke, die Fritz Porzelt nie im Leben lesen, geschweige denn verstehen würde: Fachliteratur zum Forstwesen und Wasserbau, zur Mechanik und Werkzeugkunde, Geometrie und Arithmetik, volkswirtschaftliche Abhandlungen ... Seit Kurzem war ein kleines Gedichtbändchen von Rainer Maria Rilke hinzugekommen, das ihm Käthe geschenkt hatte. Zuerst konnte er mit der ungewöhnlichen Wortwahl und den seltsamen Metaphern wenig anfangen. Aber dann begann er, sie laut zu lesen, dachte dabei an seine Geliebte, und plötzlich war er zutiefst ergriffen von der Rhythmik der Sprache und von der Gewalt der Bilder, die in seinem Kopf entstanden.

„Das ist ja so ziemlich die verrückteste Wette, von der ich je gehört habe!", stellte Gottlieb Schalk fest, nachdem ihm sein Freund erklärt hatte, worauf er sich eingelassen hatte. „Der helle Wahnsinn ist das!"

„Du hältst also nichts davon?", entgegnete Gerhard Wich enttäuscht. „Ich hatte im Stillen gehofft, du machst da mit."

„Natürlich mache ich mit – was glaubst du denn?" Der Wallenfelser Floßherr strahlte über das ganze Gesicht. „Ich lass mir doch diesen Spaß nicht entgehen! Und Spaß werden wir haben, verlass dich drauf, selbst dann, wenn wir nicht gewinnen sollten. Aber natürlich werden wir es schaffen! Wetten, dass ...?"

Wich ergriff die ausgestreckte Hand seines Freundes, schüttelte sie kräftig und stimmte erleichtert in sein Gelächter ein. Wie immer verbreitete Gottlieb Schalk eine ansteckende Fröhlichkeit um sich, der man sich kaum entziehen konnte. Schon seine äußere Erscheinung reizte zum Schmunzeln: Er hatte einen Wuschelkopf mit rötlich blonden Löckchen, einen stoppeligen kurzen Bartwuchs und eine ungewöhnlich große Nase mitten im Gesicht. Das Besondere an ihm aber war die auffallende, bunte Kleidung, in der er sich gerne zeigte, und die so gar nicht zu einem erfolgreichen Holzhändler oder gar zu einem Flößer passen wollte.

Seine Lebensgeschichte war abenteuerlich. Er war in Kulmbach aufgewachsen, hatte sich als junger Mann in der katholischen Kirchengemeinde engagiert und wollte ursprünglich Lehrer werden. Doch dann entdeckte er sein eigentliches Talent, tingelte jahrelang als Musikclown mit einem Zirkus und mit einer Varietébühne durch die Lande und brachte die Leute zum Lachen. Er zeigte vor niemandem Respekt und trieb seinen Spott auch mit der Obrigkeit und prominenten Persönlichkeiten, ohne dabei ausfällig oder beleidigend zu sein.

Mit den Jahren wurde er allmählich ruhiger, und als sein Vater starb, fühlte er sich verpflichtet, in dessen Geschäft mit dem Frankenwaldholz einzusteigen. Er bekam Spaß an der Flößerei, und da er immer noch kräftig und geschickt war und er es ohnehin nie lange am selben Ort aushielt, hatte er seitdem schon viele Floßfahrten bis hinunter nach Holland organisiert.

„Also pass auf", erklärte Schalk. „Ich bin bereit, mich zu einem Drittel an dieser Sache zu beteiligen. Das heißt, ich liefere die entsprechende Menge Holz – 700 Festmeter, ungefähr 450 Stämme. Die Wallenfelser Flößer bringen es bis nach Bischberg. Auf der Mainstrecke bis Kostheim mache ich den Floßführer – das Zeugnis für Main und Rhein habe ich ja, und die Mannschaft dafür kriege ich locker zusammen."

Wich zweifelte keinen Augenblick daran. Fahrten unter der Führung von Gottlieb Schalk waren äußerst beliebt bei den Flößern, denn auf seinem Floß herrschte von früh bis spät die beste Stimmung, und es gab immer etwas zu Lachen.

„Du, das finde ich großartig!", jubelte Gerhard Wich. „Jetzt habe ich ein gutes Gefühl!"

„Auf sein Gefühl sollte sich ein Flößer nie verlassen – das weißt du doch! Vieles hängt vom Wetter ab. Im Dezember sollte es nicht zu nass sein, damit wir möglichst viel Holz einschlagen können. Im Januar brauchen wir Schnee, damit die Pferde die Stämme ins Tal schleifen können. Im Februar muss das Eis auf den Flüssen verschwinden und die Floßteiche müssen voll sein, damit wir mit dem Abflößen beginnen können.

Am besten, du machst schon mal eine entsprechende schriftliche Eingabe bei Petrus!“

Es kam anders. Der Dezember war nasskalt, mit häufigen Regen-, Schnee- und Graupelschauern; dazu stürmisch. Trotzdem waren die Männer in den Wäldern längs der Rodach Tag für Tag im Einsatz, außer sonntags. Zu zweit, mit klammen Fingern, schoben sie die Trummsäge hin und her, die sich Zentimeter um Zentimeter in den Stamm fraß. Die Schläge der Axt und das metallische Geläut beim Vortrieb der Fällkeile hallten durch das Tal, und eine Fichte nach der anderen schlug krachend zu Boden.

Nachmittags, wenn die Schule zu Ende war, mussten auch die Kinder mit anpacken beim Einsammeln von Kleinholz und beim Aufschichten der abgeschälten Lohrinde, die man nach dem Trocknen für ein paar Pfennige an die Gerbereien verkaufen konnte. Unterdessen zogen die Rückepferde die glatten Stämme zu den Sammelplätzen, und mit dem Schlaghammer wurde das Floßzeichen eingeschlagen, das den Besitzer markierte.

Abends auf dem Heimweg nahmen die Waldarbeiter jedes Mal auch frisch geschlagene Jungstämmchen mit, soviel sie tragen konnten. Diese wurden in den kommenden Wochen zu sogenannten Wieden verarbeitet, die man in großer Zahl zum Einbinden der Flöße brauchte. Zuerst wurde das Holz eingeweicht, im Wiedofen erhitzt, dann am Wiedstock im heißen Zustand um die eigene Achse gedreht, zu Kränzen geformt und vor der Verwendung wieder gewässert. So entstand eine Art Seil aus Holzfasern, zuverlässig und hoch belastbar.

Die oberste Spitze der Fichte aber trugen die Kleinen, wenn sie schön gewachsen und noch unversehrt war, stolz nach Hause, damit sie, mit Kerzen und bunten Kugeln festlich geschmückt, weihnachtlichen Glanz in die Stuben bringen konnte.

Pünktlich zu Weihnachten kam auch der Schnee, aber er blieb nicht lange liegen. In den ersten Tagen des neuen Jahres standen die Holzfäller teilweise knietief im Morast, trotzdem ging die Arbeit ohne Unterbrechung weiter. Gerhard Wich hatte acht Männer angeheuert und zahlte gut; fünf von ihnen würden ihn im März als Flößer bis nach Mainz begleiten.

Mitte Januar wurde es frostig kalt, jedoch der sehnsüchtig erwartete Schnee blieb aus. An einigen Waldwegen hatte sich bereits eine stattliche Anzahl von fertigen Stämmen angesammelt, aber mangels einer gleitfähigen Unterlage schafften die Rückepferde es nicht, sie zu Tal zu bringen. Wer es trotzdem versuchte, musste mit empfindlichen Strafen rechnen, denn laut Forstordnung war das strengstens verboten: Es hätte die holprigen Wege völlig ruiniert.

Selbst die ältesten Einwohner konnten sich nicht erinnern, jemals einen so schneearmen Januar erlebt zu haben. Nachts, unter sternklarem Himmel, sanken die Temperaturen auf Werte unter minus fünfzehn Grad; tagsüber kletterten sie trotz strahlender Sonne nicht über den Gefrierpunkt.

Auch Gerhard Wich war betroffen. An der Hohen Wart lagerten noch über hundert von seinen Stämmen. Langsam wurde er nervös. Sein gesamter enger Zeitplan geriet in Gefahr, wenn er sie nicht bald zum Einbindeplatz bringen konnte. Dann hatte er eine Idee. Eines Abends stattete er Robert Neigirsch, dem Hauptmann der Freiwilligen Feuerwehr, einen Besuch ab.

„Robädd, ihr müssd mer helfn. Koosd du moring früh middä Feuerschbriddsen nauf auf die Hohe Ward kumma?"

Neigirsch grinste und legte dabei ein ziemlich ruinöses Gebiss frei, aus dem nur noch ein einzelner gesunder Zahn steil nach unten ragte.

„Ja, wie etzerd ... glaabs du velleichd, dass es brenna könnd dou drohm?"

Wich lachte. „Naa, hoffendlich nieä – bass auf!" Er erklärte ihm, was er vorhatte.

Neigirsch war skeptisch. „Un du maansd, dass des fungsionieäd?", fragte er.

Gerd zuckte mit den Schultern „Mir müssen's brobiern, Robädd. Die Zaid läfd uns devou."

Also ordnete Robert Neigirsch kurzfristig eine Feuerwehrübung an. In aller Frühe, noch vor Tagesanbruch, zogen sie los: acht Feuerwehrleute, vier Pferde und die patentierte Magirus-Feuerspritze mit den dazugehörigen Schläuchen. Zwei Männer und zwei Pferde blieben am unteren Ende des Hohlwegs zur Hohen Wart zurück, darunter der junge Lorenz Reif, einer der beiden Trompeter in der Feuerwehrkapelle. Die anderen stiegen auf dem bequemeren Serpentinenweg mit der Löschmaschine den Berg hinauf bis knapp unter den Gipfel, wo die Fichtenstämme von Wich warteten. Direkt daneben gab es einen kleinen kreisrunden Tümpel.

Mit ihren Äxten schlugen sie ein Loch in die zwanzig Zentimeter dicke Eisfläche. Dann wurden die Schläuche ausgerollt; der Saugschlauch wurde im Tümpel versenkt und der Druckschlauch zum Eingang des Hohlwegs verlegt. Vier Mann stellten sich an die Pumpe; schon schoss das Wasser den Berg hinab und war nach wenigen Metern zu Eis erstarrt.

Pausenlos wurde weitergepumpt. Die eisglatte Rutschbahn verlängerte sich stetig nach unten, bis nach einer Stunde aus der Ferne das verabredete Trompetensignal von Lorenz Reif zu hören war, welches signalisierte: Es gibt jetzt eine durchgängige Eisbahn bis hinunter an die Rodach.

Dann brachten die Rückepferde den ersten Baumstamm in Position. Karl Höfner, der zweite Trompeter der Feuerwehrkapelle, ließ ein langgezogenes Warnsignal erschallen. Die Männer gaben den Stamm frei; polternd rutschte er in die Tiefe und war nach wenigen Sekunden nicht mehr zu sehen.

Bange Minuten des Wartens vergingen. Endlich – von unten kamen drei kurze Trompetentöne. Der Fichtenstamm war demnach heil angekommen, die Pferde hatten ihn beiseite geräumt, und der Eiskanal war wieder frei für das nächste Geschoss.

Als sie in der Abenddämmerung mit ihrer Feuerspritze ins Tal zurückkehrten, lagen 34 Stämme sauber aufgeschichtet am Einbindeplatz. Robert Neigirsch war schon etwas früher abgestiegen und hatte inzwischen die Feuerwehrkapelle vollzählig antreten lassen – die nun durch das Dorf marschierte und den Marsch von den Lustigen Holzhackerbuam blies. Die Männer nahmen Gerd Wich auf ihre Schultern und ließen ihn hochleben; ihn, den Erfinder der ersten Kunsteis-Holzrutsche im Frankenwald.

Der Wettergott hatte schließlich doch noch ein Einsehen mit den Flößern. Anfang Februar gab es noch einmal kräftig Schnee, sodass die letzten Stämme zu Tal gebracht werden konnten. Mit der Schneeschmelze zwei Wochen später stieg der Wasserstand der Rodach, und bei fast schon frühlingshaften Temperaturen konnte mit dem Einbinden der Böden und dem Abflößen begonnen werden.

Jeden Tag wurde jetzt ein rundes Dutzend dieser schmalen Langholzflöße, zusammengebunden aus acht oder zehn Holländerstämmen, bis zur Floßlände bei Schwürbitz gebracht. Fünf Stunden dauerte die Fahrt; nach einer kräftigen Brotzeit marschierten die Männer dann noch einmal fünf Stunden zu Fuß nach Hause zurück, die lange Stange mit dem schweren Floßhaken[14] auf der Schulter.

[14] Das wichtigste Werkzeug der Flößer: eine zwei bis drei Meter lange Stange mit einer eisernen Spitze nebst einem Haken.

Kapitel 4 – Auf der Rodach

Im Hause Porzelt herrschte eine Art Waffenruhe. Nach der heftigen Reaktion seiner Tochter traute sich Fritz Porzelt in ihrer Gegenwart nicht mehr, das Wort „Flößer" in den Mund zu nehmen. Im Stillen hoffte er, dass Käthe irgendwann wieder zur Vernunft kommen würde. Es gab da einen vielversprechenden Kandidaten in der Oberstadt, Juniorchef eines Modehauses, und wenn der demnächst zum Schuhkauf vorbeischauen sollte, könnte er ja ein wenig nachhelfen und zumindest dafür sorgen, dass der geschätzte Kunde von der Tochter des Hauses besonders zuvorkommend bedient werden würde.

Käthe sah ihren heißgeliebten Gerd jetzt seltener, was aber nicht etwa daran lag, dass der Vater es verboten hatte. Der Floßherr hatte halt im Winter schrecklich viel Arbeit im Wald, und für ein zärtliches Tête-à-Tête auf der Bank am Wallgraben war es eh zu kalt. Er hatte ihr von seinem kühnen Plan erzählt, der ihn, wenn er denn gelänge, mit einem Schlag zu einem angesehenen Heiratskandidaten machen würde – einer, der auch vor den Augen des gestrengen Fritz Porzelt bestehen würde.

Kurz darauf erschien dann im *Fränkischen Wald*, der Kronacher Heimatzeitung, ein längerer Artikel über den Floßherren Gerhard Wich aus Unterrodach, der das Wagnis eingegangen war, einen Konkurrenten aus dem Schwarzwald herauszufordern. Käthe hatte den Zeitungsartikel ausgeschnitten und wortlos ihrem Vater hingelegt, der ihn kopfschüttelnd las und später seiner Gattin gegenüber lakonisch kommentierte: „Jetzt ist er völlig übergeschnappt!"

In den letzten Februartagen trat Fritz Porzelt wie jedes Jahr eine viertägige Reise nach Nürnberg an, um die Frühjahrsmesse der Schuhindustrie zu besuchen. Während die Mutter ihn zum Bahnhof begleitete, lief Käthe schon hinunter zur Hammermühle, weil sie wusste, dass die Flößer da vorbeikommen mussten. Tatsächlich – da warteten sechs Langholzflöße und sechs stramme Burschen vor dem Wehr, aber ihr Gerd war mit Abstand der Allerschönste von allen. Als sie ihm zuwinkte, war er erst ein wenig verdutzt, dann strahlte er über das ganze Gesicht und sprang mit einem Jauchzer ans Ufer, umarmte und küsste sie.

„Ach, Gerd", seufzte das Mädchen. „Bald gehst du wieder auf eine große Reise, und wir sehen uns wochenlang nicht mehr. Was gäbe ich darum, wenn ich mit dir kommen könnte!"

Gerd lachte. „Ich würde dich ja so gern mitnehmen, aber das geht nicht. Die Flößerei ist nichts für Frauen!"

„Wieso denn nicht? Ich könnte für euch kochen!"

„Einen Koch habe ich schon in meiner Mannschaft – sogar einen sehr guten", erklärte er geduldig. „Aber auch der muss tagsüber mit ran und hart arbeiten!"

„Ach Gerd, nur ein kleines Stückchen ..."

Der Floßherr überlegte. Dann kam er mit einem tollkühnen Vorschlag.

„Kannst du morgen um die gleiche Zeit wieder hier sein? Dann nehme ich dich mit nach Schwürbitz, und am Nachmittag fahren wir von Hochstadt aus mit dem Zug zurück nach Kronach."

„Wirklich?" Käthe fiel ihm um den Hals. „Ach Gerd, das wäre wunderbar!"

„Aber zieh dich warm an, am besten trägst du hohe Stiefel! Es könnte unterwegs nass werden!"

In dieser Nacht konnte Käthe vor Aufregung nicht schlafen, denn was sie vor sich hatte, würde bestimmt das größte Abenteuer in ihrem jungen Leben werden.

Am Morgen verriet sie der Mutter, dass sie heute den ganzen Tag mit ihrem Gerd verbringen wollte – von der Floßfahrt erzählte sie natürlich nichts, denn Frau Porzelt wäre sonst vor Angst gestorben.

Schon eine Stunde vor der vereinbarten Zeit war sie an der Hammermühle. Ihr Herz pochte bis zum Hals. Heute waren es sogar acht Böden, die nach und nach eintrafen und oberhalb des Wehres warten mussten, bis die Floßgasse[15] geöffnet wurde. Gerhard Wich kam als Letzter; mit seinen kräftigen Händen packte er Käthe an beiden Armen und hob sie hinüber auf das schwankende Floß.

Die anderen Männer schauten herüber und feixten. Sie riefen sich halblaut ein paar Worte zu, trauten sich aber nicht, den Floßherren, der sie bezahlte, auf seine ungewöhnliche Passagierin anzusprechen.

„Die werden das jetzt überall herumposaunen", meinte er.

„Sollen sie doch!", erwiderte Käthe trotzig. „Meine Eltern wissen eh schon über uns Bescheid. Die ganze Welt soll es wissen, dass wir uns lieben!"

Von vorn war ein Kommandoruf zu hören. „Es geht los", kündigte Gerd an. „Setz dich und halte dich gut an den Wieden fest. Das wird jetzt gleich zu Beginn ziemlich heftig!"

Der Müller drehte an einer Handkurbel; die Flößer stießen die Böden mit dem Floßhaken von der Ufermauer ab, und dicht hintereinander rutschten sie auf einer gewaltigen Welle den schrägen Durchlass hinunter. Am unteren Ende tauchte das Floß tief in die Fluten ein, das Wasser spritzte, und Käthe schrie erschrocken auf, als sie bis zum Gürtel pitschenass wurde. Aber dann war es auch schon vorbei; ruhig und gleichmäßig glitt das Wasserfahrzeug dahin. Ihr Floßführer beugte sich zu ihr hinunter und lachte; und Käthe wurde es ganz eigentümlich zumute, als er vorsichtig versuchte, ihren triefnassen langen Rock auszuwringen und dabei ihre Waden und ihre Knie berührte. Sie bibberte ein wenig vor Kälte, aber in ihrem Her-

---

[15] Das an den Wehren angestaute Wasser wurde je nach Bedarf zum Betreiben der Mühlen oder zum Befördern der Flöße genutzt.

zen brannte es glühend heiß, und als er sie dann zu sich heranzog und ganz fest an sich drückte, durchströmte eine wohlige Wärme ihren ganzen Körper.

„Ach Gerd, ist das schön", hauchte sie.

Lange konnte sich ihr Geliebter allerdings nicht bei ihr ausruhen, denn das Flüsschen mäandrierte in engen Schleifen durch das Tal und erforderte ständige Kurskorrekturen mit dem Floßhaken. Käthe zog sich wie ein Igel zu einer Kugel zusammen und schloss die Augen. Sie lauschte dem leisen Plätschern des Wassers, den entfernten Rufen der Flößer voraus und dem Gezwitscher der Vögel, die genau wie sie den nahen Frühling spürten.

„Woran denkst du?", wollte Gerd wissen.

„Ich möchte mit dir auf diesem Floß bis mitten hinein ins Paradies fahren. Dort möchte ich mit dir wie die Vögel ein Nest bauen, in dem wir uns jeden Abend ganz eng aneinanderkuscheln."

„Vorerst fahren wir aber nur bis zum Main. Und unser gemeinsames Nest bauen wir, sobald es geht. Möglichst noch in diesem Jahr."

Käthe lächelte voller Seligkeit.

Hinter dem Zollwehr gab es eine längere Pause. Zwei der Flößer, die aus Wallenfels gekommen und schon ein beträchtliches Stück länger unterwegs waren, verabschiedeten sich und machten sich auf den Heimweg. Die beiden Böden, die sie zurückließen, wurden jetzt mit anderen Böden zusammengebunden, sodass zwei neue Flöße doppelter Länge entstanden – die sogenannten Zwiespänner. Die Rodach war nach dem Zufluss der Haßlach breiter und ruhiger, das Tal wurde flacher, und es gab keine engen Wehrdurchfahrten mehr. Ein geschickter Flößer konnte ab hier auch einen Zwiespänner alleine steuern.

„Erzähl mir von deinen Reisen", bat Käthe, als sie weiterfuhren. „Wo warst du denn schon überall?"

„So arg weit bin ich in der Welt noch nicht herumgekommen“, sagte Gerd. „Es geht ja meistens nur bis Mainz – das ist eine große und schöne Stadt, in der ich mich recht wohl fühle. Die Menschen dort sind anders als bei uns – viel offener und freundlicher. Sie reden gleich mit jedem Fremden, wollen alles über ihn wissen und erzählen ihm alles über sich selbst. Vielleicht liegt es daran, dass sie lieber Wein trinken als Bier.“

„Du warst aber auch schon ein paar Mal in Holland?“

„Ja – dort ist alles ganz anders. Schon die Fahrt durch das Rheintal ist wunderschön, mit all den Burgen und Weinbergen und den lustigen kleinen Städtchen. Dann taucht irgendwann der gewaltige Kölner Dom auf, der bis in den Himmel ragt. Je weiter wir fahren, desto flacher wird das Land. Es gibt keine Berge und Hügel mehr, der Himmel sieht auf einmal ganz anders aus, und an klaren Tagen kann man endlos weit schauen. Das Land ist fruchtbar, nicht so sandig und karg wie bei uns, mit großen behäbigen Bauernhöfen, die von alten Bäumen umgeben sind. Im April blühen auf manchen Feldern Tausende von Tulpen in allen Farben – wie ein riesiger bunter Teppich sieht das aus.“

Käthe sog jedes Wort in sich auf; Bilder entstanden in ihrem Kopf. Gestern hatte ihr Vater noch vor seiner Abreise von der großen Stadt geschwärmt, wo elektrische Straßenbahnen in alle Richtungen sausten, wo in pompösen Kaufhäusern alles zu haben war, was man sich denken konnte – Dinge, die man in Kronach noch nie gesehen hatte. Wie langweilig war das aber alles gegenüber dem, was sie aus Gerds Mund zu hören bekam!

„In Holland sind die Städte vornehm und trotzdem gemütlich“, fuhr er fort. „Schmale, aus Ziegelsteinen gemauerte Häuser stehen dicht an dicht. Manchmal gibt es da gar keine richtigen Straßen, sondern nur Kanäle – Grachten heißen sie dort. Statt mit dem Pferdefuhrwerk werden die Waren mit einem Nachen zu den Geschäften gebracht, oder mit einem Floß. Wenn man jemanden am anderen Ende der Stadt besuchen möchte, steigt man nicht in eine Kutsche, sondern in ein Boot."

„Es ist also ein bisschen wie in Venedig?"

„In Venedig war ich noch nie, aber so ähnlich könnte es sein."

Es war windstill. Die Sonne wärmte jetzt gegen Mittag schon recht kräftig. Käthes Rock war schon fast trocken, und sie fror kein bisschen mehr. Leise fing sie an zu singen – ein Lied, das Fräulein Zurwesten ihr vorgesungen hatte, während die Schülerin die Klavierbegleitung dazu üben musste.

Schöne Nacht, o Liebesnacht, o stille mein Verlangen!
Süßer als der Tag uns lacht die schöne Liebesnacht.
Es entflieht die Zeit mit Macht, der Zarten Liebe Banden
Fern von dieses Ortes Pracht, entflieht die Zeit mit Macht.

Gerhard Wich kribbelte es wohlig im Nacken bei ihrem Gesang. „Ein schönes Lied – und du hast eine wunderschöne Stimme", schmeichelte er. „Eine Stimme, die streicheln kann. Was ist das für ein Lied?"

„Es stammt aus einer Oper von Jaques Offenbach – *Hoffmanns Erzählungen* heißt sie. Es ist eine Barcarole; ein venezianisches Gondellied. Passt es nicht wunderbar zu einer Floßfahrt?"

Er antwortete nicht auf ihre Frage, sondern rief plötzlich erschrocken aus: „Was ist denn da vorne los?" Die Flößer vor ihnen gaben Zeichen und hielten am Ufer; auch Wich brachte seinen Boden zum Stehen. Jemand kam ihnen entgegengelaufen und schrie aufgeregt: „Der Heinrich hodd Querich gemachd, un der Beedä is middem Zwieschbänner voll neigedonnerd!"

Gerhard Wichs Gesicht verdüsterte sich. *Querich machen* – das war in der Flößersprache die Bezeichnung für einen Unfall, bei dem das Floß in einer engen Flussbiegung hängen blieb, sich quer zur Fließrichtung stellte und die Durchfahrt blockierte.

Er sprang ans Ufer und half auch seiner Begleiterin an Land. „Gleich da drüben ist der Bahnhof von Küps“, sagte er ernst und wies mit ausgestreckter Hand nach Westen. „Es tut mir leid, Käthe, aber du musst alleine nach Kronach zurückfahren. Es kann Stunden dauern, bevor es hier weitergeht. Ich muss jetzt schauen, was da vorne passiert ist.“

Käthe war zutiefst enttäuscht, doch es blieb ihr nichts anderes übrig, als sich zu fügen. Ein letzter leidenschaftlicher Kuss, dann flüsterte sie mit feuchten Augen: „Wann sehen wir uns wieder, Gerd?“

Wich spürte den Stich in seinem Herzen, als er antwortete: „Das wird ein bisschen dauern. Am Montag haben wir unsere letzte Fahrt nach Schwürbitz; von da aus geht es direkt weiter den Main hinunter. Aber in drei Wochen werde ich dich wieder in die Arme nehmen!“ Er konnte nicht ahnen, wie sehr er sich täuschte.

Es sah schlimm aus an der Unfallstelle, direkt unterhalb der Kirche von Küps. Drei Langholzflöße hatten sich ineinander

verkeilt; eines davon ragte fast senkrecht aus dem Wasser. Heinrich Eber stand tropfnass und vor Kälte zitternd daneben. Er war bei dem Aufprall in die eiskalte Rodach gestürzt; die Strömung hatte ihn mitgerissen, und er hatte ordentlich Wasser geschluckt, bevor er nach fünfzig Metern wieder an Land waten konnte. Wich brachte ihn erst einmal in das nächste Gasthaus, damit er sich abtrocknen und aufwärmen konnte.

Der Wirt wunderte sich und fragte im schönsten oberfränkisch: „Warüm lernd ihr Flüeßä denn nieä es Schwimma, wenn ihr fodd aufm Wassä seid?" – „Ja Dunnerkeil, so a saudumme Frächerei!", gab Heinrich verärgert zurück. „Mei Broudä is a Douchdeggä, der koo doch aa nieä fliech'!"[16]

Über zwei Stunden brauchten sie, um die ineinander verhakten Flöße zu sichern und wieder flott zu bekommen. An eine Weiterfahrt war jetzt nicht mehr zu denken. Die Männer machten sich auf den Heimweg. Acht Böden mussten zurückbleiben; sie sollten am nächsten Tag als Zwiespänner weitergeführt werden.

Als die Flößer am Abend wieder in Unterrodach eintrafen, erwartete sie eine weitere schlimme Nachricht. Hans Seidel war beim Einbinden der Böden verunglückt. Ein Baumstamm hatte sich von einem Polter gelöst, war die Uferböschung heruntergerollt und hatte Seidels rechtes Bein zerschmettert. Der Doktor hatte ihn notdürftig versorgt und gleich mit seiner Kutsche ins Kronacher Krankenhaus bringen lassen. Die Ärzte durchleuchteten sein Bein mit den neuartigen Röntgenstrahlen und legten einen dicken Gipsverband an, dann brachten sie ihn wieder nach Hause.

Gerhard Wich war erschüttert. Die Arbeit im Wald, an den Einbindeplätzen und auf den Flößen war gefährlich – das war

---

[16] „Warum lernt ihr Flößer denn nicht Schwimmen, wenn ihr dauernd auf dem Wasser seid?" – „Ja Donnerkeil, so eine saudumme Frage! Mein Bruder ist Dachdecker, der kann doch auch nicht fliegen!"

jedem bewusst. Immer wieder kam es zu schweren Unfällen. Nun hatte es ausgerechtet Hans Seidel erwischt – drei Tage vor Beginn der großen Fahrt, bei der er eines von drei Mainflößen führen wollte.

Noch am gleichen Abend besuchte Wich seinen Freund. Der Gastwirt war gefasst und schien weniger bekümmert über seine Verletzung als vielmehr darüber, dass er bei dem historischen Wettstreit nicht dabei sein konnte. Gemeinsam überlegten sie, wer an seiner Stelle kurzfristig einspringen könnte.

„Der Heiner Spinnler will in zwei Wochen mit seinem eigenen Holz los“, erinnerte sich Seidel. „Der Reif Johann baut ein neues Haus – der hat keine Zeit. Der Werner könnt’s vielleicht machen, aber der hat kein Zeugnis.“ Sie sprachen noch über drei oder vier andere Floßherren, die aber aus verschiedenen Gründen nicht in Frage kamen.

„Willst du es nicht noch einmal beim Ludwig probieren?“, schlug Hans schließlich vor.

„Das wird keinen Zweck haben“, meinte Gerhard zerknirscht. Sein Verhältnis zu Ludwig Hempfling war auf dem Tiefpunkt, seit es ihm gelungen war, fast das ganze Dorf hinter sich zu bringen.

„Probier’s halt, Gerd.“

So sprang Gerhard Wich über seinen Schatten. Am nächsten Morgen besuchte er in aller Frühe den Vorsitzenden des Unterrodacher Floßvereins. Noch einmal versuchte er, ruhig und geduldig, den momentanen Stand seines Unternehmens zu schildern, obwohl er davon ausgehen konnte, dass Hempfling das meiste bekannt war. Dann sprach er über die nächsten Schritte, die durch den gestrigen Unfall in Gefahr geraten waren, und über die Notwendigkeit, jetzt schnell einen Ersatz für den ausgefallenen Floßführer Main zu finden.

„Überleechs der nuch amol, Ludwig“, schloss Gerhard. „Du sollsd’s ja nieä fer miech duhn, sondän fer unser Dorf. Die Leid’ möcherden hald, dass mir des zusamma hiegrieng.“

Der Ältere hatte sich das alles schweigend angehört. Jetzt sprach er in eisigem Ton: „Iech hou diech gleich gsochd, Gerd, dass des nix wädd! Die Zaid is viel ze kordz, un Flüeßä hosda aa ze weng. Etze kummsda zu miech, weil des endlich kabierd hosd. Obbä iech kou der aa nieä helfn! Beim bessdn Willn nieä!“

Es hatte wohl wirklich keinen Zweck. Gerd Wich zuckte die Achseln und sagte knapp: „Ade, Ludwig.“ Dann lief er wie jeden Tag hinunter zum Anger, mutlos und mit leerem Kopf. Wie in Trance griff er zum Floßhaken und brachte das nächste Langholzfloß auf den Weg nach Schwürbitz.

Die Durchfahrt in Küps war wieder frei. Die Böden, die gestern hier gestrandet waren, hatten ihren Weg talwärts gefunden. An der Schwürbitzer Floßlände waren inzwischen die Hallstädter Stücke weitergewachsen. Eine lange Kette von zwölf dieser Flöße, von denen jeweils sechs mit Seilen verbunden waren, lag abfahrbereit am Ufer. Nur noch wenige Lücken im Aufbau waren zu füllen. Zwanzig Schwürbitzer Flößer hatte Wich zusätzlich angeheuert, die am Dienstag die Fahrt nach Bischberg begleiten würden. Dort sollten aus all diesem Holz drei riesige Mainflöße entstehen – aber es gab nur zwei Floßführer!

Auf dem langen Fußmarsch nach Hause klopfte er bei verschiedenen Floßherren in Neuses an, in der vagen Hoffnung, dass er einen von ihnen im letzten Moment zum Mitmachen bewegen könnte. Die Reaktion war jedes Mal die gleiche: „Jaaa des kummd obbä etz a weng arch blötzlich ...“

Es war schon dunkel, als Gerhard Wich zu Hause ankam, der Verzweiflung nahe. In der Wohnstube brannte Licht.

Er ging hinein und traute seinen Augen nicht. Da saßen sein Vater und Ludwig Hempfling einträchtig beieinander am Tisch. Die vollen Bierkrüge vor sich, schwelgten sie laut und fröhlich in ihren Erinnerungen an gemeinsame Floßfahrten in der guten alten Zeit.

Hempfling erhob sich, als er den Sohn hereinkommen sah. Es wurde plötzlich still in der Stube. Der Besucher räusperte sich etwas verlegen. Dann streckte er dem Jungen die Hand entgegen und sprach feierlich: „Ich hou mers überleechd, Gerd. Mir Flüeßä müssn z'sammhalden. Ich übernehm' die Fohrd."

Gerd stand wie vom Donner gerührt und wusste nicht, was er sagen sollte. Dann ergriff er wortlos mit beiden Händen die ausgestreckte Rechte des Älteren und drückte sie lange und kräftig. Der Vater grunzte zufrieden.

Noch bis Sonntagabend wurden die letzen zwölf Böden mit allerlei Waren aus heimischer Fertigung beladen, die man unterwegs an den Mann bringen wollte: Kleinmöbel aus den Schreinereien, Hunderte von Stangen und Pfählen, wie sie im Weinbau benötigt wurden, glattgehobelte Bretter in verschiedenen Größen und so weiter.

Auch Alois Wich hatte etwas beizusteuern. Seit er aus gesundheitlichen Gründen nicht mehr im Wald arbeiten konnte, geschweige denn in der Flößerei, zog er sich immer öfter in seine kleine Schreinerwerkstatt zurück. Heute konnte er dem Jungen vier niedliche Babywiegen mit auf die Reise geben, kunstvoll verarbeitet und liebevoll bemalt.

„Ich wünsch dir viel Glück, Buu. Kumm fei g'sund widdä." Der Vater war inzwischen mächtig stolz auf seinen berühmten Sohn, von dem der ganze Frankenwald sprach. Ermunternd klopfte er ihm auf die Schulter.

„Ich bass scho auf, Dada. Kummsd'n du allaans zerechd, wenn ich nieä dou bin?"

„No freilich – die Heddwich bringd me doch jedn Middouch a warms Essen."

Gerd schmunzelte. Die Witwe von Adam Schwemmlein hatte offenbar Gefallen an ihrem ebenfalls verwitweten Nachbarn gefunden.

„Un weeche dene neua Maschine fer die Säächmühl redd'ma nuch amol, wennsda widdä dou bisd, gell?"

Der Junge zog die Augenbrauen hoch. Das waren ja ganz neue Töne.

„Ah – dou fälld mer ei, Dada: Ich müssd ja nuch a boa Büchä eibaggn ...“

Seine Tasche mit den wenigen Habseligkeiten, die er mit auf die Reise nehmen wollte, stand schon bereit: Wäsche und Strümpfe zum Wechseln, die hohen Kautschukstiefel für das Arbeiten im seichten Wasser, Wasch- und Rasierzeug, Zahnbürste ... Er ging an sein Bücherregal, holte einen dicken Band mit dem Titel *Werkzeuge und Maschinen zur Holzbearbeitung* hervor und versenkte ihn in der Tasche. Als nächstes kam das schmale Gedichtbändchen hinzu, das er von Käthe bekommen hatte.

Auf dem Tisch lag noch die neueste Ausgabe der *Berliner Börsen-Zeitung*, vor ein paar Tagen in Kronach erstanden. Er hatte darin nur eine einzige Zahl gesucht in den endlos langen Listen von Aktien, Fonds und Pfandbriefen; hatte sie schließlich gefunden und rot angestrichen, auf der vorletzten Seite bei den Auslandsnotierungen: Der Preis für Rundholz an der Amsterdamer Rohstoffbörse lag jetzt bei 12,44 holländischen Gulden pro Festmeter. Mit anderen Worten: Das Holz aus dem Frankenwald, das er nun auf den Weg bringen wollte, hätte demnach einen Wert von rund 42.000 Mark!

Fast wurde ihm schwindlig. Wie kamen solche Zahlen zustande? Er hatte eine ungefähre Vorstellung davon, dass die Kurse an der Börse durch Angebot und Nachfrage reguliert wurden – aber welchen Einfluss hatte das Verhalten von Spekulanten oder von zufälligen, unkalkulierbaren Ereignissen?

Seiner kleinen Bibliothek entnahm er ein weiteres Buch: *Die Börse*, lautete der schlichte Titel, von Max Weber. Er schlug das Kapitel über Warentermingeschäfte auf und begann zu lesen:

Die Vorstellung, dass die spekulativen Börsengeschäfte eine Art Wette auf das Steigen oder Fallen der Kurse über oder unter eine bestimmte Höhe seien, in der Form, dass von zwei Spekulanten auf einen bestimmten Tag ein Scheinkaufgeschäft zu dem betref-

fenden Kurse abgeschlossen wird, und je nachdem die Kurse über diese Höhe steigen oder darunter fallen, der eine oder der andere die Differenz zahlt, um die er sich verwettet hat, ist irrig. Überhaupt kann man an der Börse es dem einzelnen Geschäft nicht ansehen, ob es schließlich durch Gegengeschäft und alsdann durch Differenzzahlung, oder durch Abnahme der Ware selbst und Vollzahlung erledigt wird ...

Gerd gähnte. Reichlich kompliziert ist das alles, dachte er. Das Kapitel musste er irgendwann in Ruhe zu Ende lesen, falls er unterwegs die Zeit dazu fand. Heute war er zu müde dazu. Er steckte auch dieses Buch in seine Reisetasche und legte sich schlafen – zum letzten Mal für längere Zeit in einem richtigen Bett.

Kapitel 5 – Links und rechts des Rheins

Balthasar Nauth war meistens der Erste, der am Honoratioren-Stammtisch im *Weinhaus Wilhelmi* Platz nahm, und er war fast immer einer der Letzten, die am späten Abend den Heimweg antraten. Er hatte es ja nicht weit, nur ein Viertelstündchen zu Fuß von seiner Wohnung und seinem Büro. Die übrigen Stammtischbrüder, die in der Neustadt wohnten oder gar auf der anderen Rheinseite, trudelten zu unterschiedlichen Zeiten ein, nachdem sie ihr Tagesgeschäft erledigt hatten.

Der Holzhändler bestellte einen Ingelheimer Roten und vertiefte sich erst einmal in die Zeitung. *Neues Seegefecht vor Port Arthur* lautete die Schlagzeile. Der Russisch-Japanische Krieg um die Vorherrschaft in Korea und der Mandschurei dauerte nun schon einige Wochen und hatte auch an den deutschen Börsen für Turbulenzen gesorgt. Das Gelbe Meer war zwar weit weg, aber dennoch reagierte der Handel nervös, was insbesondere am internationalen Getreidemarkt zu spüren war.

„Wohl bekomm's!“ Der Wirt brachte mit dem ihm eigenen melancholischen Gesichtsausdruck den Wein an den Tisch, stellte das Glas vor seinem Gast ab und zog sich ohne ein weiteres Wort wieder hinter den Tresen zurück.

Nauth schmunzelte. Berthold Wilhelmi[17] war einer, der mit sich und der Welt haderte. Zusammen mit seiner Frau führte er seit Jahren das beliebte Weinlokal in der Rheinstraße, aber er fühlte sich zu Höherem berufen. Voller Neid blickte er auf

[17] Das traditionsreiche Weinhaus Wilhelmi (gegründet 1888) existiert noch heute. Die hier beschriebene Figur des Berthold Wilhelmi ist natürlich frei erfunden und hat mit dem ehemaligen Wirt nichts gemein.

die großen, modernen Gastronomie- und Hotelbetriebe, nebenan am Brand und droben am Bahnhofsplatz, mit Scharen von Angestellten – Köche, Kellner, Zimmermädchen, die die ganze Arbeit erledigten, während die Besitzer im Hintergrund blieben und ihr Geld zählten. So jedenfalls stellte er sich das vor. Er und seine Frau dagegen mussten sich den ganzen Tag abrackern, schon früh auf dem Markt einkaufen, Küche, Wirtsstube und Geschirr sauber halten und vom frühen Nachmittag bis spät in die Nacht anrichten, bedienen, Gläser spülen.

Eigentlich lief es nicht schlecht mit der Weinstube. Wilhelmi hatte eisern gespart und konnte im Laufe der Zeit einiges zurücklegen, immer in der Hoffnung, irgendwann das nötige Kapital zum Einstieg in ein größeres Unternehmen zusammenzubringen. Doch die Immobilienpreise in Mainz schossen durch die Decke, die Banken verlangten Sicherheiten für ihre Kredite oder höheres Eigenkapital, und so lief er seit Jahren seinem Traum hinterher und wurde mehr und mehr verbittert.

Die Gäste kamen trotzdem gerne, denn die Wirtschaft war gemütlich, die Weinauswahl vorzüglich, und der Handkäs war zweifellos der beste in der Stadt. Sie hatten sich daran gewöhnt, dass der Wirt nicht gerade eine Stimmungskanone war – die Stimmung kam spätestens beim dritten Schoppen von alleine. Im Grunde war es ihnen ganz recht, dass alles so blieb wie es war und das Wirtsehepaar nicht plötzlich wechselte, was erfahrungsgemäß selten zu einer Verbesserung führte.

Die Tür zum Lokal öffnete sich, und ein schlanker, drahtiger Herr um die sechzig kam herein, legte Hut, Regenmantel und Schirm an der Garderobe ab und brachte einen kleinen Lederkoffer mit an den Stammtisch.

„Ei Gude, Rudolf! Willst du verreisen?“, begrüßte ihn Balthasar Nauth.

„Im Gegenteil“, grinste der Neuankömmling. „Ich komme gerade von einer Reise zurück. Ich war noch gar nicht zu Hause; bin vom Bahnhof direkt hierhergekommen.“

„Wo warst du denn?“

„Mal wieder in Holland. Genauer gesagt, an der Technischen Hochschule in Delft. – Herr Wirt, bitte einen Hattenheimer Riesling!“

„In letzter Zeit bist du ja öfter in Holland als ich“, stellte Nauth fest. „Gehen deine Geschäfte dort denn so gut?“

Rudolfs Grinsen wurde breiter. „So lala. Aber das wird sich jetzt schlagartig ändern.“

„Du machst mich neugierig. Was habt ihr vor?“

Rudolf Dyckerhoff war Produktionsleiter der Portland-Cement-Fabrik Dyckerhoff & Söhne in Amöneburg. Er hatte Chemie und Maschinenbau studiert und tüftelte ständig an Verbesserungen von Produkten und Herstellungsprozessen. Die Schlote der Fabrik mit ihren weißen Rauchfahnen waren weithin zu sehen; ein Wahrzeichen für Unternehmergeist und Fortschritt.

„Wir haben den Durchbruch geschafft!“, verkündete er stolz. „Seit drei Jahren experimentieren wir mit verschiedenen Beimischungen zu unserem Portland-Zement, um das Aushärten von Beton im feuchten Untergrund zu verbessern. Normaler Beton eignet sich kaum zum Anlegen von Fundamenten im nassen Boden, weil er porös ist und das Wasser bis zum Moniereisen durchdringen kann, was zur Korrosion führt. Unser neues Produkt dagegen, auf das ich ein Patent angemeldet habe, ergibt einen vollkommen dichten Beton mit einer glatten, wasserabweisenden Oberfläche.“

„Interessant. Und was haben die Holländer damit zu tun?“

„Nun, die Technische Hochschule Delft hat unter der Leitung von Professor Den Hartogh umfangreiche Tests mit dem neuen Baumaterial durchgeführt. Sie bestätigen, dass die innovative Technik aus unserem Hause der herkömmlichen Fundamentgründung mit Holzpfählen in jeder Hinsicht überlegen ist: Einfacher, schneller, billiger, stabiler, beständig über Jahrhunderte.“

„Gratuliere!“, meinte Nauth sarkastisch. „Wenn das stimmt, werde ich bald kein Holz mehr nach Holland verkaufen können!“

„Das ist der Fortschritt, Balthasar: Du musst dich darauf einstellen, dass ein neues Zeitalter anbricht“, bestätigte der Chemiker. „Weiterhin Holz im Tiefbau zu verwenden, ist Unfug. Die Zukunft gehört dem Stahlbeton, hergestellt mit Zement aus Amöneburg.“

Der Holzhändler wischte sich den Schweiß von der Stirn. „Wirklich rosige Aussichten für dich. Weniger rosig für mein Geschäft. Könnt ihr denn überhaupt kurzfristig so viel liefern?“

Rudolf lächelte siegesgewiss. „In Kürze nehmen wir die neuen Drehrohröfen in Betrieb, mit denen wir die Produktivität noch einmal deutlich erhöhen. Das Problem ist im Moment nicht die Produktion, sondern der Transport. Ich kriege kaum noch Frachtkapazitäten; weder bei der Bahn noch bei den Rheinschiffern.“

„In drei Wochen schicke ich ein großes Floß nach Holland. Ich werde gleich morgen früh mal ausrechnen lassen, wie viel Tonnen Fracht da mitgehen können“, schlug Nauth vor.

„Ach ja, deine Wette mit den Floßherren, von der du erzählt hast. Glaubst du denn, einer von denen wird es schaffen?“

„Wir werden sehen. Ich bin jedenfalls zuversichtlich, dass mein Holz rechtzeitig hier ist. Vielleicht wird es ja das letzte Rheinfloß sein, das ich auf den Weg bringe.“

„Du musst mit der Zeit gehen, Balthasar. Ich an deiner Stelle würde jetzt schnellstens in Dyckerhoff-Aktien investieren. Die Ergebnisse aus Delft werden Anfang März in der Fachzeitschrift *Het Civiele Techniek* veröffentlicht. Den Hartogh ist eine internationale anerkannte Kapazität im Bauwesen. Wenn der Artikel erst erschienen ist, werden die Preise am Holzmarkt wahrscheinlich drastisch einbrechen.“

Er unterbrach seine Rede und schaute zur Tür, wo zwei weitere Mitglieder der Runde erschienen waren: Der Weinhändler Ariel Becker und der Notar Baruch Hirschfeld.

„Kein Wort zu denen und zu niemandem“, raunte Rudolf seinem Nachbarn zu. „Ich kriege sonst Ärger mit der Börsenaufsicht – wegen Weitergabe von Insider-Informationen und so.“

Kurz danach traf auch Christof Ruthof ein, Inhaber einer bedeutenden Schiffswerft in Kastel. Die Stammtischrunde war komplett.

Wie üblich wurde lautstark diskutiert, über das lokale Tagesgeschehen genauso wie über die große Weltpolitik. Hauptgesprächsthema war heute natürlich der Konflikt zwischen Russland und Japan. Der Schiffbauer Ruthof galt Kraft seines Gewerbes als Marinefachmann.

„Von den russischen Kreuzern ist kein einziger durch Gürtelpanzer unter der Wasserlinie geschützt", erklärte er. „Gerade bei einem Feuergefecht auf große Distanzen können die Japaner diese Schiffe ziemlich schnell versenken."

„Dann verstehe ich nicht, warum die Russen ihre gepanzerten Kanonenboote sorgsam behütet im Innenhafen schonen", meinte der Notar. „Die müssten doch bei diesen Gefechten unbedingt eingreifen!"

Balthasar Nauth hörte nicht richtig zu und beteiligte sich auch kaum am Gespräch. Seine Gedanken kreisten immer noch um die Neuigkeiten, die er von Rudolf Dyckerhoff erfahren hatte. Er dachte an den Terminkontrakt, den er auf Anraten des Maklers Jan van Gelderen abgeschlossen hatte. Der Kurs für dieses Papier hatte sich in letzter Zeit erfreulich gut entwickelt, und deshalb wollte er es so lange wie möglich halten, weil er auf weiteren Gewinn hoffte. Jetzt jedoch drohte der totale Absturz.

Dem Holzhändler war klar, dass er den Kontrakt so schnell wie möglich loswerden musste. Aber über seine Hausbank würde das wahrscheinlich zu lange dauern; bestimmt einige Tage oder eine ganze Woche. Er zog in Erwägung, kurzfristig nach Holland zu reisen, um das Papier dort zu verkaufen, doch selbst dafür konnte es schon zu spät sein. Auch wenn der Artikel des Delfter Professors noch nicht erschienen war, konnte die Bombe jederzeit durch eine Indiskretion eines Mitarbeiters platzen. Am einfachsten wäre es, wenn er das Papier unter der Hand an einen anderen ahnungslosen Spekulanten verkaufen könnte.

Es war mal wieder spät geworden. Die Weinstube hatte sich inzwischen weitgehend geleert; nur Balthasar Nauth und Ariel Becker saßen noch am Stammtisch.

„Du warst ja heute Abend so still, Balthasar", wunderte sich Becker. „Ärger gehabt?"

Nauth schüttelte den Kopf. „Ariel, ich wollte mit dir noch etwas Geschäftliches besprechen. Ich hätte die Chance, in eine große Sache einzusteigen – worum es geht, darf ich leider noch nicht verraten. Jedenfalls bräuchte ich dafür kurzfristig als Startkapital rund 60.000 Mark, und momentan bin ich nicht flüssig. Ich wollte dich fragen, ob du mir aus der Patsche helfen kannst."

Ariel Becker handelte zwar hauptsächlich mit Wein und Sekt, aber als rühriger Unternehmer hatte er seine Finger in vielen anderen lukrativen Geschäften – vom Kunsthandel bis zur Schrottverwertung. Vor Jahren hatte er sogar eine Beteiligung an einer Schiffsmühle gehalten, mit der er allerdings auf die Nase gefallen war – sein Kompagnon hatte ihn betrogen.

„Ich könnte dir einen interessanten Terminkontrakt der Amsterdamer Rohstoffbörse anbieten", fuhr Nauth fort. „Fällig am 25. März, aktueller Börsenwert 63.400 Mark, Tendenz weiter steigend. Den würde ich dir für glatte 60.000 überlassen."

Ariel Becker runzelte die Stirn. „Warum verkaufst du das Papier nicht einfach über die Bank?"

„Das dauert viel zu lange, Ariel, das weißt du doch! Ich muss in dieser Sache schnell handeln. Deswegen kann ich auch keinen Bankkredit aufnehmen – bis der genehmigt und verbrieft ist, wäre es zu spät."

Der Weinhändler schwieg eine Weile, während Nauth sich ein weiteres Mal den Schweiß von der Stirn wischte. Dann sprach er lächelnd: „Sei mir nicht böse, Balthasar, aber an der Geschichte ist doch was faul! Das kann ich förmlich riechen! Abgesehen davon – Bargeld in dieser Höhe kann selbst ich nicht einfach aus dem Ärmel schütteln. Nein, tut mir leid - für diesen Handel musst du dir einen Dümmeren suchen als mich. Es laufen ja genug davon herum."

Balthasar Nauth zuckte mit den Schultern. „Schon gut, Ariel. Es war ja nur so eine Idee ..."

Er verstummte, denn Berthold Wilhelmi trat an den Tisch heran. „Haben die Herren noch einen Wunsch?"

„Nein, danke. Ich zahle", sagte Becker und stand auf. „Kommst du mit?"

„Bringen Sie mir noch ein Piffchen von dem Roten", bat Nauth den Wirt. „Und dann zahle ich auch."

Im Winter wurde es still im Gasthaus Engel in Kostheim. Fremde Gäste ließen sich kaum blicken: weder die Ausflügler, die an wärmeren Tagen zu Fuß oder per Fahrrad von Mainz herüberkamen, noch die Wassersportler mit ihren Paddelbooten und Segeljollen – und schon gar keine auswärtigen Flößer. Nur die Fuhrleute hielten hin und wieder zu einer Brotzeit an, wenn sie die Mainbrücke überqueren mussten.

Sonntags natürlich, nach dem Kirchgang, wurde es richtig voll. Dann schauten die Einheimischen gerne noch zum Frühschoppen oder zum Mittagessen beim Schambes vorbei. So war es auch heute. Der Wirt hinter dem Tresen hatte alle Hände voll zu tun, schenkte Bier, Wein und Limonade ein, und seine Frau brachte aus der Küche den köstlich duftenden Braten an die Tische.

Auch die Schellheimers waren da, respektvoll gegrüßt von den übrigen Gästen. Valentin Schellheimer war einer der angesehensten Unternehmer im Ort. Er hatte aus der kleinen Schreinerei seines Vaters einen bedeutenden Holzverarbeitungsbetrieb gemacht, mit 52 Mitarbeitern, die für ihren Chef durchs Feuer gingen. Seine junge Ehefrau Christel Schellheimer, ebenso attraktiv wie schlagfertig, hatte er hier in diesem Gasthaus kennengelernt, wo sie eine Zeit lang als Servierkraft gearbeitet hatte. Vor zwei Jahren hatten sie geheiratet. Christel hatte den kleinen Paul mit in die Ehe gebracht, der inzwischen vier Jahre alt war und nun, während die Familie aufs Essen wartete, von Tisch zu Tisch durch das ganze Lokal wieselte und mit seinen neugierigen Fragen bei jedem ein Lächeln hervorzauberte.

Jean-Baptiste Weckbacher brachte die Getränke – Rotwein für den Vater, Weißwein für die Mutter und Zitronenlimonade für den Kleinen. Außerdem hatte er ein zerfleddertes Schreibheft in der Hand, mit dem er bedeutungsvoll auf dem Tisch klopfte.

„Möchten der Herr Schellheimer sich nicht auch an unserer kleinen Flößerwette beteiligen?“, fragte er. „Bis jetzt ist schon ein erkleckliches Sümmchen zusammengekommen.“

„Ich habe davon gehört“, schmunzelte der Firmenchef. „Schambes, du betreibst doch nicht etwa nebenher ein illegales Wettbüro? Du weißt, dass das verboten ist!“

„Ach, kommen Sie – das ist doch nur ein harmloses Spiel unter Freunden und Nachbarn“, entgegnete der Wirt. „Ich kann Ihnen schon mal die derzeitige Quote verraten: Drei zu eins für den Floßherren aus dem Schwarzwald!“

„Interessant. Und wenn es keiner der beiden schafft?“

„Dann kriegt halt jeder seinen Einsatz zurück, und das war’s.“

„Also, wenn das so ist – dann setze ich mal fünf Mark auf den Franken“, lachte Schellheimer und zog eine Silbermünze hervor. „Die Franken sind stur – wenn die sich was in den Kopf gesetzt haben, dann ziehen sie es auch durch.“

„Und ich werde nicht gefragt?“, meldete sich die Gattin und machte einen Schmollmund. Sie nestelte an ihrem Handtäschchen. „Von mir noch mal fünf Mark, aber auf den Schwarzwälder!“

„Sehr gerne.“ Der Wirt setzte sich, holte einen Bleistift hinter dem Ohr hervor und begann zu schreiben. Unterdessen kam Paul von seinem Ausflug durch das Lokal zurück.

„Mama, Papa – gehen wir schon?“, plapperte er.

„Nein – wie kommst du darauf?“, wunderte sich die Mutter. „Wir haben ja noch gar nichts gegessen!“

„Weil ihr schon bezahlt habt“, meinte der Kleine.

Christel lachte. „Nein – das war nur eine Wette."

„Was ist eine Wette?"

„Eine Wette", erklärte Valentin Schellheimer, „ist ein Spiel für Erwachsene, bei dem man gewinnen oder verlieren kann." Den Worten folgte ein lang anhaltender Hustenanfall.

Weckbacher sah seinen Gast stirnrunzelnd von der Seite an. Blass und angegriffen sah er aus. Es war allgemein bekannt, dass der Sägewerkbesitzer es an der Lunge hatte. Letztes Jahr hatte er schon mehrere Wochen in einem Schweizer Sanatorium verbracht, aber anscheinend ohne nachhaltigen Erfolg.

„So – einen recht guten Appetit wünsche ich!" Auf einem Tablett brachte Anna Weckbacher die Speisen an den Tisch – zweimal Rindsroulade mit Kartoffelpüree, und für den Kleinen gab es Kartoffelsalat mit einer Frikadelle, die mit einem lachenden Gesicht aus Senfstreifen verziert war.

Da es inzwischen etwas ruhiger in der Gaststube geworden war, setzte sich die Wirtin kurzerhand zu der kleinen Familie an den Tisch und plauderte angeregt mit der jungen Mutter. Die beiden Frauen hatten sich von Anfang an gut verstanden, als Christel ihre Arbeit im Gasthaus Engel aufgenommen hatte, und waren inzwischen die besten Freundinnen geworden.

Christine Krug, wie sie damals noch hieß, kam aus dem Nachbarort Ginsheim, wo sie selbst zusammen mit ihrem Vater Christoph Krug eine Gaststätte geführt hatte. Nachdem der kleine Paul zur Welt gekommen war, hielt sie es dort nicht mehr lange aus. Da sie sich hartnäckig weigerte, den Namen des Kindsvaters zu nennen, gab es bald die wildesten Gerüchte. Die Frauen im Ort tuschelten heuchlerisch über sie, und die Männer glaubten, so eine wie sie wäre für jeden schnell zu haben. Sie musste raus aus der gewohnten Umgebung und war dankbar, dass sie bei den Weckbachers so gut aufgenommen wurde und sogar während der Arbeit ihr Baby versorgen konnte.

Die Gäste im „Engel" waren auch recht angetan von der neuen Bedienung; besonders natürlich die Herren. Mit ihren langen kastanienbraunen Haaren, ihrem fröhlichen Lachen und ihren flinken, geschmeidigen Bewegungen war sie ein äußerst erfreulicher Anblick.

Zu Valentin Schellheimer, dem heiß umworbenen Junggesellen, ergab sich bald eine besondere Vertrautheit – vielleicht gerade deshalb, weil er, im Gegensatz zu vielen anderen, nie anzügliche Bemerkungen über seine Lippen brachte oder gar zudringlich wurde. Stattdessen kümmerte er sich rührend um den kleinen Paul, wenn die Mutter gerade stark beschäftigt war. Oft saßen die beiden noch lange nach der Sperrstunde beisammen, lachten und redeten über Gott und die Welt.

Niemand war erstaunt, als die beiden nach einem Jahr zum Traualtar schritten. Schellheimer adoptierte ohne zu zögern das Kind seiner Frau als sein eigenes, und in Ginsheim verbreitete sich das Gerücht, der Holzhändler sei tatsächlich der Erzeuger, der sich jetzt endlich zu seiner Vaterschaft bekannt hatte.

Eine glückliche Familie und eine perfekte Ehe – so dachte jeder, der die Schellheimers kannte. Anna Weckbacher war die Einzige, die von der geheimen Abmachung wusste, auf die der Lebensbund der beiden gegründet war, und die auf keinen Fall an die Öffentlichkeit gelangen durfte. Nicht einmal ihr Mann ahnte etwas davon.

Die Wintermonate waren eine harte Zeit für die Kostheimer Flößer. Die Floßfahrten auf dem Rhein waren eingestellt und die Floßhäfen geschlossen. Wer Glück hatte, fand eine befristete Arbeit in einem der großen holzverarbeitenden Betriebe, bei Hofmann oder Schellheimer zum Beispiel. Weniger beliebt war die Beschäftigung in der Zellulose- und Papierfabrik; hauptsächlich wegen des bestialischen Gestanks in den Fabrikhallen, an den man sich aber mit der Zeit gewöhnen konnte.

Jakob Büttner, der „Pirat“, war vor einigen Wochen in der Kostheimer Zündholzfabrik untergekommen. Die Arbeit dort war nicht ganz ungefährlich. Der Umgang mit Phosphor und Schwefel war der Gesundheit nicht gerade zuträglich, und des

Öfteren hatte es in dem Betrieb schon gebrannt. Immerhin genoss Büttner den Vorzug, in der Versandabteilung arbeiten zu dürfen, wo er die Streichholzschachteln der Marke „Vulkanhölzer" in kleine Kartons verpacken musste - eine Tätigkeit, die ihm die Möglichkeit gab, ab und zu ein paar Schachteln abzuzweigen und in seinen Taschen unterzubringen. Auf diese Weise verschaffte er sich einen bescheidenen Nebenverdienst, indem er gelegentlich nach Feierabend als Hausierer an Mainzer Wohnungstüren klingelte und den Hausfrauen die Zündhölzer zum Vorzugspreis anbot.

Das ging so lange gut, bis er bei einer abendlichen Kontrolle am Fabriktor mit seinen ausgebeulten Taschen auffiel und sich einer Leibesvisitation unterziehen musste. Die Folge war die fristlose Entlassung und eine Anzeige wegen Diebstahls.

Der Pirat fand, dass es mal wieder an der Zeit sei, Kostheim den Rücken zu kehren, zumal der Frühling sich ankündigte und die Flößerei allmählich wieder in Gang kam. Wie er es schon früher gemacht hatte, wollte er ein Stück den Rhein oder den Main hinauffahren, zu einem der größeren Floßhäfen, und dort auf die Ankunft der ersten Flöße warten. Es gab immer wieder Floßherren, die für die letzten Etappen bis Mainz einen Ersatzmann suchten, weil einer aus ihrer Mannschaft etwas früher nach Hause zurückkehren wollte.

In der darauffolgenden Nacht schlich sich Büttner auf das Gelände des Mainzer Zollhafens und verkroch sich im Laderaum eines Lastkahns, der abfahrbereit am Kai lag.

Jakob Büttner hatte es nie einfach gehabt im Leben. Sein Vater, ein Rheinschiffer, war tödlich verunglückt, als der Bub gerade mal sechs Jahre alt war. Die Witwe war mit fünf Kindern hoffnungslos überfordert, und so kam der kleine Jakob zu seiner alleinstehenden Tante nach Kostheim.

Die Tante, die selbst keine Kinder hatte, verhätschelte ihren Zögling, wo sie nur konnte. Sie fand immer wieder neue Entschuldigungen für ihn, wenn er mal wieder die Schule geschwänzt hatte. Sie verschloss die Augen, als der Heranwachsende in schlechte Gesellschaft geriet und oft tagelang nicht nach Hause kam. Als zum ersten Mal die Polizei bei ihr aufkreuzte, weil der Junge des Diebstahls bezichtigt wurde, stellte sie sich wie eine Furie der Staatsgewalt in den Weg und ermöglichte ihrem Jaköble die Flucht.

Die Tante starb, als Jakob sechzehn Jahre alt war. Zu dieser Zeit trieb er sich bereits öfter am Floßhafen herum, und gelegentlich hatte er auch schon als Tagelöhner dort ausgeholfen. Da er kräftig und geschickt war, wurde er bald als Floßknecht für seine erste Fahrt nach Holland angeheuert.

Von da an war er regelmäßig im Dienste der Mainzer Holzhändler unterwegs. Er lernte das komplizierte Regelwerk der Rheinschifffahrt kennen und schaffte im zweiten Anlauf sogar die Prüfung für den Schein, den man braucht, um selbstständig ein Floß zu führen.

Wenn Jakob Büttner mit einer Holzfracht in Holland angelangt war, hatte er es nie besonders eilig, nach Kostheim zurückzukehren. Er hielt sich noch tagelang in den lebhaften und reichen Handelsstädten auf, lungerte auf den Marktplätzen herum und beobachtete die Leute. Flink, wie er war, gelang es ihm immer wieder, einem Kaufmann oder einer Hausfrau die Geldbörse zu entreißen und blitzschnell im Gewirr der kleinen Gässchen unterzutauchen.

Einmal hatte er allerdings Pech. Auf dem Käsemarkt in Gouda hatte er eine Weile fasziniert zugeschaut, wie die Händler um die Preise für die großen runden Käselaiber feilschten, die dort aufgestapelt waren. In einer Art geheimer Zeichensprache schienen sie zu verhandeln, bis das Geschäft schließlich durch einen mehrfachen Handschlag besiegelt wurde. Anschließend öffnete der Käufer seinen ledernen Geldbeutel und zählte dem Verkäufer die Münzen einzeln auf die Hand – in goldenen Dukaten!

Das war der Moment, in dem Büttner einschreiten musste. Mit drei Sätzen sprang er zwischen die beiden Männer, schnappte sich den Geldbeutel und spurtete davon. Aber weit kam er nicht. Mit lauten Rufen rannten die zwei hinter ihm her, andere schlossen sich an, und plötzlich stand da ein Gendarm mit gezücktem Säbel vor ihm. Jakob Büttner wollte sich vorbeidrängen, doch im nächsten Moment spürte er einen stechenden Schmerz im Gesicht: die Säbelspitze des Gendarmen hatte sich in sein rechtes Auge gebohrt.

Er verbrachte ein dreiviertel Jahr in einem holländischen Gefängnis – keine schöne Erfahrung. Dann wurde er in Polizeigewahrsam zur Grenze gebracht und abgeschoben. In seinen Pass kam ein Stempel, der in drei Sprachen verkündete: *Ungültig für die Einreise in das Königreich der Niederlande.*

Aber auf einem Rheinfloß gibt es keine Passkontrolle, und so war Jakob Büttner, den sie fortan den „Piraten“ nannten, schon im nächsten Jahr wieder nach Dordrecht unterwegs – mit einer schwarzen Augenklappe im Gesicht.

Kapitel 6 – Auf Neckar und Main

Natürlich war auch Horst Michael Faller im Winter nicht untätig geblieben. Bereits Anfang Februar hatte er fast 600 Holländerstämme mit dem Güterzug nach Kehl bringen lassen, und weitere 300 warteten inzwischen in der Nähe von Rastatt am Rheinufer.

Aber Gerhard Wich hatte richtig kalkuliert: Der Holzmichel musste einen bedeutenden Teil seiner Lieferung von der württembergischen Seite des Schwarzwaldes beziehen. Deswegen hatte sich Faller schon im November auf den Weg gemacht, um mit seinen Waldarbeitern und Floßführern im Einzugsbereich von Nagold und Enz zu verhandeln.

Auch mit Jockel Hecker in Enzklösterle, der die Stämme aus dem oberen Enztal liefern sollte und außerdem das Zeugnis für die Flößerei auf dem Neckar besaß, hatte er seinen Plan besprochen. Vorgesehen war, dass das Holz aus der Region zunächst an der Floßlände Walheim gesammelt werden sollte – dort, wo die Enz in den Neckar mündet. In Walheim sollte Hecker mit acht seiner Floßknechte aus den Stämmen von Enz und Nagold ein größeres Neckarfloß einbinden. Spätestens am 7. März sollte dieses Floß dann auf die Reise gehen und am 10. März in Mannheim ankommen, wo Horst Faller mit seinem Rheinfloß auf ihn warten würde. Gemeinsam würden sie dann die letzte Etappe bis Mainz zurücklegen.

Nun begab es sich aber zur Weihnachtszeit, dass der Termin für die Hochzeit von Jockels Schwester auf den ersten Sonntag im März festgelegt wurde. Hecker hatte vollkommen vergessen, dass er an diesem Tag schon am Neckar sein sollte. Als es ihm im Januar wieder einfiel, dachte er darüber nach, ob er den

Horst Faller vielleicht höflich bitten sollte, einer späteren Abfahrt zuzustimmen – so wie Möros in dem Gedicht von Friedrich Schiller, das sie in der Schule auswendig lernen mussten:

Ich flehe dich um drei Tage Zeit,
bis ich die Schwester dem Gatten gefreit ...[18]

Aber er verwarf den Gedanken gleich wieder, denn der Holzmichel wäre sicher sehr verärgert, würde womöglich einen anderen Floßführer beauftragen und die Zusammenarbeit mit ihm aufkündigen.

Andererseits – der Hochzeit der eigenen Schwester kann man nicht einfach fernbleiben; schon gar nicht im Schwarzwald. Und so beschloss Jockel Hecker, mutig und selbstbewusst, erst am Tag nach der Feier loszufahren, ohne seinen Auftraggeber zu informieren. Die verlorene Zeit würde er schon irgendwie aufholen.

Genau nach Plan, im ersten Morgengrauen des 3. März, legten die drei Mainflöße der Franken nacheinander in Bischberg ab: Vorneweg Gerhard Wich mit seiner Mannschaft, in der Mitte Gottlieb Schalk mit den Wallenfelsern, zum Schluss Ludwig Hempfling mit sieben weiteren Flößern aus Unterrodach.

Gestern hatten sie den ganzen Tag hart gearbeitet, fluchend, schimpfend und nass bis auf die Haut. Im strömenden Regen, der anfangs sogar mit Schnee vermischt war, hatte der Umbau stattgefunden. Das Langholz musste in drei Lagen übereinandergeschichtet werden, denn der Main erlaubte ab hier einen größeren Tiefgang der Flöße. Bis zur Hüfte standen die Männer zeitweise im eiskalten Wasser und wurden so von oben und unten gleichmäßig nass. Unmengen von Wieden wurden mit der Axt aufgenagelt, um der Struktur Stabilität zu verleihen.

---

[18] Friedrich Schiller, Die Bürgschaft.

Am späten Nachmittag waren sämtliche Stämme eingebunden, aber noch fehlten die Flößerhütten, die nun rasch aus den mitgeführten Brettern und Balken gezimmert werden mussten. Dann wurden die Flöße beladen. Vorräte und Werkzeuge wurden hinübergeschafft, zusammen mit den restlichen Wieden. Die Schlafstellen in den Hütten wurden mit Stroh ausgelegt, und die verschiedenen Waren, die man unterwegs verkaufen wollte, wurden gestapelt. Jedes Floß bekam zudem einen gusseisernen Ofen, der außen an der Flößerhütte angebracht wurde und als Kochstelle diente.

Sie hatten es geschafft, vor Einbruch der Dunkelheit fertig zu werden. Im überdachten Unterstand bei der Floßlände hatten sie ein Lagerfeuer entzündet, wo sich die erschöpfte Mannschaft wenigstens ein bisschen aufwärmen und eine kräftige Mahlzeit zu sich nehmen konnte.

Nun waren sie glücklich unterwegs, und Gerhard Wich konnte ein wenig aufatmen. Der Regen hatte über Nacht nachgelassen, nur noch ein leichtes Nieseln und zähe Nebelschwaden über den Wiesen erinnerten an die gestrige Sintflut. Die heftigen Niederschläge der letzten 24 Stunden hatten sogar etwas Gutes, denn der Pegel des Mains war leicht angestiegen und würde noch weiter steigen. So kamen sie flott voran, solange es nicht zu einem richtigen Hochwasser ausarten würde, weil dann die Flößerei auf dem Main eingestellt werden musste.

Auf dem Floß seines Freundes Gottlieb Schalk war man offenbar ebenfalls optimistisch, denn von dort tönte bereits fröhlicher Gesang herüber:

Des Morgens, wenn es sechsa schlägt – sechsa schlägt,
sind zur Arbeit wir bewegt – wir bewegt.
Dann ergreifen wir die Waffen,
fangen hurtig an zu schaffen,
wohl um des Meisters Lob und Preis.
Lustig ist, wer Flößer heißt![19]

Von nun an galt eine strenge Hierarchieordnung. An der Spitze stand der Floßherr als Eigentümer der Holzfracht und als Verantwortlicher für das ganze Unternehmen. Auf jedem Floß gab es einen Floßführer, manchmal auch Floßmeister genannt. Der Floßführer musste in einer amtlichen Prüfung nachgewiesen haben, dass er die Regeln der Mainschifffahrtsordnung beherrschte. Auf dem kanalisierten Untermain ab Frankfurt galt sogar die noch strengere Rheinschifffahrtsordnung.

Natürlich konnte der Floßherr selbst auch Floßführer sein, so wie das bei Gerhard Wich der Fall war. Die Namen von Floßherr und Floßführer mussten auf einem an der Flößerhütte angebrachten Schild gut lesbar angeschrieben sein; dazu noch der Heimatort des Floßherren.

Die restliche Besatzung nannte man Floßknechte oder schlicht Flößer. Sie hatten den Anordnungen ihres Floßführers unbedingt Folge zu leisten, wurden nach einem ordentlichen Tarifvertrag bezahlt und hatten Anspruch auf eine üppige Ver-

---

[19] Kronacher Flößerlied, nach: Bayerischer Landesverband für Heimatpflege e. V., Uffenheim.

pflegung: Drei Mahlzeiten am Tag, für jeden ein Pfund Fleisch und vier Liter Bier täglich.

Wich ging nach vorne, wo Hermann Xander mit dem Floßbaum[20] den Kurs korrigierte, wenn das Ufer zu nahe kam. „Dein Einstand gestern Abend als Koch war ja ein voller Erfolg", lobte er mit einem Lächeln. „Rindfleisch mit Meerrettichsoße und Klößen – das war genau das Richtige nach so einem harten Tag. Den Männern hat es jedenfalls geschmeckt, und mir ganz besonders!"

Xander strahlte. „Danke, Gerd. Weißt du, es gibt fast in jedem Ort, an dem wir vorbeikommen, irgendeine besondere Spezialität, die man probieren sollte. Hier in der Gegend wächst der beste Meerrettich von ganz Bayern! Das Reiben ist zwar eine tränenreiche Angelegenheit, aber es lohnt sich. Beim Kochen musst du nur darauf achten, dass die Soße nicht zu scharf, aber auch nicht zu mild ausfällt. Ich habe gestern noch feingehackte Möhren, Sellerie und Lauch hinzugegeben und mit Salz, Butter und Zitrone abgeschmeckt."

Hermann Xander war eigentlich kein richtiger Flößer – tatsächlich hatte er den Beruf eines Kochs erlernt. Seine Eltern führten einen gut besuchten Gasthof in Wirsberg, und es war klar, dass der Sohn ihn eines Tages übernehmen würde, zumal er sich schon als Kind für die Küche interessierte. Allerdings empfand er bald die heimatliche Speisekarte als zu eintönig. Knusprige Schäufele, deftige Bratwürste mit Kraut und Schweinebraten mit Klößen waren zwar äußerst beliebt, aber Hermann begann, mit ungewöhnlichen Gemüsesorten, fremdartigen Gewürzen und neuen Zubereitungsarten zu experimentieren, was bei den Gästen nicht immer gut ankam. Schließlich verließ er die elterliche Wirtschaft, um in renommierten Restaurants in Nürnberg und München weiterzulernen. Zuletzt war er im Gasthaus *Zum Scharfen Eck* in Kronach

---

[20] Sechs bis acht Meter lange, biegsame Stange zum Steuern des Mainfloßes.

beschäftigt, wo er jedoch mit seiner Kreativität ziemlich schnell an Grenzen stieß. Er hatte gekündigt.

Teils aus sportlichen Ambitionen, teils um sich ein paar Mark zu verdienen, half er danach den Friesener Flößern, Grundkuppeln[21] einzubinden und die Kronach hinunterzuflößen. Als er aus der Zeitung von Gerhard Wichs waghalsiger Wette erfuhr, suchte er ihn kurzerhand auf und fragte, ob er mitmachen dürfe. Gerd empfand gleich Sympathie für den freundlichen, offenen und kräftigen Burschen, obwohl er sich anfangs fragte, ob der mit dem Floßhaken genauso gut umgehen konnte wie mit dem Kochlöffel. Aber nachdem er ihm beim Einbinden der Böden zugeschaut hatte und Xander auch mehrere Fahrten nach Schwürbitz meisterte, waren sie sich schnell einig geworden, zumal Wich noch keinen Koch in seiner Mannschaft hatte.

Auf jedem Mainfloß musste einer der Floßknechte die Aufgaben eines Kochs übernehmen – in der Regel eine ungeliebte Zusatzarbeit. Denn der Koch musste noch nach Feierabend die Vorräte für die nächsten Tage beschaffen, musste die leeren Bierfässer gegen volle austauschen und seine Kollegen dreimal täglich satt und zufrieden bekommen. Die Flößer waren allerdings nicht sonderlich anspruchsvoll, was das leibliche Wohl betraf – Hauptsache, es gab „a Mordsdrumm Fleisch“ und genügend Bier. Meistens stand jeden Tag dasselbe auf dem Speisezettel.

Nicht so bei Hermann Xander. „Die gute Küche fängt beim Einkaufen an“, erklärte er. „Frische Zutaten sind das Entscheidende.“ Er liebte es, auf die Märkte zu gehen, den Marktfrauen und ihren Kundinnen zuzuhören und sie nach ihren Rezepten zu befragen, die er dann fantasievoll variierte.

Bei den Wallenfelsern stieg unterdes die Stimmung weiter. Gottlieb Schalk griff nach dem Sprachrohr – die einzige Möglichkeit, sich während der Fahrt mit dem Nachbarfloß zu verständigen. Laut hallte sein Gesang herüber:

---

[21] Kleines Floß aus sechs bis zwölf unterschiedlich langen Stämmen.

Des Morgens, wenn es neuna schlägt...
Neuna schlägt, wiederholte die Mannschaft.
... sind zum Frühstück wir bewegt, meldete das Sprachrohr.
Wir bewegt!, echote der Chor.
Und dann muss der Bursche laufen,
Bier und Branntwein einzukaufen.
Da trinkt a jeder nach sein' Maß,
vier, fünf, sechs, sieb'n, acht, neun Glas!

„Ja, ja – ich bin gleich so weit", rief Hermann Xander an der Kochstelle. „Es gibt Rührei mit Speck und gebackenen Bohnen!"

Am übernächsten Abend legten sie in Volkach an, einem kleinen Weinstädtchen. Wie üblich kamen die Kinder in Scharen angelaufen, um die Fremden zu bestaunen, während einige ältere Männer erschrocken riefen: „Fraa, häng' die Wäsch' ab und schließ' den Hühnerstall zu! Es sinn Flößer komme!"

Immerhin konnten sie einen Großteil der mitgeführten Weinbergstickel loswerden, und Gerd konnte sogar zwei der Babywiegen verkaufen, die ihm sein Vater mitgegeben hatte. Ein kleiner Nebenverdienst war immer willkommen.

Vier Bauersleute hatten sich eingefunden. Sie sprachen den Floßherren an und fragten: „Können wir morgen früh ein Stück mitfahren? Wir wollen auf den Markt nach Kitzingen."

Wich musterte das Grüppchen und sagte: „Gerne. Die Frauen zahlen 25 Pfennige, die Männer fahren umsonst."

„Das ist aber ungerecht", empörte sich eine der beiden Bauersfrauen. „Wieso fahren unsere Männer umsonst?"

„Weil wir sie ein bisschen arbeiten lassen", schmunzelte der Floßherr. „Morgen früh durchfahren wir die engen Volkacher Mainschleifen – da wird jede Hand gebraucht, die einen Floßhaken halten kann."

Hermann Xander wollte gerade das Abendessen austeilen, als sie eine ängstliche Kinderstimme rufen hörten:

„Mohrle, mein Mohrle! Mohrle, komm zurück!“

„Was hat der Kleine denn?“, wunderte sich Gerd. „Ich seh mal nach.“

Ein vielleicht fünf Jahre alter Knirps stand am Ufer und rief nach seinem Kätzchen. Es saß in den Ästen einer kleinen Weide, die ringsum vom Wasser umspült war, und miaute kläglich. Der Mainpegel war am Nachmittag kräftig gestiegen; wahrscheinlich war das Tier schon vor Stunden auf den Baum geklettert und traute sich nun nicht mehr zurück.

„Warte, ich hol’ dir dein Mohrle“, versuchte Gerd den Jungen zu beruhigen. „Ich muss nur rasch meine Stiefel anziehen!“

Er lief zurück und schlüpfte in die hohen Kautschukstiefel.

„Gib mir fünf Minuten“, bat er den Koch. „Ich bin gleich wieder zurück.“

Der Baum mit dem Kätzchen stand nur etwa drei Meter vom Ufer entfernt, und das Wasser war nicht sehr tief. Das sollte kein Problem sein.

„Mohrle, mein Mohrle“, jammerte der Kleine noch immer.

„Das haben wir gleich“, tröstete ihn Gerd. Er watete hinein in die Fluten und näherte sich vorsichtig der Weide.

„Mohrle – komm.“ Langsam streckte er die Hand nach dem verängstigten schwarzen Fellbündel aus. Da passierte es.

Das junge, unerfahrene Kätzchen geriet in Panik und sprang von seinem Ast herunter. Instinktiv bewegte sich Wich nach vorne und griff nach ihm, kriegte es auch zu fassen, doch dabei verlor er den Halt und platschte mit dem Oberkörper ins Wasser.

„Dunnerkeil!“, fluchte der Floßherr. Er merkte, dass ihn die Strömung mitriss; seine Füße schleiften zwar auf dem Grund, aber sie fanden keinen Widerstand, und vergeblich versuchte er, sich aufzurichten. Vom Ufer her hörte er die Schreckensrufe seiner Kameraden. Das Kätzchen, das er noch immer in seiner Rechten hielt, maunzte herzzereißend.

Mit dem freien linken Arm versuchte er, Richtung Ufer zu rudern, doch das war aussichtlos. Er trieb ungebremst weiter; sah plötzlich die Zweige einer weiteren Weide vor sich, die ins Wasser tauchten. Im letzten Augenblick schaffte er es irgendwie, sich mit der ausgestreckten linken Hand daran festzuklammern.

„Dunnerkeil!“, fluchte er noch einmal. Krampfhaft hielt er sich an einem dünnen Ast fest. Inzwischen waren zwei seiner Männer herangekommen, standen jetzt ebenfalls bis zu den Hüften im Wasser und hielten ihm eine Floßhakenstange entgegen. Sie schwankte vor seinen Augen hin und her; mit äußerster Konzentration wartete er den Moment ab, wo er den Ast loslassen und gleichzeitig den Stecken packen konnte. – Jetzt! Er hatte die Stange fest im Griff, und die Flößer zogen ihn mitsamt dem Kätzchen ans rettende Ufer zurück.

„Danke, Georg“, röchelte Gerd und kotzte erst einmal das Wasser aus seinem Rachen. „Dank dir, Karl.“

Der kleine Junge kam ihnen entgegengelaufen. Wich ging in die Hocke und sagte leise: „Hier hast du dein Mohrle wieder.“ Vorsichtig legte er das schwarze Bündel in die Arme des Kindes.

„Mohrle, mein Mohrle“, flüsterte der Bub und streichelte es zärtlich. Er sah den Retter seines Lieblings lange an, mit feuchten Augen und einem ganz merkwürdigen Blick. Dann drehte er sich um und rannte ohne ein weiteres Wort davon.

Inzwischen hatten sich sämtliche Flößer am Ufer versammelt, brachten Decken für ihre nassen Kameraden und flößten ihnen Schnaps aus der Flasche ein.

„Gerd, du mussd doch schbinna!“, ereiferte sich Ludwig Hempfling. „Riskiersd dei Lebn – weeche aanä Katz!“

Gottlieb Schalk grinste. „So sind sie halt, die Flößer. Eine raue Schale, aber ein weiches Herz.“

Gerhard Wich sagte gar nichts. Er hatte immer noch den Blick des Jungen vor Augen, als der sein Kätzchen zurückbekam. Ein Blick voller Vertrauen und Dankbarkeit, den er so schnell nicht vergessen würde.

In Kitzingen wurde die Ausrüstung ergänzt: Schwere Anker, Ketten und Seile sowie ein Nachen kamen hinzu. So war es vorgeschrieben, denn ab hier verkehrten Kettenschleppdampfer. Die Begegnung mit der „Meekuh“, wie das Schiff von den Unterfranken genannt wurde, erforderte besondere Vorsichtsmaßnahmen auf dem windungsreichen Main.

Zeitig am Sonntagnachmittag erreichten sie Würzburg und machten direkt hinter der Alten Mainbrücke fest. Obwohl die Geschäfte geschlossen hatten, war die Stadt voller Leben. Bei angenehmen Temperaturen standen die Menschen in Grüppchen zwischen den Brückenheiligen, ein jeder mit einem Glas Wein in der Hand. Neugierige belagerten die Flöße und stellten allerlei Fragen. Ein Fotograf vom *Weltspiegel*, der zufällig vorbeikam, machte ein paar Aufnahmen.

Die Flößer stellten ihre mitgebrachten Möbelstücke an der Kaimauer aus; Nähkästchen und Blumenständer fanden schnell ihre Abnehmer. Auch die beiden letzten Babywiegen konnte Wich gut verkaufen.

„Heute Abend gibt’s Fisch!“, kündigte Hermann Xander an und erntete sofort lautstarken Protest bei der Mannschaft. „Wie – an douden Fisch sollma fress’?“, rief Heinrich Eber

entsetzt. „Mir wolln a g'schaids Drumm Fleisch!" Am Ende einigte man sich auf einen Kompromiss: die Fleischesser wurden von den beiden anderen Köchen versorgt, und sieben Flößer meldeten sich für den Fisch an; darunter Gottlieb Schalk und Gerhard Wich.

Unverdrossen machte sich Xander auf den Weg zur linken Mainseite, wo die Fischer zu Hause waren. Bei der Schiffbäuerin in der Katzengasse wurde er fündig: In einem großen Becken mit Frischwasser schwammen ein riesiger Waller und zwei kapitale Karpfen. Die Fischersfrau schlachtete die Tiere routiniert und nahm sie sachgerecht aus, und während die ihrer Eingeweide beraubten und bereits küchenfertigen Süßwasserbewohner noch heftige Zuckungen vollführten, verriet sie dem Koch ihr geheimes Rezept für den perfekten Sud, in dem Karpfen und Waller zum letzten Mal vor ihrem Verzehr schwimmen durften.

Zwei Stunden später schauten die Fleischverweigerer andächtig zu, wie Xander die bläulich verfärbten Fische im Ganzen aus dem Sudkessel hob und auf einem glatten Brett drapierte. Sehr vorsichtig tranchierte er einen nach dem anderen, um möglichst wenig Gräten auf die Teller zu bringen. Dazu gab es nichts weiter als zerlassene Butter und Salzkartoffeln.

Dann entkorkte er noch die erste von drei Flaschen Wein, die er mitgebracht hatte. „Mal etwas anderes als immer nur Bier", meinte er. „Ihr werdet sehen: Der harmoniert vorzüglich mit dem Fisch."

Sie aßen langsam und tranken andächtig und in kleinen Schlucken den Wein dazu, wie der Koch es ihnen vormachte. Gottlieb Schalk schloss die Augen und schnalzte genießerisch mit der Zunge. „Fantastisch! Dafür lasse ich doch glatt jedes Bratenstück stehen!"

Es war still geworden in der Stadt. Die Sonne war bereits untergegangen, hatte nur noch einen roten Streifen hinter der Festung Marienberg hinterlassen. Die gelben Lichter der Gaslaternen am Mainkai spiegelten sich im Wasser.

Gerhard Wich hielt die flache Weinflasche hoch und studierte das Etikett. „1901er Würzburger Stein. Weingut Juliusspital", las er. „Wieso heißen die Dinger eigentlich Bocksbeutel?"

„Wegen ihrer Form!", erklärte Schalk, und da sein Freund ihn verständnislos anguckte, ergänzte er: „Na ja – im Schwarzwald würden sie *Schoofsäggel* dazu sagen."

Gerd lachte und stieß den Wallenfelser mit dem Ellenbogen in die Seite. „Musst du mich ausgerechnet jetzt an *den* erinnern? Ich hatte schon fast vergessen, dass es den Holzmichel gibt."

Tatsächlich hatte er in den letzten Tagen jeden Gedanken an seinen Kontrahenten bewusst verdrängt. Das Eigentümliche bei diesem verrückten Wettrennen war ja, dass man den Gegner nicht sah. Er konnte dicht hinter ihm sein oder weit vor ihm; vielleicht war er sogar schon an der Ziellinie. Es blieb ihm nichts weiter übrig, als alles daranzusetzen, möglichst schnell vorwärtszukommen. Bis jetzt lagen sie gut in der Zeit.

Eine Hochzeit im Schwarzwald, noch dazu in der Familie eines der größten Holzlieferanten an der Enz, ist natürlich ein besonderes Ereignis, das gebührend gefeiert werden muss. Auch der Pfarrer war eingeladen und unterhielt sich prächtig. Als er erfuhr, dass am nächsten Tag ein Floß abgehen würde, fiel ihm plötzlich ein, dass er schon seit Längerem mal wieder seinen Bruder in Pforzheim besuchen wollte. Also erkundigte er sich beim Floßführer: „Sag emol, Jockele, i hann khörd, ihr fahrd morge uff Pforze; dädschd me da midnämme könne?"

„Ha freile, Herr Pfarrer! Om halber siebene am Mühlkanal!" Hecker hatte schon einige Anmeldungen von Passagieren, darunter auch zwei Touristen aus Stuttgart, die nur der Gaudi wegen mitfahren wollten. Aber es war ja genug Platz auf dem eindrucksvollen Gebilde, das schon seit Tagen fertig war: Ein 150 Meter langes Enzfloß aus acht aneinandergebundenen Gestören, das wie eine riesige Schlange den Bachwindungen folgen konnte.

Möglicherweise hatte der Geistliche dann doch am späten Abend dem Kirschwässerle etwas zu reichlich zugesprochen –

jedenfalls kam seine Haushälterin pünktlich um halb sieben zu der Ablegestelle gelaufen und erklärte, der Herr Pfarrer sei leider noch nicht reisefertig; man möge noch ein wenig warten. Eine Stunde später war er immer noch nicht erschienen – sehr zum Unmut der Flößer und ihrer Fahrgäste. Sie drängten den Floßführer, endlich die Leinen loszumachen. Aber den Pfarrer, der einen getauft und konfirmiert hatte, konnte man nicht einfach zurücklassen. Jedenfalls nicht im Schwarzwald. Jockel Hecker lief mehrfach zum Pfarrhaus hinüber und bat um Eile, und um halb elf konnten sich die Gestöre dann doch noch in Bewegung setzen.

Gegen Abend kamen sie in Pforzheim an – Endstation für die Fahrgäste. Die neun Flößer wären gerne noch weitergefahren, aber es wurde schon dunkel, und sie mussten ihr Nachtlager aufschlagen.

Am Dienstagnachmittag endlich erreichten sie Walheim und begannen in aller Eile mit dem Einbinden des Neckarfloßes, damit sie am nächsten Tag Richtung Heilbronn weiterfahren konnten.

Nachdem die Flößer von der Enz am Mittwoch mit einiger Verspätung gestartet waren, kamen sie gut voran – bis ihnen kurz vor Heilbronn ein ungeplanter Aufenthalt durch den „Neckaresel" widerfuhr.

Auch auf dem Neckar gab es, genau wie auf dem Main, die Kettenschifffahrt. Und das Nebelhorn, welches sich bei den Mainschiffen wie das Muhen einer Kuh anhörte, klang auf dem Neckar eher wie das heisere Schreien eines Esels.

Kettenschleppschiffe hatten auf allen Flüssen den absoluten Vorrang vor allen anderen Wasserfahrzeugen. Flöße mussten ausweichen oder notfalls ans Ufer gehen. Auf jeden Fall mussten sie anhalten und Platz machen, wenn sich zwei Kettenschiffe begegneten. Dann nämlich war ein kompliziertes Ausweichmanöver notwendig, wobei der zu Tal fahrende Dampfer aus der Kette ging und den zu Berg fahrenden Kettendampfer passieren ließ.

Die Flößer aus dem Schwarzwald machten natürlich sofort vorschriftsmäßig Platz, als sie die Signale der beiden Schiffe hörten. Doch dann wurden sie für einen Moment abgelenkt. Auf dem Uferweg zog nämlich ein Grüppchen von fröhlichen jungen Radlerinnen vorbei, in weiten Pluderhosen und mit wehenden Schals – ein äußerst erfreulicher Anblick. So merkten sie nicht, wie das Heck ihres Floßes unkontrolliert zur Flussmitte abdriftete, just in dem Moment, als der talwärts fahrende Schleppdampfer vorbeiwollte.

Es gab einen donnernden Schlag, als sich der Bug des Schiffes zwischen die Holländerstämme schob und einen Teil des Floßes einfach abtrennte. Dabei hatten die Männer noch Glück – zwei von ihnen hielten sich gerade auf der abgescherten Floßhälfte auf; ein Dritter sprang geistesgegenwärtig im letzten Moment hinüber, und gemeinsam gelang es ihnen, das Fragment einen halben Kilometer weiter unten sicher am Ufer festzumachen. Der Kapitän des Neckaresels betätigte unterdessen wütend seine Dampfpfeife und ballte die Faust hinüber zu den unglücklichen Flößern, musste sich dann aber wieder auf das Einfädeln in die Kette konzentrieren.

Eine halbe Stunde später lagen die beschädigten Floßteile wieder auf gleicher Höhe hintereinander, und die Männer begannen mit der Reparatur. Sie waren schon fast fertig, als sich ein kleines Dampfboot mit schwarz-roter Schornsteinbemalung näherte und an dem havarierten Floß andockte. Ein Mann in einer Art Marine-Uniform sprang herüber und verlangte mit wichtiger Miene, den Floßherren zu sprechen – den Horst Faller aus Wolfach, wie es auf dem vorgeschriebenen Schild an der Flößerhütte zu lesen war.

„Der isch nedd do", bedauerte Jockel Hecker. „Der ischo en Mannem ond ward' auf ons. Was wellad Sie denn von dähm?"

Der Besucher zückte seinen Dienstausweis und gab sich als Hafenmeister des Königlich Württembergischen Staatshafens Heilbronn zu erkennen. Er komme wegen der Kollision mit dem Kettenschiff, erklärte er in strengem Ton. Der Kapitän habe Anzeige erstattet, weil sein Schiff beschädigt wurde, und nach der Neckarschifffahrtsordnung sei eindeutig der Eigentümer des unzureichend gesicherten Floßes für den Schaden haftbar.

„Nach den gültigen Regeln brauchen wir eine Bestätigung des Floßherren, dass er für den Schaden aufkommt", verkündete er sodann. „Sind Sie der Führer dieses Floßes?"

Jockel Hecker nickte betreten.

„Darf ich mal Ihr Zeugnis gemäß Artikel 42[22] sehen?"

Der Floßführer holte die amtliche Bescheinigung aus der Flößerhütte, aus der hervorging, dass er die Neckarschifffahrt gewerbsmäßig erlernt hatte. Der Beamte studierte das Dokument gründlich; dann gab er es dem Besitzer zurück.

„Ich werde jetzt umgehend ein Telegramm an meinen badischen Kollegen in Mannheim schicken", tat er kund. „Er soll sich von Herrn Faller die Anerkenntnis unterschreiben lassen.

---

[22] Neckarfloßordnung von 1877, § 10.

Solange wir keine Zusage Ihres Floßherren für die Schadensübernahme haben, ist Ihr Floß zur Sicherung der Ansprüche vorerst von Amts wegen beschlagnahmt!"

„Heidanei!", murmelte Hecker erschrocken. Das würde dem Holzmichel sicher nicht gefallen.

„Sobald wir eine Antwort aus Mannheim haben, werde ich Sie informieren. Bis dahin ist Ihnen die Weiterfahrt hiermit ausdrücklich untersagt!"

Der Hafenmeister salutierte militärisch, stieg wieder in sein Dampfboot und tuckerte davon.

Wie geplant war Horst Michael Faller am Montag, den 7. März mit einem Dutzend Floßknechten in Kehl abgefahren. Am Dienstag wuchs das Rheinfloß noch ein ganzes Stück mit dem Holz aus dem Murgtal, das bei Steinmauern bereitlag. Am Mittwoch schließlich ging es weiter nach Mannheim, wo am Donnerstag der Holzmichel auf das Neckarfloß wartete, das seine Lieferung komplettieren sollte.

Aber das kam nicht. Stattdessen kam schon am Morgen der Hafenmeister mit schlechten Nachrichten aus Heilbronn und mit einem Formular, das er unterschreiben sollte. *Voraussichtliche Höhe des Schadens: 1.500 Mark*, stand da drauf.

„Der Hecker – so en Granadedaggel! Elända Saugribbel!", fluchte Faller. Wieso war sein Floß jetzt erst in Heilbronn? Und warum hatte sein dämlicher Floßführer eine Kollision mit einem Kettenschiff nicht vermeiden können?

„Der Kerle isch doch z'bleed zom gradnaus soicha! Der khörd doch mit Rossbolla[23] vrschosse!"

Doch all sein Fluchen half nichts. Wenn er sein Holz in absehbarer Zeit sehen wollte, blieb ihm nichts anderes übrig, als die Schadensübernahme zu unterschreiben.

Anschließend stapfte er wütend in die Hafenkantine, um sein Frühstück einzunehmen. Dort lagen ein paar Zeitungen aus.

---

[23] Mundartlich für: Pferdeäpfel.

Der Holzmichel griff gedankenverloren nach dem illustrierten Weltspiegel und blätterte darin. Plötzlich erstarrte er.

Da war ein Foto zu sehen, das drei Flöße vor der Kulisse einer Steinbrücke und einer Festungsanlage zeigte. Der Text unter dem Bild lautete:

> *Würzburg, 6. März. Früher als sonst sind in diesem Frühjahr die Flößer mainabwärts unterwegs. Heute haben drei Flöße aus dem Frankenwald in Würzburg Station gemacht. Sie sind auf dem Weg nach Mainz, wo sie ein ortsansässiger Händler übernimmt und nach Holland weiterschickt. Die Niederlande haben weiterhin einen hohen Bedarf an Fundamentpfählen aus deutschen Wäldern.*

„Des isch doch omeeglich ...“ Faller ging hinüber zu der großen Karte der *Schifffahrtstraßen des Deutschen Reiches* an der Wand. Er konnte sich leicht ausrechnen: Wenn die Franken mit ihren Flößen letzten Sonntag in Würzburg waren, dann müssten sie heute Abend eigentlich schon in Aschaffenburg sein – nur noch drei oder vier Tagesetappen vom Ziel entfernt! Und er saß hier in Mannheim fest, musste auf seine verspäteten Flößer warten und obendrein noch einen Schaden von 1.500 Mark bezahlen!

Seine Laune, eh schon im Keller, sank auf den Nullpunkt. Mit finsteren Gedanken im Kopf stolperte er zu seinem Floß zurück.

„Ward no, Jockele!“, murmelte er vor sich hin. „I hau dir oine uff de Meggl[24], dass de aus de Ribba rausgugga kasch wie an Aff em Käfig! Ond da Reschd schlag i en da Boda nei, dass di dr Herrgott mit dr Beißzang widdr rausziaga muss!“

---

[24] Kopf.

Kapitel 7 – Böses Erwachen

Der Holzmichel hatte ganz richtig vermutet: Die fränkischen Flößer näherten sich an diesem für ihn so verhängnisvollen Tag bereits der Stadt Aschaffenburg. Voraus tauchten die mächtigen Türme von Schloss Johannisburg am Horizont auf. Die Stadt erfreute sich bei den Floßmannschaften einiger Beliebtheit, und das gleich aus mehreren Gründen: Im Floßhafen gab es eine Baracke mit Brausebad, wo man sich endlich wieder mit warmem Wasser und Seife gründlich reinigen konnte, nachdem tagelang nur eine morgendliche Katzenwäsche im kalten Mainwasser möglich war. Außerdem nutzten die meisten die Möglichkeit, für einen geringen Betrag im benachbarten Schlafsaal auf Feldbetten zu übernachten – eine willkommene Abwechslung zu dem Strohlager in der Flößerhütte, das sie sich mit sieben oder acht Kameraden teilen mussten.

Und dann war da noch der *Schlabbeseppel*[25] – eine laute Brauereischänke, wo es nicht nur ein ausgezeichnetes, süffiges Bier gab, sondern auch einige unternehmungslustige Damen unter-

[25] Die Gastwirtschaft „Schlappeseppel“, die es seit 1631 in Aschaffenburg gibt, hat mit der fiktiven Kneipe „Schlabbeseppel“ natürlich nichts gemein.

schiedlichen Alters, die einem kleinen Abenteuer mit einem strammen, vor allem aber auch spendablen Flößer nicht abgeneigt waren.

Auf dem Wallenfelser Floß war man offensichtlich schon in freudiger Erwartung, denn dort wurde wieder mal gesungen:

Des Abends, wenn es sechsa schlägt – sechsa schlägt,
sind zum Feierabend wir bewegt – wir bewegt.
Dann marschieren wir ins Städtchen,
treffen viele schöne Mädchen.
Da wird getanzt die ganze Nacht,
bis das Geld ist durchgebracht.

Gerhard Wich schmunzelte. Es war durchaus üblich, den Männern in Aschaffenburg einen Vorschuss auf ihren Lohn auszuzahlen. Der eine oder andere würde morgen früh mit leerem Beutel vom Schlabbeseppel zurückkommen.

Er brachte sein Floß auf Kurs für die schmale Einfahrt in den Hafen. Sie hatten noch nicht richtig am Kai festgemacht, als Ludwig Hempfling schon mit mürrischen Blicken herangesprungen kam.

„Warüm fährsd'n nieä waidä, Gerd? Es is nuch a Schdund lang hell!"

Wich schüttelte den Kopf. Es würde wahrscheinlich zu einer Meuterei in der Mannschaft kommen, wenn sie hier nicht über Nacht bleiben durften.

„Naa, Ludwig. Fer heud is genuch. Die Männä brauchn etzerd amol a weng a Abwechslung."

Hempfling ließ nicht locker. „Uns brässierds doch, Gerd, des hasd' doch selber g'sochd. Mir könndn heud nuch leichd bis auf Mainaschaff kumma!"

„Horch emol, Ludwig ..." Gerhard hatte die ständigen Auseinandersetzungen mit dem Älteren satt. Er war ihm wirklich dankbar, dass er in letzter Minute für den verletzten Hans Seidel eingesprungen war, und trotzdem blieb sein Verhältnis zu ihm angespannt. In den vergangenen Tagen hatte es immer wieder Plänkeleien wegen irgendwelcher Kleinigkeiten gegeben. Am besten war es, ihm möglichst aus dem Weg zu gehen. Ziemlich heftig beendete er die Diskussion mit den Worten: „Ich bin hier der Floßherr, Ludwig, und ich bestimme, was gemacht wird!"

Ludwig Hempfling zog sich grummelnd zurück.

Im Brausebad tobten 25 übermütige Männer herum, kreischten, lachten und spritzten sich gegenseitig nass. Die Luft war nebeldicht vom heißen Dampf.

„Auf gehd's zum Schlabbesebbel!", schrie Eduard Kleylein. „Die Maadla wardn scho. Dou wädd hieglangd!"

„Velleichd is die Vroni widdä dou", strahlte Peter Schwemmlein. „Mid der hou ich letzd Johr e Hupferla g'machd. Die is subbä[26]!"

Die Vorfreude war ihm deutlich anzumerken – nicht nur im Gesicht, sondern auch weiter unten. Kleylein richtete grinsend den Schlauch mit dem kalten Wasserstrahl auf die Lenden von Peter und sorgte erst einmal für Abkühlung.

„Hör auf, du blöda Sau!" Schwemmlein entriss dem anderen den Schlauch und spritzte zurück. Die Zuschauer johlten.

„Du geb fei Obachd, dass du nieä amol an Bangäd in die Weld setzn duhsd", warnte Georg Hümmrich.

„Naa, ich bass scho auf", lachte Schwemmlein. „Ich mach rechdzeidig an Rückziehä!"

Gerhard Wich beobachte das muntere Treiben mit gemischten Gefühlen. Natürlich gönnte er den Männern ihren Spaß, nachdem sie jetzt zehn Tage hart gearbeitet hatten. Früher war er selbst ein paar Mal beim Schlabbeseppel gewesen, hatte auch hin und wieder bei den Frauen „hieglangd" und sich einmal sogar zu einem schnellen „Hupferla" verführen lassen. Aber jetzt, wo er seine Käthe möglichst bald heiraten wollte, war das für ihn unvorstellbar. Er konnte auch nicht verstehen, dass redliche Familienväter wie Peter Schwemmlein einfach vergessen

---

[26] Fränkisch: super.

konnten, was sie ihren Ehefrauen am Traualtar geschworen hatten. Doch das ging ihn im Grunde nichts an.

Einmal hatte er hier in dieser Wirtschaft eine hübsche Frau mit traurigen Augen kennengelernt, hatte sich sehr lange mit ihr unterhalten und ein bisschen was aus ihrem Leben erfahren. Als junges Ding hatte sie sich Hals über Kopf in einen Flößer verliebt, der ihr das Blaue vom Himmel versprach. Als sie ein Kind von ihm bekam, wollte er plötzlich nichts mehr von ihr wissen und weigerte sich, die Vaterschaft anzuerkennen. Die ledige Mutter wurde von allen geächtet und stand auf einmal völlig mittellos und alleine da. Um nicht zu verhungern, musste sie ihren Körper für Geld verkaufen.

An diesem Abend hatte sich Gerhard für seine Zunft geschämt, denn er wusste, dass diese Geschichte kein Einzelfall war. Seitdem war er nicht mehr beim Schlabbeseppel eingekehrt.

Nachdem Wich die Formalitäten in der Hafenmeisterei erledigt hatte, traf er auf seinen Freund Gottlieb Schalk und musste unwillkürlich schmunzeln. Der Wallenfelser hatte sich landfein gemacht, trug jetzt eine rote Frackjacke mit dunkelblauem Revers, darunter eine goldgelbe Weste und eine Fliege. Zu allem Überfluss hatte er noch einen schwarzen Zylinder aufgesetzt.

„Gefällt's dir?“, fragte er, strahlend über das ganze Gesicht.

„Du siehst aus wie ein Zirkusdirektor“, konstatierte Gerd trocken.

„Na und? Ist nicht die ganze Welt ein einziger Zirkus? Schau dir doch die Menschen an – jeder spielt seine eingeübte Rolle; jeder führt auf Kommando seine Kunststückchen vor und hofft auf Applaus. Aber das alles nur für eine kurze Zeit. Wenn am Ende der Vorhang fällt, sind alle wieder gleich – nackt, ohne Schminke, einsam.“

„Gottlieb, du wirst ja auf einmal richtig philosophisch! Welche Rolle spiele ich denn in deinem Zirkus?“

Schalk musterte seinen Freund mit einem prüfenden Blick. „Du bist der Seiltänzer. Du riskierst alles, bewegst dich auf dem schwankenden Seil langsam und konzentriert voran, Schritt für Schritt, das Ziel fest im Blick. Aber du musst aufpassen, dass du nicht die Balance verlierst und in die Tiefe stürzt!"

„Mmh – ein Seiltänzer also. Vielleicht hast du recht. – Und der da drüben?" Gerd zeigte hinüber zur Wasch- und Schlafbaracke, wo gerade Ludwig Hempfling um die Ecke kam.

„Das ist der typische Dompteur. Er möchte, dass alle nach seiner Pfeife tanzen, und duldet es nicht, wenn jemand ausschert. – Aber genug philosophiert. Heute Abend wollen wir uns ja amüsieren, oder?"

Gerhard Wich schüttelte den Kopf. „Sei mir nicht böse, Gottlieb, aber ich komme nicht mit. Weißt du, die Frauen dort ..."

„Ach komm – die Weiber interessieren mich doch auch nicht. Da ist mir meine Thea hundertmal lieber. Aber wir könnten ein gepflegtes Bier zusammen trinken und dabei ein bisschen über die anderen herziehen!"

„Ja, also ..." Er zögerte. Heute Abend wollte er eigentlich in Ruhe einen langen und sehnsuchtsvollen Brief an seine Käthe schreiben. „Gottlieb, ich bin heute ziemlich müde. In ein paar Tagen sind wir in Mainz. Dann wird ordentlich gefeiert, und du bist mein Gast. Einverstanden?"

Auch die übrigen Flößer hatten sich inzwischen, so gut es ging, für den Ausgang zurechtgemacht. Die meisten trugen ein schwarz-rot-kariertes Halstuch, das Erkennungszeichen ihrer Zunft.

„Also, dann amüsierds euch rechd gud", rief Wich. „Obbä nieä überdreim! Morgn früh um sechsa gehd's waidä!" Beim Schlabbeseppel gab es keine Polizeistunde; da war die Warnung schon angebracht.

„Ja, wie etzerd, Gerd – kummsda nieä mid?", wunderte sich Georg Hümmrich. „Duhsd dich gwiss föhrng[27] vor denä wildn Weibä?"

---

[27] Oberfränkisch: fürchten.

Gerhard lächelte. „Ich muss a weng aufbassn, Georg. Ich hou nämlich der Käthe gschworn, dass ich nix mid annere Weibä ofang."

Ludwig Hempfling verzog sein Gesicht und lachte höhnisch. „Ja, glabsd dann du wirklich, dass *die* dir dreu is? Die bussierd doch scho längsd middan annern rum, des Buumschmeggerla!"

Die Umstehenden hielten den Atem an. *Buumschmeggerla* – das war ein ziemlich übles Schimpfwort für ein leichtfertiges Mädchen, das sich bereitwillig mit jedem Kerl einlässt, der bei ihr landen möchte. Wie würde Gerd drauf reagieren?

Der wurde schlagartig blass und ballte die Faust in der Tasche. Er ging ein paar Schritte auf Hempfling zu und funkelte ihn an.

„Du bass fei auf!", erwiderte er scharf. „Hald dei blöda Goschn, sunsd haab ich diech ana nei!"

Der Ältere hätte sich denken können, dass Wich kurz davor war, zu explodieren. Dennoch lästerte er ungehemmt weiter.

„Die handeld doch gleich middan jeden oo, die Bridschn! Sogar miech hodd sa schöna Aang gmachd, wie ich neulich meina Schuh' kaafd hou."

Da hatte Hempfling allerdings einiges missverstanden. Käthe Porzelt war von ihrem Vater dazu angehalten worden, gegenüber allen Kunden im Schuhgeschäft gleichermaßen freundlich und nett zu sein. Ein unbefangenes Lächeln und ein paar Komplimente, das hatte sie selbst bald herausgefunden, wirkten gerade bei der männlichen Kundschaft durchaus verkaufsfördernd.

Gerhard Wich spürte, wie ihm das Blut in den Kopf stieg. „Dees glabsda doch selber nieä, du alder Gänsgroogn!", gab er verächtlich zurück.

„A Buumschmeggerla is des", wiederholte Luwig stur. „Die hupft jedn Douch middan annern nei'n Bedd."

Wieder einmal war es so weit. Es machte *klick* in Gerhards Kopf, und die Vernunft war ausgeschaltet. Die geballte Faust löste sich ohne sein Zutun aus der Tasche und landete im nächsten Moment krachend am Kinn des Herausforderers.

Ludwig Hempfling taumelte zurück, hielt sich die Backe und spuckte Blut. Einen Moment lang sah es so aus, als wollte er sich auf Wich stürzen, doch dann blieb er abrupt stehen, hob drohend die Faust und schrie voller Wut: „Dou wersda für büßen, Hundsgrübbel! Du wersd nuch winseln, glaab mer's!"

Dann drehte es sich um und marschierte ohne ein weiteres Wort hinüber in die Stadt. Erschrocken und ratlos schauten sich die anderen an. Am meisten erschrocken war Gerhard Wich selbst.

„Ludwig, ward' hald! Es duhd mer ja laid", rief er ihm hinterher.

Ohne sich umzudrehen, hob Hempfling die Rechte mit der geballten Faust und stapfte weiter.

Gottlieb Schalk zuckte mit den Schultern. „Na, dann woll'n wir mal. Verspricht ja, ein lustiger Abend zu werden."

Nach und nach lösten sich die Männer aus ihrer Erstarrung und liefen schweigend die Dalbergstraße hinauf.

Die Luft im Schlabbeseppel war zum Schneiden. Wolken von bläulichem Tabakqualm waberten durch den Raum und mischten sich mit dem Duft von Bratkartoffeln, Männerschweiß und Bierschaum. Aus einem krächzenden Grammophon tönte blecherne Musik; die Gäste sangen lauthals mit und schlugen mit der flachen Hand den Takt auf die blank gescheuerten Holztische.

Bis früh um fünfe, kleine Maus,
da gehen wir noch nicht nach Haus …

Einige Paare hopsten im Marschrhythmus durch den Saal, darunter auch Peter Schwemmlein mit seiner Vroni. Heinrich Eber hatte erst einmal genug und kam schweißtriefend zum Tisch zurück. Er nahm einen tiefen Schluck aus seinem Maßkrug, dann ließ er sich erschöpft auf einen Stuhl fallen.

„Gell, dou schaust?", rief er lachend Lorenz Reif zu, der dem wilden Treiben bisher nur stumm zugesehen hatte. Reif war mit seinen achtzehn Jahren der Jüngste unter den Flößern und zum ersten Mal auf der „Raas".

„Ich glaab, du hosd nuch nie ... gebimberd, oddä?" Eber machte eine eindeutige Handbewegung und zwinkerte dem Jungen vertraulich zu. „Dou kosda wos lärn, Buu. Guck emol – die midde schwazzen Loggen dou drüm – wär des nix fer dich?"

Aber Lorenz sah gar nicht hin. Seine Augen hingen wie gebannt an der Kleinen hinter der Theke mit den langen braunen Zöpfen, die eifrig Gläser spülte, zwischendurch in der Küche verschwand und flink wie ein Reh Speisen austrug. Als sie an seinem Tisch vorbeihuschte, lächelte sie ihm zu, und dem Jungen wurde ganz eigentümlich zumute.

Von da an trafen sich ihre Blicke immer wieder. Es dauerte nicht lange, da kam das Mädchen herüber, mit einer Petroleumlampe in der Hand, und sprach ihn an.

„Mein Vater hat mich in den Keller geschickt", sagte sie und schlug schüchtern die Augen nieder. „Ich soll einen Sack Kartoffeln heraufholen. Aber der ist sooo schwer! Kannst du mir nicht tragen helfen?"

Lorenz Reif nickte stumm. Das Herz klopfte ihm bis zum Hals, als er dicht hinter ihr die schmale Kellertreppe hinabstieg.

Unten war es feucht und kühl, es roch modrig. Die Wirtstochter stellte die Petroleumlampe ab und drehte sich zu dem Jungen um. Sie hob die Hand und strich mit ihren Fingerspitzen ganz vorsichtig über seine Wangen.

„Du gefällst mir", flüsterte sie. „Komm, küss mich!"

Und schon hatten sich ihre Lippen gefunden; ihre Körper pressten sich aneinander. Der Kuss war lange und intensiv. Lorenz verspürte ein unbändiges, nie gekanntes Verlangen in sich aufsteigen. Heiße Wellen durchfluteten ihn. Es brauste in seinen Ohren.

Als sie sich endlich voneinander lösten und sich schwer atmend und etwas verlegen anschauten, fühlte er sich zutiefst beglückt, aber gleichzeitig verwirrt und hilflos. Er schwankte zwischen dem Impuls, einfach davonzulaufen, um diesen köstlichen Moment für sich zu bewahren, und seinem unwiderstehlichen Drang, immer weiter vorzudringen in die tiefsten Geheimnisse des anderen Körpers.

„Was hast du?“, fragte das Mädchen, das seine Unsicherheit spürte.

„Es ist ... nämlich ...“, stammelte er, „weißt du ... ich habe noch nie ...“

„Pssst!“, machte sie und legte ihren Zeigefinger auf seine Lippen. „Ich auch nicht! Damit warten wir, bis du mich das nächste Mal besuchen kommst. Jetzt müssen wir wieder nach oben, sonst wird mein Vater misstrauisch. – Du kommst doch wieder?“

„Bestimmt!“ Lorenz nickte heftig. Während der letzten Tage hatte er öfter darüber nachgedacht, ob das Leben eines Flößers für ihn das Richtige sei. Eigentlich interessierte er sich mehr für die Musik. Sein Traum war es, eines Tages von einem berühmten Orchester als Solo-Trompeter aufgenommen zu werden. Aber jetzt, nach dieser unerwarteten Begegnung, war ihm klar: Er würde jederzeit erneut auf Floßfahrt gehen, nur um dieses Mädchen wiederzusehen.

Noch einmal trafen sich ihre Lippen; eine letzte leidenschaftliche Umarmung – dann nahm sie ihn lächelnd bei der Hand und führte ihn die Treppe hinauf.

„Hier – damit du mich nicht vergisst!“ Sie nestelte an ihrem Zopf, löste eine Spange und drückte sie dem Jungen in die Hand. Bevor sie in der Küche verschwand, warf sie ihm noch einen verheißungsvollen Blick zu.

Lorenz Reif ging wie in Trance zu seinem Platz zurück. Aus der Küche drang das wütende Schelten des Wirtes an sein Ohr; die Worte konnte er nicht verstehen. Seine schwitzende Rechte umklammerte das Erinnerungsstück, das er bekommen hatte. Verstohlen öffnete er die Hand unter dem Tisch und erblickte eine kleine rote Rose aus Porzellan. Während seine Finger zärtlich die Konturen der Blume ertasteten, fiel ihm plötzlich ein, dass sie gar keine Kartoffeln aus dem Keller mitgebracht hatten.

Unterdessen hatte Gottlieb Schalk die begeistert applaudierende Damenwelt mit ein paar Zaubertricks und burlesken Clownerien aus seinem früheren Leben unterhalten. Jetzt kam er herüber zu Ludwig Hempfling, der einsam und mürrisch in seiner Ecke hockte und dabei einen nassen Lappen an seine Backe presste.

„Na, tut's noch weh?“, erkundigte er sich teilnahmsvoll.

Ludwig warf ihm einen wütenden Blick zu. „Der Dreggsagg, der elende! Haabd der miech anna nei – vor alle Leud!“

„Aber du hast ihn provoziert! Du hast absichtlich schlecht über seine Liebste geredet, weil du wusstest, dass ihn das auf die Palme bringt. Warum hast du das getan, Ludwig? Du kennst das Mädchen doch gar nicht!“

Sein Gegenüber ging nicht darauf ein. „Der werd's büßn“, moserte er weiter. „Ohne miech is der fei erledichd! Wenn iech morgn in der Früh hamm fohr, kou der eibaggn!“

„Aber Ludwig – das machst du nicht, das weiß ich! Du wirst doch deine Kameraden nicht im Stich lassen, so kurz vor dem Ziel!“

„Des werma scho sähn, Gottlieb! Morgn früh um sechsa geht der örschde Zug! Dou werdä schaun, der Hundsfregger!“

Schalk schüttelte langsam den Kopf. „Ich sage dir jetzt, was morgen früh um sechs passiert, Ludwig. Wir beide gehen zusammen zum Gerd. Du entschuldigst dich bei ihm für dein dummes Gerede, und er wird sich bei dir für den Kinnhaken entschuldigen. Es tut ihm ja jetzt schon leid – das weißt du doch. Dann gebt ihr euch beide die Hand, und ihr benehmt euch wieder wie erwachsene Menschen. Hast du mich verstanden?“

„Och, louss miech doch mei Ruh'!“

Ludwig Hempfling sprang plötzlich auf und lief vor zur Theke, um seine Zeche zu bezahlen. Kurz darauf war er ohne ein weiteres Wort durch die Eingangstür verschwunden.

Gottlieb Schalk blieb nachdenklich am Tisch zurück.

Gerhard Wich verbrachte den Abend alleine und in tiefer Niedergeschlagenheit. Vor ihm, auf dem einfachen Tisch in der

Flößerhütte, lagen drei zerrissene Papierbogen. Dreimal schon hatte er einen Brief an Käthe begonnen, und jedes Mal fühlte er sich außerstande, die richtigen Worte zu finden. Seine Gedanken kehrten immer wieder zurück zu der hässlichen Szene, die sich heute Abend abgespielt hatte. Es war natürlich unverzeihlich, seinen Floßführer vor versammelter Mannschaft zu schlagen, ganz gleich, wie sehr dieser ihn gereizt hatte, und er haderte mit sich selbst, weil er sich wieder einmal nicht unter Kontrolle halten konnte.

Zum ersten Mal seit Monaten wurde er von heftigen Zweifeln geplagt. Was wäre, wenn er die Wette verlieren würde? Den Gedanken an ein Scheitern des Unternehmens hatte er bisher erfolgreich verdrängt, obwohl es natürlich möglich, bei Lichte besehen sogar wahrscheinlich war. Er hatte alle Warnungen in den Wind geschlagen und alles aufs Spiel gesetzt: Sein Kapital, seine Zukunft, seine Glaubwürdigkeit und das Ansehen eines ganzen Dorfes.

Gerd stand auf und marschierte unruhig auf dem Floß hin und her; schließlich sprang er hinüber auf die Kaimauer des dunklen, verlassenen Hafens. Im fahlen Mondlicht untersuchte er routinemäßig alle drei Flöße und prüfte den strammen, sicheren Halt der Wieden. Alles war in Ordnung. In drei, höchstens vier Tagen konnten sie ihr Ziel erreichen. Was aber, wenn der Holzmichel ihnen zuvorgekommen war?

Bedrückt und mutlos schlich er sich zurück in seine Flößerhütte und warf sich auf das harte Strohlager. Die Anstrengungen und Aufregungen des Tages forderten ihren Tribut; er fiel in einen unruhigen Schlaf.

Nachdem Ludwig Hempfling die Bierschänke verlassen hatte und langsam die Schlossgasse hinunterlief, kam er allmählich zur Besinnung. Er musste zugeben, dass Gottlieb ihn durchschaute – er hatte es bewusst darauf angelegt, Gerd Wich herauszufordern, weil er sich seit Tagen ständig über ihn geärgert hatte. Immer wieder waren die beiden aneinandergeraten, weil der Jüngere seinen eigenen Kopf durchsetzen wollte und nicht bereit war, auf ihn, den Älteren und Erfahreneren, zu hören. Schlimm war das mit den jungen Leuten heutzutage. Kein Respekt mehr vor dem Alter; keine Bereitschaft, einen guten Rat anzunehmen. Alles wollten sie anders machen.

Trotzdem – einfach alles hinwerfen und nach Hause fahren, das konnte Hempfling dann doch nicht. Sollte der Junge durch seine Schuld die Wette verlieren, würde man ihm das im Dorf nie verzeihen. Er musste sich für den Rest der Fahrt irgendwie mit ihm arrangieren und die Sache wohl oder übel zu Ende bringen. Morgen früh würden sie miteinander reden.

Unten im Floßhafen war alles ruhig. Das bleiche Licht des Mondes zauberte glitzernde Streifen auf das Wasser; dazwischen ragten die dunklen Umrisse von drei gewaltigen Flößen. Keine Menschenseele war zu sehen.

Und doch hatte Ludwig, als er sich seinem Floß näherte, das unbestimmte Gefühl, dass da noch jemand sein musste. Inmitten der nächtlichen Stille glaubte er, ein schwaches, ungewöhnliches Geräusch zu vernehmen. Es klang wie das leise Ratschen einer Säge. Dann bemerkte er den Schatten einer gebückten Gestalt, die zwischen den Stämmen auf der anderen Seite zu knien schien.

Lautlos betrat Ludwig sein Floß und bewegte sich auf die geisterhafte Erscheinung zu. „Gerd, bist du des?“, rief er halblaut.

Der Schlag traf ihn völlig unvorbereitet. Die schwarze Gestalt richtete sich auf und wirbelte herum. Zu spät erkannte Hempfling die lange Stange in den Händen des Angreifers. Im nächsten Moment sauste etwas Schweres und Spitzes auf seine rechte Schulter herab und warf ihn zu Boden. Er fühlte einen irrsinnigen Schmerz, spürte noch, wie das Blut aus seinem Hals hervorquoll, bevor er das Bewusstsein verlor.

Gerhard Wich schreckte auf seinem Lager hoch. Hatte er eben Stimmen und Geräusche gehört? Er war plötzlich hellwach und lauschte angestrengt in die Nacht. Aber alles war still.

Ich habe schlecht geträumt, dachte er. Noch hatte er die Bilder klar vor Augen, die gerade in seiner Fantasiewelt entstanden waren.

Er sah sich als Tänzer auf dem Seil in schwindelnder Höhe unter einem Zirkuszelt balancieren. Eine atemlose Menschenmenge schaute gebannt zu, wie er sich Schritt für Schritt nach vorne tastete. Direkt unter ihm in der Manege stand der Käfig mit den Raubkatzen und Ludwig Hempfling als Dompteur. Doch unbeirrt folgte er seinem Weg und war schon fast am Ziel – da erkannte er auf dem Podest am Ende des Seils den Holzmichel, der ihm mit einem triumphierenden Grinsen zurief: „Wo bleibst du denn, Leidenscheißer? Ich bin schon lange da!" Vor Wut und Enttäuschung verlor er das Gleichgewicht und stürzte in die schreckliche Tiefe, in einem schier endlosen Fall, begleitet vom höhnischen Gelächter des Dompteurs und dem entsetzten Aufschrei des Publikums. Unter den Zuschauern erkannte er Käthe, die sich schaudernd abwandte, und noch immer fiel er hinab in den großen Käfig, in dem die gierigen Bestien auf ihn lauerten ...

Dann war er aufgewacht.

Gerd merkte, dass er schweißgebadet war. Was hatte der Traum zu bedeuten? Konnten Träume in Erfüllung gehen?

Alles Hirngespinste, sagte er sich. Er reckte und streckte sich im Stroh und war bald erneut eingeschlafen.

Noch einmal kam Ludwig Hempfling zu sich, geweckt vom pochenden, schier unerträglichen Schmerz in seiner Schulter. Er wollte schreien, aber seine Kehle brachte keinen Laut hervor. Trotz seiner Benommenheit merkte er, dass die dunkle Gestalt sich über ihn gebeugt hatte, dass eine fremde Hand in seinen Taschen wühlte und das Portemonnaie herauszog.

Mit letzter Kraft, mehr einer instinktiven Reaktion seines Körpers als einer Überlegung folgend, versuchte er, sich zu wehren. Seine Hände schnellten nach oben, um den Widersacher zu packen. Der war für einen Moment lang überrascht; er hatte wohl vermutet, seinem Opfer endgültig den Garaus gemacht zu haben. Aber Ludwig hatte keine Chance. Er kriegte nur die Kleidung des Angreifers zu fassen, in die sich seine Finger verkrallten. Doch ohne Mühe machte sein Widersacher sich frei, schleifte den Wehrlosen über den zerfurchten Boden des Floßes und beförderte ihn mit einem Fußtritt ins Wasser.

Für einige Sekunden empfand Ludwig das kühlende Element als eine Wohltat für seinen geschundenen Körper, bevor er merkte, dass er mit jedem Atemzug einen Schwall Wasser in seine Lungen pumpte. Er röchelte und hustete ein wenig; dann hüllte ihn erneut eine gnädige Ohnmacht ein und ersparte ihm den schrecklichen Todeskampf eines Ertrinkenden.

In der Morgendämmerung bereitete sich eine übermüdete Mannschaft auf das Ablegen vor. Obwohl heute alles etwas langsamer ablief als sonst, waren sie konzentriert bei der Sache, denn unter Flößern galt ein eisernes Gesetz: Sie durften feiern, huren und saufen, so viel sie wollten – aber am nächsten Tag mussten sie wieder uneingeschränkt ihre Pflicht tun und den vorgegebenen Zeitplan einhalten.

Die Männer schwelgten in ihren Erinnerungen an den gestrigen Abend, und einige prahlten schon wieder mit ihren amourösen Abenteuern und ihrer Trinkfestigkeit: „Die Vroni wor widdä subbä ...“ – „Obbä die Henrietta erschd mid ihrm Karussellarsch ...“ – „Des Bier is fei widdä durchgloffn wie's Freiwasser[28] am Angerwehr ...“

Nur Lorenz Reif war still. Er hatte ein merkwürdiges Leuchten in den Augen, entfacht von sehnsüchtigen und zärtlichen Gefühlen. Seine Hand umfasste die kleine Porzellanrose, die er in der Hosentasche trug.

Nach dem sensationellen Kuss im Keller hatte er das Mädchen nur noch kurz und von Weitem gesehen. Die meiste Zeit

---

[28] Hoher Wasserstand der Gebirgsflüsse, bei dem die Wehre geöffnet werden, sodass die Flößer freie Durchfahrt haben.

blieb sie in der Küche und erschien nur hin und wieder für einen Moment hinter der Theke, wobei sie ihm zulächelte. Er hatte keine Gelegenheit mehr gehabt, mit ihr zu reden, um sie wenigstens nach ihrem Namen zu fragen. Es war schon seltsam: Von der ersten großen Liebe seines Lebens kannte Lorenz nicht einmal den Namen. Er hatte nur die Rose.

Erst als die Leinen losgemacht werden sollten, fiel den Männern auf dem hinteren Floß auf, dass jemand fehlte.

„Wou is'n der Ludwig?", wunderte sich Karl Höfner.

„Den hou ich heud nuch gor nieä g'sähn", sagte Eduard Kleylein. „Wor der heud Noachd in der Hüddn?"

Es stellte sich heraus, dass drei der Floßknechte in der Flößerhütte geschlafen hatten und vier im Schlafsaal der Hafenmeisterei. Den Ludwig Hempfling hatte niemand bemerkt.

Karl lief nach vorne zum ersten Floß. „Du, Gerd – der Ludwig is nieä dou", berichtete er.

Gerhard Wich erschrak. Er dachte an die düstere Drohung, die sein Floßführer ausgestoßen hatte: *Dou wersda für büßen, Hundsgrübbel! Du wersd nuch winseln, glaab mer's!*

„Habt ihr überall nachg'schaud?", vergewisserte er sich. „Im Schlafsaal, im Bad, aufm Abbord ..."

Die Männer schwärmten aus, um Hempfling zu suchen. Sie durchkämmten das ganze Hafengelände, schauten in jeden Schuppen. Ohne Erfolg.

Unterdessen war Gottlieb Schalk zu Wich herübergekommen – mit einem für ihn ungewöhnlich ernstem Gesicht.

„Gerd – ich fürchte, der Ludwig hat etwas sehr Dummes gemacht. Ich habe gestern Abend mit ihm gesprochen und versucht, ihm klarzumachen, dass er sich mit dir versöhnen muss. Er dagegen hat damit gedroht, sofort nach Hause zu fahren – gleich heute früh mit dem ersten Zug. Ich hab das ja erst nicht ernst genommen ..."

Der Floßherr wurde blass. „Aber das kann er doch nicht machen ..." Er rannte hinüber zum hinteren Floß und stürmte in die Flößerhütte. Zusammen mit Eduard Kleylein durchwühlte er das Gepäck der Mannschaft.

„Dou sinn die Sachn vom Ludwig", sagte Kleylein und zeigte auf eine schwarze Ledertasche.

Gerd Wich runzelte die Stirn. Wenn Ludwig Hempfling wirklich abgereist war, musste er es sehr eilig gehabt haben. Sogar sein Gepäck hatte er zurückgelassen, einschließlich seiner Brieftasche mit persönlichen Dokumenten, die obenauf lag. Der Floßherr nahm die Brieftasche an sich und trat wieder ins Freie.

Sollte er jetzt noch schnell zum Bahnhof laufen und versuchen, den Floßführer in letzter Minute umzustimmen? Nein, dazu war er zu stolz. Außerdem wäre es sinnlos gewesen – der Sechs-Uhr-Zug war sicher schon abgefahren. Ratlos senkte er den Kopf und starrte stumpfsinnig vor sich hin.

Plötzlich stutze er. Er ging in die Hocke und untersuchte die Einbindung der Stämme direkt vor ihm. „Das gibt's doch nicht!", murmelte er.

Er lief ein paar Meter nach rechts, ging erneut nach unten, und weiter vorne noch ein drittes Mal. Mit einem lauten Schnaufer richtete er sich auf.

„Gottlieb, komm her und schau dir das an!", rief er seinem Freund zu.

Schalk kam herüber. Gemeinsam inspizierten sie den Schaden, den Gerd eher zufällig entdeckt hatte.

An mehreren Stellen auf der linken Seite des Floßes war die Wiedenbindung beschädigt. Die Wieden waren nicht eingerissen, wie es manchmal unter starker Belastung passieren konnte, sondern sie waren offensichtlich erst kürzlich angesägt worden – und zwar so weit, dass sie gerade noch hielten. Wenn sie jetzt so losgefahren wären, hätten sich früher oder später Dutzende von Stämmen gelöst, wären abgetrieben und kaum noch zu bergen gewesen.

Gerhard Wich fühlte eine irrsinnige Wut in sich aufsteigen. Wenn Ludwig Hempfling jetzt hier gewesen wäre – er hätte mit

Sicherheit ein zweites Mal seine Faust zu spüren bekommen. Stattdessen musste Gerd sich an der Flößerhütte abreagieren, die mehrere derbe Fußtritte abbekam, sodass sie beinahe zusammengekracht wäre.

Dass Ludwig ihn einfach im Stich gelassen hatte, war schon schlimm genug. Dass er aber das Floß beschädigt, den weiteren Transport gefährdet und womöglich sogar die Sicherheit seiner Mannschaft aufs Spiel gesetzt hatte, war schlichtweg kriminell. Das würde er ihm niemals verzeihen können.

Der Floßhafen war inzwischen aus dem Schlaf erwacht. Ein Trupp Maurer war erschienen, um die Wand einer Lagerhalle auszubessern. Laute Hammerschläge hallten von einem Kran herüber, der instandgesetzt wurde. Ein paar Männer waren mit Anstrich- und Aufräumarbeiten beschäftigt – alles Vorbereitungen für die beginnende Flößerei-Saison.

„Was sollen wir denn jetzt machen?“, fragte Gerhard Wich seinen Freund.

Zwei Stunden hatten die Männer gebraucht, um das beschädigte Floß zu reparieren und mit neuen Wieden zu verstärken. Auch die anderen beiden Flöße waren noch einmal gründlich untersucht worden. Zum Glück wurden keine weiteren Schäden entdeckt.

Gottlieb Schalk zuckte mit den Schultern. „Wir müssen halt sehen, wie wir weiterkommen, Gerd. Wir haben ja genug erfahrene Leute, die als Floßführer einspringen können. Der Georg Hümmrich zum Beispiel ...“

„Ja, an den habe ich auch schon gedacht. Aber der hat keine Lizenz. Wenn wir kontrolliert werden, gibt’s Probleme.“

„Dann müssen wir eben die Häfen und die großen Floßländen meiden und nachts irgendwo draußen festmachen. Da wird uns schon keiner kontrollieren.“

Gerd schüttelte den Kopf. „Du vergisst die Schleusen, Gottlieb. Ich habe schon öfter erlebt, dass die Schleusenwärter die Papiere sehen wollen. Wenn sie uns erwischen, bin ich als Floßherr dran. Ich verliere meine eigene Lizenz, muss mit einer saftigen Strafe rechnen, und das Schlimmste: Man wird uns so lange festhalten, bis ein geprüfter Floßführer eintrifft. Das kann ich nicht riskieren."

„Ja, du hast recht." Schalk senkte resigniert sein Haupt und dachte nach. Dann zwinkerte er seinem Freund verschmitzt zu: „Aber du hast doch die Papiere vom Ludwig, nicht wahr? Nun, dann heißt Georg Hümmrich ab sofort eben Ludwig Hempfling!"

Georg Hümmrich verstand sofort und erklärte sich voller Eifer bereit, mitzuspielen. Zwar hatte Gerhard Wich ihm eindringlich klargemacht, dass sie beide im Begriff waren, eine Straftat zu begehen – Missbrauch von Ausweispapieren war schließlich kein Kavaliersdelikt. Doch der gemeinsame Wille, jetzt nicht aufzugeben und das gesetzte Ziel um jeden Preis zu erreichen, war stärker als alle Bedenken.

„No freilich, sou mach mer's, Gerd!", grinste Hümmrich. „Mir baggn des! Un wenn's uns erwischn, no gemmä hald alle zwaa ins G'fängnis. Is emol a Abwechslung!"

Gerhard Wich spürte auf einmal eine unbändige Kraft und Zuversicht in sich. Die nagenden Zweifel der vergangenen Nacht waren wie weggeweht. Mit solchen Freunden an seiner Seite, die bedingungslos zu ihm standen, war er unbesiegbar.

Du wirst es schaffen, Gerd, sagte er sich. Du wirst es ihnen allen zeigen: dem zweifelnden Holzhändler Nauth, dem eingebildeten Holzmichel, dem besserwisserischen Ludwig, dem dünkelhaften Schuhhändler Porzelt und der ganzen Welt. Du wirst diese Wette gewinnen!

Ohne zu zögern rief er die sieben Floßknechte zusammen, die bisher unter Ludwig Hempfling gefahren waren, und erklärte ihnen, dass sie von nun an den Anweisungen von Georg Hümmrich uneingeschränkt Folge zu leisten hätten.

Gegen halb zehn, mit mehr als drei Stunden Verspätung, legten die drei Flöße endlich in Aschaffenburg ab.

Kapitel 8 – Ermittlungen

Oberwachtmeister Sturmfels, Leiter der Großherzoglich Hessischen Gendarmeriewache in Seligenstadt, war in heller Aufregung. Endlich passierte mal etwas in dem verschlafenen Städtchen! Es gab eine unbekannte Leiche – allem Anschein nach sogar ein Mordopfer.

In seiner Freizeit las Wilhelm Sturmfels gerne Kriminalgeschichten. Er konnte sich köstlich über einfältige, tollpatschige Polizisten und Gendarmen amüsieren, die das Naheliegende übersahen und prompt den falschen Fährten folgten. Ja, wenn er an deren Stelle gewesen wäre – er hätte die Dinge anders angepackt. Kühl, sachlich und mit eiskalter Logik hätte er den Hergang der Tat ermittelt und den Täter überführt. Aber leider gab es in seiner Stadt seit Jahren keinen richtigen Kriminalfall mehr, bei dem er sich hätte bewähren können. Bis zum heutigen Tag.

Heute früh war ein Schiffsführer der Mainkette AG auf der Wache erschienen und hatte gemeldet, er habe vor einer Stunde eine Wasserleiche aus dem Main gezogen. Er habe wenig Zeit, erklärte Kapitän Baumgartner, und man möge doch bitte den Toten möglichst schnell von seinem Schiff holen, damit er weiterfahren könne.

Aber so einfach ging das nicht. Der Oberwachtmeister musste zunächst einmal die Aussage des Mainschiffers in einem schriftlichen Protokoll festhalten. Er tat das mit der ihm eigenen Sorgfalt. Mit ungelenker Hand notierte er Baumgartners Personalien, auch die Namen seiner Matrosen als mögliche Zeugen, und die genauen Umstände des Leichenfundes, während der Kapitän alle zwei Minuten seine Taschenuhr hervorzog und mit den Fingern ungeduldig auf dem Tisch trommelte.

Erst als der Schiffsführer das Protokoll unterschrieben hatte, rief Wilhelm Sturmfels die beiden diensthabenden Gendarmen herbei und wies sie an, zusammen mit dem Bestatter Kraus und dessen Leichenwagen den Toten von der *Mainkuh* abzuholen und in die Leichenhalle am Friedhof zu bringen. Natürlich diskret und ohne Aufsehen zu erregen, denn das konnte er jetzt nicht brauchen. Jedenfalls nicht, bevor er den Fall gelöst hatte.

Später, als das klagende Muhen des Nebelhorns vom Fluss herauf ertönte und signalisierte, dass sich das Kettenschleppschiff endlich wieder in Bewegung gesetzt hatte, begab sich der Oberwachtmeister in die Leichenhalle, um das bedauernswerte Opfer zu untersuchen.

Der Mann war gleich zweimal tot, das war nicht zu übersehen – erstochen und ertrunken. Zwischen Hals und Schulter klaffte eine tiefe Wunde.

Sturmfels untersuchte auch die Taschen von Hose und Jacke, aber wie er schon von dem Flusskapitän erfahren hatte, waren sie leer. Auch die Kleidung selbst lieferte keinerlei Hinweise – es waren derbe, einfach gearbeitete Stücke, so wie sie die Landbevölkerung bei der Arbeit trug. Lediglich die Schuhe waren Fabrikware von besserer Qualität. Auf der Innenseite trugen sie die Aufschrift *Peter Kaiser Pirmasens.* Aber solche Schuhe konnte man fast überall kaufen.

Mit messerscharfer Logik folgerte Wilhelm Sturmfels, dass er dem Täter nur auf die Spur kommen konnte, wenn er zunächst die Identität des Opfers feststellte. Er hatte Papier und Bleistift mitgebracht und begann, das Antlitz des Toten zu porträtieren. Dabei ließ er seiner Fantasie freien Lauf, indem er sich vorstellte, wie der Mann wohl zu Lebzeiten ausgesehen hatte. Also malte er statt des offenen Mundes und der trüben, leeren Augen ein freundliches, lachendes Gesicht. Der Oberwachtmeister betrachtete sein Werk und fand, dass es recht gut getroffen war.

Anschließend klapperte er mit dem Porträt die Geschäfte und Wirtshäuser rund um den Marktplatz ab; in der Hoffnung, dass jemand die Person identifizieren könne. Leider ohne Erfolg.

Dann fiel ihm ein, dass die Leiche ja ein paar Kilometer flussabwärts geborgen worden war. Er schwang sich auf sein Ross und preschte in den Nachbarort Klein-Krotzenburg, aber auch dort schien niemand das Opfer zu kennen.

Es wurde ihm klar, dass er seine Suche ausweiten musste. Zurück in Seligenstadt setzte er eine Depesche auf, die er an sämtliche Gendarmerieposten der Provinz Starkenburg, aber auch an die bayrische Gendarmerie im benachbarten Alzenau und an die preußische Polizei in Hanau schickte. Die Depesche enthielt eine genaue Beschreibung des Toten, verbunden mit der Frage, ob eine solche Person irgendwo vermisst wurde. Ferner bestellte er bei der Druckerei der Seligenstädter Heimat-Zeitung ein Plakat mit der Überschrift *Wer kennt diesen Mann?*, darunter kam seine Zeichnung, die Personenbeschreibung und zum Schluss der Satz: *Sachdienliche Hinweise bitte an die Gendarmerie in Seligenstadt.*

Jetzt heißt es abwarten, sagte sich Wilhelm Sturmfels. Vielleicht wissen wir morgen schon mehr.

Hinter Aschaffenburg verliert der Main seinen Schwung. Die Berge und Hügel treten zurück und machen einer weiten Ebene Platz, in der der Fluss breiter und träger dahinfließt. Sein Gesicht verändert sich. Anstelle sonnenbeschienener Weingärten säumen immer mehr düstere Fabrikhallen seine Ufer. Aus hohen Schloten quillt schwarzer Rauch; fauchende Dampfmaschinen blasen ihrer feuchtheißen Wolken in den Himmel, aus Betonröhren schießen übel riechende Abwässer und zeichnen kilometerlange Schlieren auf die Wasserfläche. Mitunter treiben tote Fische in großer Zahl vorbei, die einen fauligen Geruch verbreiten und davon künden, dass die Natur kapituliert hat vor all dem Gift, das sie aufnehmen muss. An manchen Tagen lagert ein zäher, schwefelgelber Nebel auf dem Wasser. Das Atmen fällt schwer, und die Flößer, die hier unterwegs sind, sehnen sich nach der frischen und reinen Luft ihrer heimatlichen Wälder. Doch sie müssen durchhalten, ein paar Tage noch, während ihr Floß so langsam dahingleitet, dass ein rüstiger Wandergesell auf dem Leinpfad mühelos Schritt halten könnte.

Auch auf den drei Flößen aus dem Frankenwald war die Stimmung gekippt. Es wurde kaum geredet; ernst und schweigsam führten die Männer die notwendigen Handgriffe aus. Selbst auf dem sonst so lustigen Wallenfelser Floß war es still geworden, und erst recht auf dem letzten in der Reihe, dessen Mannschaft einen neuen Floßführer bekommen hatte. Viel zu tun hatten sie ohnehin nicht. Der Floßzug folgte gemächlich, fast von alleine, dem Lauf des Flusses, und nur wenn in der Ferne das dumpfe Muhen der *Mainkuh* ertönte, war erhöhte Aufmerksamkeit geboten, bis das Kettenschiff passiert hatte. Ansonsten dösten die Männer vor sich hin oder hingen ihren Gedanken nach.

Stürmisch und nasskalt war es am Samstagmorgen. Eisige Schneeregenschauer peitschten den Männern ins Gesicht, und ein böiger Westwind verlangsamte die Fahrt der Flöße zusätzlich, sodass sie erst um die Mittagszeit Offenbach mit seinem modernen Hafen und der neuen Schleuse erreichten. Hier gab es sogar eine getrennte Floßrutsche, damit der wachsende Schiffsverkehr möglichst wenig durch die schwerfälligen Flöße behindert wurde.

Der Weg durch die schmale Gasse war allerdings nicht ganz einfach. Sobald der Schleusenwärter die Durchfahrt geöffnet hatte, mussten alle drei Flöße dicht hintereinander einfahren, um den Wasserabfluss möglichst gering zu halten. Das Ansteuern der Einfahrt erforderte viel Kraft, denn das benachbarte Nadelwehr[29] mit seinem starken Sog zerrte heftig an den Fahrzeugen.

---

[29] Eine Staustufe, gebildet aus einer Reihe von aneinandergesetzten Rundhölzern („Nadeln“).

Gerhard Wich und Peter Schwemmlein hingen mit ihrem ganzen Körpergewicht an den biegsamen Floßbäumen, drückten so das Floß in die ungefähre Richtung; die anderen korrigierten den Kurs mit dem Floßhaken. Die Einfahrt in die hundert Meter lange Floßgasse gelang perfekt; wie ein Pfeil schossen sie durch den engen Kanal und hatten Sekunden später schon wieder ruhigeres Wasser erreicht.

Wich schaute nach hinten und beobachtete, wie sich jetzt das Wallenfelser Floß einfädelte und kurz darauf ebenfalls die Rutsche passiert hatte. Langsam trieben sie in Ufernähe weiter und überquerten die Stadtgrenze von Frankfurt, dessen Türme voraus auftauchten.

Aber wo blieb das dritte Floß? Minuten vergingen, dann bemerkte Gerd zu seiner Verwunderung, dass das Wasser in der Rutsche versiegt war. Offenbar hatte der Schleusenwärter die Durchfahrt schon wieder geschlossen.

„Guck amol dou drühm, Gerd!“, rief Heinrich Ebert und deutet aufgeregt zur Flussmitte hin. Drei einzelne Baumstämme trieben gerade an ihnen vorbei, und danach kamen nochmal zwei.

„Dunnerkeil!“, fluchte der Floßherr. Irgendetwas war da gewaltig schiefgegangen.

In unmittelbarer Nähe der Schleuse durften sie nicht anhalten. Erst kurz vor der Alten Mainbrücke machten sie am Sachsenhäuser Ufer fest. Gerhard Wich sprang sofort an Land und rannte zurück; Gottlieb Schalk hechtete hinter ihm her.

Als die Männer die Staustufe erreicht hatten, wurden Gerds schlimmste Befürchtungen bestätigt. Das dritte Floß hing schräg im Nadelwehr, Teile davon waren abgerissen, einzelne Stämme hatten sich selbständig gemacht. Zum Glück war die Mannschaft wohlauf. Sie zählten acht Personen, die auf dem Deck kauerten, doch mit eigener Kraft konnten die Gestrandeten sich kaum aus ihrer misslichen Lage befreien. Ein Dampfboot der Hafenmeisterei war bereits unterwegs, um den Havaristen zu bergen.

Schon am Samstagmorgen wurden die bestellten Plakate von der Seligenstädter Druckerei geliefert. Wilhelm Sturmfels schickte einen seiner Gendarmen los, um sie an den Tafeln für Amtliche Bekanntmachungen anzuschlagen, die an verschiedenen Plätzen im Stadtgebiet aufgestellt waren.

Am Nachmittag sprach der Bestatter Matthias Kraus auf der Wache vor und erkundigte sich, ob denn zu dem Toten in der Leichenhalle schon Angehörige bekannt seien, die entscheiden könnten, wann und wo die Beisetzung erfolgen könne. Oberwachtmeister Sturmfels musste verneinen, denn bis zur Stunde hatte er noch keine Antwort auf seine Depesche und keinen Hinweis zur Identität des Toten bekommen, geschweige denn zu irgendwelchen Angehörigen. Der Bestatter erinnerte daran, dass nach den gesundheitspolizeilichen Vorschriften eine Erdbestattung bis spätestens Dienstag erfolgen müsse, andernfalls müsse die Leiche aus hygienischen Gründen zur Verbrennung in das Offenbacher Krematorium überführt werden.

Wilhelm Sturmfels hatte nicht die geringste Idee, was er jetzt noch unternehmen konnte, um seine Nachforschungen voranzutreiben. So entschloss er sich schweren Herzens zu einem Schritt, den er laut Dienstvorschrift besser schon vorher getan hätte. Er schickte ein weiteres Telegramm an die zuständige Staatsanwaltschaft in Darmstadt und bat um die Unterstützung durch einen fähigen Kriminalbeamten.

Es dauerte Stunden, bis das havarierte Floß vom Nadelwehr weggeschleppt und die abgerissenen Stämme geborgen waren. Die Trümmer wurden an der Kaimauer vor der Schleuse gesammelt, wo die gestrandete Besatzung, verstärkt durch die Kameraden der heil gebliebenen Flöße, die Reparatur vornahm. Zwischendurch erschien der Hafenmeister und verlangte den Floßherren sowie den für den Unfall verantwortlichen Floßführer zu sprechen.

„Denk dran: Du heißt jetzt Ludwig Hempfling", konnte Wich dem unglücklichen Georg Hümmrich noch zuraunen, bevor sie sich in den Kontrollraum der Schleusenanlage begeben mussten, um den Vorfall zu Protokoll zu geben.

„Ihren Floßführerschein, bitte", verlangte der Beamte von Georg.

Mit zitternder Hand zog Hümmrich das Dokument aus seiner Hosentasche und reichte es weiter.

„Ludwig Hempfling, geboren am 12. April 1855 in Kronach", las der Hafenmeister vor.

Gerd Wich hielt den Atem an. Hümmrich war noch keine vierzig, also deutlich jünger als Ludwig Hempfling. Doch dem Beamten schien es zum Glück nicht aufzufallen; vielleicht, weil Georg, der noch immer unter Schock stand, mindestens zehn Jahre älter aussah als sonst.

„Wie lange haben Sie den Schein schon?", wurde er gefragt.

Hümmrich warf seinem Floßherren einen unsicheren Blick zu. „Ich weiß nicht ... vielleicht ... so ungefähr ... zehn Jahre", stotterte er.

„Zehn Jahre? Hier steht: *Ausgefertigt am 12. Oktober 1883 zu Kitzingen*, also vor mehr als zwanzig Jahren! Sie sind demnach ein recht erfahrener Floßführer. Wie konnte das passieren?"

Georg Hümmrich schluckte ein paar Mal, bevor er erklärte: „Es war kurz vor der Einfahrt in die Floßgasse, etwa in Höhe des Fußgängerstegs – da gab es plötzlich einen Ruck, sodass ich fast gestürzt wäre. Als ob wir auf ein unsichtbares Hindernis aufgefahren wären. Das Floß begann sich zu drehen und wurde vom Sog des Wehres erfasst. Wir haben uns mit aller Kraft dagegengestemmt, aber vergeblich."

„Ein unsichtbares Hindernis in der Einfahrt zur Floßrutsche? Ausgeschlossen! Schließlich sind die beiden Flöße vor Ihnen ja auch ohne Probleme durchgekommen!"

„Bitte bedenken Sie", warf Gerhard Wich ein, „dass der Wasserspiegel in der Fahrrinne rasch absinkt, sobald die Floßrutsche geöffnet ist – um etwa zwanzig Zentimeter pro Minute. Wenn da etwas im Weg war, ist es gut möglich, dass wir mit den ersten beiden Flößen noch nichts gemerkt haben, während das dritte Floß daran hängengeblieben ist."

Der Hafenmeister war sichtlich verärgert ob dieser Einlassung. „Wollen Sie mir etwa unterstellen, Herr Wich, dass wir unsere Anlagen nicht in Ordnung halten? Wir kontrollieren ständig die Fahrwege und beseitigen eventuelle Untiefen umgehend. Erst letzte Woche wurde die Fahrrinne vor der Floßrutsche sogar noch einmal ausgebaggert; in Vorbereitung auf die Flößerei-Saison."

„Ich habe den Hergang genau beobachtet", mischte sich nun der Schleusenwärter ein. „Das Floß wurde offenbar von einer Windbö erfasst und gegen das Wehr gedrückt. Die Männer versuchten noch gegenzusteuern; einer hat den Anker ausgeworfen, aber es war zu spät."

„Nun, dann war es gewissermaßen höhere Gewalt", meinte der Beamte versöhnlich. „Dem Floßführer Hempfling ist nichts vorzuwerfen. Er erhält hiermit seinen Floßführerschein zurück." Er überreichte Georg das Dokument, und Gerd fiel ein Stein vom Herzen.

„Am Nadelwehr ist jedenfalls ein beträchtlicher Schaden entstanden", stellte der Hafenmeister fest. „Herr Wich, es ist Ihnen ja bekannt, dass Sie als Floßherr für die Reparaturkosten aufkommen müssen. Und natürlich auch für die Kosten unseres heutigen Einsatzes. Die genaue Schadenshöhe muss noch ermittelt werden – aber da kommen leicht ein paar tausend Mark zusammen. Bitte geben Sie mir Ihre genaue Anschrift, damit wir Ihnen unsere Forderung zustellen können."

Gerhard Wich schluckte heftig und knirschte mit den Zähnen. Eine Windbö sollte die Ursache gewesen sein? Ja, der Wind wehte noch immer recht kräftig, aber er kam die ganze Zeit von Westen. Ein Windstoß hätte das Floß eher vom Nadelwehr wegdrücken müssen und nicht darauf zu.

Doch Gerd wusste, dass jede weitere Diskussion zwecklos war. Er konnte auch nicht riskieren, dass der Beamte sich noch einmal näher mit dem falschen Floßführerschein beschäftigte. Mit tonloser Stimme diktierte er ihm seine Adresse in die Feder.

Es wurde schon dunkel, bevor das beschädigte Floß wieder einigermaßen instandgesetzt war. Das Dampfboot der Offenbacher Hafenbehörde hatte es schließlich durch die Schleusenkammer geschleppt; jetzt lag es hinter den beiden anderen am Deutschherrenufer. Danach hatte das Boot noch ein rundes Dutzend abgetriebener Stämme am Wehr der nächsten Staustufe bei Griesheim geborgen und zum Ankerplatz gebracht. Schätzungsweise fünf bis zehn Stämme blieben verschollen.

Die Bilanz des Tages war verheerend. Einen halben Tag ihrer kostbaren Zeit hatten sie verloren. Auf Wich kam eine hohe Schadensersatzforderung zu, die seinen Gewinn aus dem Holzverkauf deutlich schmälern würde. Die Mannschaft war geschockt, und Georg Hümmrich war zutiefst zerknirscht – obwohl alle, die mit ihm auf dem dritten Floß gefahren waren, seine Darstellung bestätigten. Alle hatten sie den heftigen Ruck gespürt, der durch ihr Fahrzeug gegangen war, und alle waren auch jetzt noch überzeugt, dass es eine Berührung mit einem Objekt unter Wasser gegeben haben musste, wodurch das Floß außer Kontrolle geriet.

„So – das Abendessen ist fertig!“, verkündete Hermann Xander. „Original Frankfurter Grüne Soße – das war schon die Leibspeise vom alten Goethe!“ Der Koch hatte auf dem Markt sieben verschiedene Würzkräuter besorgt, die bereits jetzt, im zeitigen Frühjahr, in den zahlreichen Gewächshäusern am Stadtrand heranwuchsen. Mit Sauerrahm, Senf und Zitronensaft hatte er aus der feingehackten Kräutermischung eine sämige, pikante Beigabe gezaubert, die er über hartgekochten Eiern verteilt und mit Radieschenscheiben dekoriert hatte. Dazu gab es Röstkartoffeln aus der Pfanne.

„Ich glaube, ich habe heute gar keinen Hunger“, gab Gerd zerknirscht von sich.

„Versuch wenigstens mal. Ich weiß, heute war kein schöner Tag – aber gerade dann sorgt ein gutes Essen unter Freunden für Entspannung und neuen Mut!“

Gottlieb Schalk kam vom Nachbarfloß herüber. „Hmm – das sieht ja wieder lecker aus bei euch! Habt ihr noch was übrig für mich?“ Natürlich bekam auch er seinen Teller.

Wich kostete; vorsichtig zunächst, dann mit wachsendem Appetit. Xander hatte nicht zu viel versprochen. Das herbfrische Aroma der Kräuter kitzelte seinen Gaumen und harmonierte wunderbar mit den Eiern und den knusprigen Kartoffeln. Die trüben Gedanken in seinem Kopf traten ein wenig in den Hintergrund. Er verlangte und bekam einen Nachschlag.

„Deine Kochkünste werden mir fehlen, wenn unsere Tour zu Ende ist“, äußerte Gerd mit ehrlichem Bedauern.

„Und mir wird das freie und abenteuerliche Leben der Flößer fehlen“, entgegnete Hermann. „Am liebsten würde ich noch ein paar Tage dranhängen und bis nach Holland fahren. Ich habe gehört, dort kann man selbst im kleinsten Hafen jede Menge frischen Seefisch direkt vom Kutter bekommen. Und Meeresfrüchte – Muscheln, Krebse, Nordseekrabben ... Ich möchte so gerne lernen, wie man sie zubereitet.“

„Warum nicht? Eduard und Lorenz waren noch nie in Holland und möchten auch gerne weiterfahren. Ich kann ja mal bei Balthasar Nauth ein gutes Wort für dich einlegen.“

„Das wäre für mich ein Grund, mich ebenfalls für die Weiterreise zu bewerben“, lachte Schalk. „Ich habe ja grad nichts

Besseres vor. Gerd, kommst du mit? Wir drei auf einem Rheinfloß – das wird eine Riesengaudi! Wetten, dass ...?"

Der Floßherr schüttelte den Kopf. „Ich will die Käthe nicht so lange warten lassen." Er wurde rot. Eigentlich hätte er seiner Liebsten schon seit Tagen einen längeren Brief schreiben sollen, doch die aufregenden Ereignisse hatten ihn abgelenkt. Zudem hatte er es versäumt, auf dem Postamt in Aschaffenburg oder hier in Frankfurt nachzufragen, ob ein postlagerndes Schreiben für ihn eingegangen sei. Jetzt war es zu spät. Das Postamt hatte geschlossen.

Gottlieb Schalk, der merkte, dass sein Freund wieder in Trübsal abzugleiten drohte, hatte einen Vorschlag. „Leute, was haltet ihr von einem Zug durch die Gemeinde? In die *Atschel* oder zum *Dauth-Schneider*? Damit wir mal auf andere Gedanken kommen."

Die gemütlichen Apfelweinwirtschaften in Frankfurt-Sachsenhausen waren normalerweise unter den Flößern fast genauso beliebt wie der Schlabbeseppel in Aschaffenburg. Speziell bei den Unterrodachern war das Vergnügungsviertel auf der südlichen Mainseite so populär, dass sie den paar Häusern ihres Heimatdorfes, die am linken Ufer der Rodach standen, ebenfalls den Namen *Sachsenhausen* gegeben hatten. Aber heute hatte es nur ein kleines Grüppchen der Jüngeren dorthin gezogen, und auch der Floßherr zeigte wenig Begeisterung.

„Gottlieb, ich bitte dich – nach so einem Tag ..."

„Gerade drum, mein Lieber! Du musst deinen Kopf frei bekommen. Morgen geht es weiter, und wir werden es schaffen!"

Gerhard Wich gab sich einen Ruck. Gottlieb hatte vollkommen recht. Sie waren kurz vor dem Ziel, und er durfte jetzt auf keinen Fall aufgeben.

Hermann Xander lieferte schließlich das entscheidende Argument. „Ein reifer Handkäs mit Essig, Öl und Zwiebeln wäre der passende Abschluss zu unserem heutigen Mahl", meinte er.

Gerd seufzte. „Na schön – ihr habt mich überredet. Also auf geht's!"

Allen voran, mit großen, entschlossenen Schritten, lief er die Paradiesgasse hinauf. Viele hatten gezweifelt, ob er überhaupt eine Chance hätte, die Wette zu gewinnen. Er würde es ihnen allen zeigen. Jetzt erst recht! Nichts und niemand konnte ihn aufhalten.

Am Sonntagmorgen kam die angeforderte kriminalistische Unterstüzung in Seligenstadt an. Oberwachtmeister Sturmfels empfing die beiden Beamten, die mit reichlich Gepäck angereist waren, am Bahnhof. Der Jüngere, ein sportlicher Typ Ende dreißig, mit einer modischen karierten Jacke und einer ebensolchen Mütze im englischen Stil bekleidet, stellte sich als Kriminalkommissär Paul Hartmann vor. Der Mann in seiner Begleitung war deutlich älter, trug einen wallenden Backenbart und trat korrekt im Sonntagsstaat an. „Medizinalrat Dr. Werner Holtkamp von der Gerichtsmedizin in Darmstadt", schnarrte er zur Begrüßung und schüttelte dem Oberwachtmeister kräftig die Hand.

Der aufgeregte Gendarm hätte am liebsten gleich am Bahnhofsvorplatz mit seinem Bericht über den Stand der Ermittlungen begonnen, aber die Ankömmlinge erkundigten sich zunächst einmal nach einer geeigneten Unterkunft in dem Städtchen, denn ihre Untersuchungen würden sicher mehr als einen Tag in Anspruch nehmen. Auch würden sie sich dort gerne etwas frisch machen und vielleicht einen kleinen Imbiss zu sich nehmen, bevor man sich dann in etwa einer Stunde bei der Gendarmerie treffen könne. Nach kurzer Überlegung empfahl Sturmfels den *Frankfurter Hof* – „das erste Haus am Platze", wie er betonte, das auch verwöhnten Ansprüchen gerecht werde, direkt am Marktplatz und nicht weit von der Gendarmeriewache gelegen.

Die Reisenden bestiegen eine Droschke, und während sie gemächlich die Bahnhofstraße entlangzockelten, erkundigte sich der Kommissär: „Ihr erster Eindruck, Holtkamp?"

„Ein sauberes, geschichtsträchtiges Städtchen, traditionsbewusst, mit einem ehrbaren und stolzen Bürgertum ...“

Hartmann lachte. „Ich meinte eigentlich nicht die Stadt, sondern unseren eifrigen Oberwachtmeister.“

„Ach so. Ja, eifrig, pflichtbewusst und sicher auch zuverlässig. Obwohl er ja nicht gerade begeistert zu sein scheint, dass sich so zwei seltsame Zivilisten wie wir jetzt in seine Angelegenheiten einmischen. Besonders Ihre äußere Erscheinung hat ihn sichtlich irritiert. Haben Sie bemerkt, wie er Sie angestarrt hat? – Mit Verlaub, Herr Kollege, auch ich finde Ihre reichlich saloppe Aufmachung, noch dazu an einem Sonntag, nicht so ganz passend. Immerhin vertreten wir hier die Staatsgewalt.“

„Wir tun hier unsere Arbeit, nicht wahr? Für einen Kirchgang haben wir leider keine Zeit. Glauben Sie wirklich, die Staatsgewalt bedarf eines Gehrocks, einer Halsbinde und eines Zylinders, wie Sie sie zu tragen belieben? Oder gar einer lächerlichen Uniform wie die von Oberwachtmeister Sturmfels? Dunkelgrüner Waffenrock, verziert mit gelber Tapetenkordel, dunkelblaue Beinkleider, Raupenhelm ...“

„Lächerlich? Lassen Sie ihn das bloß nicht hören! Das Großherzoglich Hessische Gendarmeriekorps ist mit Recht stolz auf seine militärischen Wurzeln bei den Landdragonern.“

„Das ist doch längst nicht mehr zeitgemäß, Holtkamp! Sie wissen ja, dass man schon 1897 die Gendarmerie grundlegend reformieren wollte und einen zivilen, nur der Staatsbehörde unterstellten Sicherheitsdienst angestrebt hat ...“

„... ein Versuch, der bekanntlich gescheitert ist“, fiel ihm der Medizinalrat ins Wort. „Hartmann, ich kenne Ihre Abneigung gegen alles Militärische. Dabei haben Sie doch, genau wie ich, selbst gedient.“

„Ja, bei der Infanterie. Ohne Militärdienst bekommen Sie ja in unserem Staat keine Chance für die höhere Beamtenlaufbahn. Allerdings hatte ich nach zwei Jahren die Schnauze voll und bin als Leutnant der Reserve ausgeschieden. Und Sie, warum haben Sie den Dienst quittiert?“

Holtkamp seufzte. „Als junger Sanitätsoffizier habe ich 1870/71 am Krieg gegen Frankreich teilgenommen und Schwerverwundete zusammengeflickt – Freund wie Feind. Seitdem herrscht zum Glück Frieden. Die Armee braucht keine Ärzte mehr. Was sollte ich also tun? Eine Zeit lang war ich als niedergelassener Arzt tätig, doch nach allem, was ich an der Front erlebt hatte, verspürte ich keine große Lust, den Schnupfen von nörgelnden Hypochondern zu kurieren und ihren Gattinnen wirkungslose Tropfen gegen Migräne zu verschreiben. So bin ich schließlich bei der Gerichtsmedizin gelandet. Meine Patienten beschweren sich nie, sind geduldig und stumm, und doch haben sie mir eine Menge zu erzählen."

Die Kutsche hielt auf dem hübschen kleinen Marktplatz, umsäumt von alten, aber gepflegten Fachwerkhäusern, zwischen denen nur das klassizistische Rathaus mit seinen großen Arkaden architektonisch aus dem Rahmen fiel. Der Frankfurter Hof an der Ecke entpuppte sich als gemütliches, nicht allzu großes Gasthaus mit sauberen und modernen Fremdenzimmern.

In der engen Wachstube studierten die Kriminalisten das Protokoll mit der Aussage des Schiffsführers. Dann präsentierte der Oberwachtmeister voller Stolz das Plakat mit dem Bild und der Personenbeschreibung, das er überall ausgehängt hatte.

„Das Opfer ist jedenfalls nicht aus dieser Stadt", versicherte Wilhelm Sturmfels beflissen. „Niemand hier kennt diesen Mann. Ich habe auch in Klein-Krotzenburg nachgeforscht, wo die Leiche aus dem Wasser gezogen wurde – ebenfalls ohne Erfolg. Ferner habe ich bei den benachbarten Gendarmerieposten angefragt, aber nirgends wird eine Person vermisst, auf die die Beschreibung passt. Auch nicht in Hanau."

„Das hätte mich auch sehr gewundert", meinte der Kommissär sarkastisch. „Wenn die Sache in Hanau passiert wäre, hätte der Tote das Kunststück vollbringen müssen, in seinem Zustand ein paar Kilometer flussaufwärts bis zum Fundort zu schwimmen. Ziemlich unwahrscheinlich, dass er das geschafft hätte."

Der Gendarm biss sich auf die Lippen und schwieg.

„Auf jeden Fall möchte ich so schnell wie möglich die Leiche untersuchen“, schaltete sich Dr. Holtkamp ein. „Wo befindet die sich jetzt?“

„Na, in der Leichenhalle beim Friedhof natürlich.“

„Wären Sie bitte so freundlich, uns dorthin zu begleiten?“

„Selbstverständlich, Herr Medizinalrat.“

Der Friedhof von Seligenstadt lag idyllisch, direkt neben dem Klostergarten der ehemaligen Benediktinerabtei. Von der mächtigen Kirche St. Marcellinus und Petrus dröhnte Glockengeläut herüber; in großer Zahl verließen die Gläubigen nach der Messe das Gotteshaus.

Oberwachtmeister Sturmfels schloss die Leichenhalle auf. Im Inneren war es kühl und klamm. Paul Hartmann glaubte einen schwachen Verwesungsgeruch wahrzunehmen, der an einem solchen Ort nicht ungewöhnlich gewesen wäre, aber vielleicht entstand er nur in seiner Einbildung. Im Halbdunkel des Raumes leuchtete ein weißes Tuch auf, das den aufgebahrten Leichnam bedeckte. Werner Holtkamp zog es ohne zu zögern beiseite, um eine erste flüchtige Inspektion des leblosen Körpers vorzunehmen.

„Selbstmord scheidet aus“, stellte er nach einer Weile fest. „Niemand bringt sich selbst eine solche tiefe Wunde bei und stürzt sich anschließend ins Wasser.“

Seine Worte, nüchtern und emotionslos vorgetragen, hallten mit einem seltsamen Echo durch den leeren Raum.

„Auch ein Unfall ist eher unwahrscheinlich“, ergänzte der Kommissär. „Ein Unfall wird in aller Regel gleich den zuständigen Behörden gemeldet. Wenn der Mann dabei in den Main gefallen wäre, hätte man sofort eine Suche eingeleitet. Wir müssen wohl von einem Kapitalverbrechen ausgehen.“

„Ja, genau das waren auch meine Überlegungen!“, pflichtete der Gendarm mit großem Eifer bei.

Hartmann ging nicht darauf ein, obwohl er dachte: Dann hättest du uns ja auch ein bisschen früher rufen können. Jetzt haben wir wertvolle Zeit verloren und dem Täter einen Vorsprung verschafft.

Er öffnete den kleinen Lederkoffer, der mit allerlei kriminaltechnischem Gerät bestückt war und den er bei seinen Dienstreisen stets mit sich führte. Zu den wichtigsten Instrumenten bei einem solchen Einsatz gehörte ein fotografischer Apparat nebst Zubehör. Während er das Stativ aufbaute und die Kamera in Position brachte, erläuterte er: „Ihre Zeichenkünste in allen Ehren, Herr Sturmfels, aber wir Kriminalisten verlassen uns da lieber auf die exakte fotografische Wiedergabe der Gesichtszüge. Schauen Sie ..."

Paul Hartmann entzündete eine kleine Schale mit weißem Magnesiumpulver, und für ein paar Sekunden war die düstere Halle taghell erleuchtet, währenddessen der Kommissär den Auslöser des Fotoapparats betätigte.

Die Prozedur wiederholte sich mehrere Male aus unterschiedlichen Blickwinkeln: linkes Profil, rechtes Profil, Frontalansicht; die Wunde am Hals, Details der Kleidung, die Hände. Insgesamt entstanden in kurzer Zeit neun Aufnahmen auf neun fotografischen Platten.

Dann wandte sich der Kommissär wieder an den Oberwachtmeister: „Gibt es in dieser Stadt einen tüchtigen Fotografen, der diese Platten entwickeln und Abzüge herstellen kann?"

„Ähm – den Ehrmann in der Bahnhofstraße kann ich empfehlen", meinte Sturmfels nach kurzem Bedenken. „Aber heute ist Sonntag, da hat er geschlossen."

„Ja zum Kuckuck!" Hartmann wurde ungehalten. „Wir ermitteln hier in einem Mordfall, Herr Oberwachtmeister, falls Sie das schon vergessen haben. Es geht nicht um irgendwelche Hochzeitsfotos fürs Familienalbum – ich brauche die Bilder sofort; spätestens bis heute Abend. Der Mann soll sich mal ein bisschen ranhalten. Kann ich mich auf Sie verlassen?"

Wilhelm Sturmfels bekam einen roten Kopf. „Jawoll, Herr Kommissär!"

„Von jeder dieser Negativplatten brauche ich drei Abzüge in hervorragender Qualität.“ Der Kriminalbeamte zog seine Taschenuhr hervor. „Es ist jetzt viertel vor zwölf. Um fünf komme ich an der Gendarmeriewache vorbei und hole die Bilder ab. Alles klar?“

„Jawoll, Herr Kommissär!“ Der Gendarm nahm Haltung an und grüßte militärisch. Er schnappte sich die fotografischen Platten und trollte sich schleunigst.

„Seien Sie nicht allzu streng mit ihm“, riet Dr. Holtkamp dem Kommissär, nachdem Sturmfels die Leichenhalle verlassen hatte. „Der Mann versucht sein Bestes, aber wahrscheinlich ist das sein erster großer Fall, und vielleicht ist er ein wenig überfordert ...“

„Genau das ist ja das Problem!“, rief Hartmann ziemlich erregt. „Diese Provinzheinis herrschen seit ewigen Zeiten wie die Fürsten in ihrem Revier und glauben, alles im Griff zu haben. Wenn dann etwas Außergewöhnliches passiert, wollen sie beweisen, dass sie auch damit alleine fertig werden. Aber das geht jedes Mal in die Hose! Hätte der Sturmfels uns gleich am Freitag hergerufen, so wie es die Dienstvorschriften empfehlen, wären wir jetzt schon viel weiter. Inzwischen kann Ihnen Ihr Patient wahrscheinlich gar nicht mehr so viel erzählen.“

„Nun, wir haben Glück. Es ist ja witterungsmäßig noch ziemlich winterlich. Nachts gibt es immer noch leichten Frost, und aktuell ist die Temperatur hier in der Halle ...“ – Holtkamp schaute auf sein Thermometer – „... gerade mal vier Grad Celsius im Plus. Die Verwesung ist also noch nicht weit fortgeschritten. Zum Arbeiten ist es hier drinnen allerdings ein bisschen frisch.“

Während der Foto-Aufnahmen hatte auch der Medizinalrat seinen mitgebrachten Etagenkoffer, deutlich größer als der seines Kollegen, geöffnet. Ein umfangreiches chirurgisches Besteck war darin untergebracht, ein Mikroskop, eine Reihe von Fläschchen mit verschiedenen Chemikalien, Reagenzgläser und

Glaskolben, medizinische Tabellen und Grafiken – kurzum, ein komplettes mobiles Labor.

„Zunächst einmal brauchen wir mehr Licht. Zum Glück gibt es hier genügend Kerzen. Die sorgen gleichzeitig für halbwegs erträgliche Temperaturen an meinem Operationstisch."

Einem Ständer an der Wand entnahm der Medizinalrat ein gutes Dutzend großer weißer Trauerkerzen und zündete eine nach der anderen an, bis die düstere Halle in hellem Lichterglanz erstrahlte.

Sogar ein weißer Kittel und ein Mundschutz befanden sich in Holtkamps Koffer. Nachdem er beides angelegt hatte, begann er damit, den Toten vollständig zu entkleiden.

„Helfen Sie mir, Hartmann, den Burschen umzudrehen."

Mit einigem Unbehagen packte der Kommissär mit an. In seinen fünfzehn Dienstjahren hatte er schon viele Mordopfer untersuchen müssen. Einige davon hatten noch schlimmer ausgesehen als diese Wasserleiche, aber jedes Mal aufs Neue empfand er die Begegnung mit dem plötzlichen, gewaltsamen Tod eines Menschen als bedrückend und erschütternd. Er konnte nicht begreifen, dass Leute wie Werner Holtkamp völlig unbefangen und professionell in die Anatomie einer Leiche vordringen konnten. Und doch wusste er, dass diese Arbeit getan werden musste.

Paul Hartmann untersuchte die Kleidung sorgfältig, Stück für Stück, doch wie er schon vom Gendarmen erfahren hatte, gab es keine brauchbaren Hinweise auf die Herkunft oder gar die Identität des Toten. Aus den Augenwinkeln beobachtete er, wie der Gerichtsmediziner sein Skalpell gegen das Licht hielt und die Schärfe der Klinge prüfte. Etwas würgte in seinem Hals. Er musste dringend an die frische Luft.

„Wie lange brauchen Sie?", stieß er hervor.

„Schwer zu sagen. Ein paar Stunden wird es schon dauern."

„Dann treffen wir uns um fünf Uhr in der Gendarmerie. Ich lasse Sie jetzt allein."

Draußen atmete der Kommissär ein paar Mal tief durch. Es gelang ihm, seinen Brechreiz unter Kontrolle zu bekommen.

„Also, Herr Doktor, was hat Ihnen Ihr Patient denn alles erzählt?"

Die beiden Kriminalisten aus Darmstadt hatten sich wie verabredet an der Gendarmerie getroffen, wo Hartmann bereits die bestellten Fotos abgeholt hatte. Jetzt schlenderten sie lässig durch die engen Gassen des Städtchens, die gegen Abend fast menschenleer waren.

„Nun, ich konnte einiges in Erfahrung bringen", berichtete Dr. Holtkamp. „Fangen wir mit den Generalien an. Alter Ende vierzig oder Anfang fünfzig. Gewisse Deformationen am Knochengerüst deuten auf lebenslange harte körperliche Arbeit hin, genau wie die starke Muskulatur und die Schwielen an den Händen. Ansonsten bei bester Gesundheit – bis auf die Tatsache, dass er tot ist."

Paul Hartmann hatte sich im Laufe der Jahre längst an die makabren Sprüche seines Kollegen gewöhnt. „Wie kam er denn ums Leben?", fragte er sanft.

„Nur Geduld, Hartmann. Ich versuche mal, die letzten Stunden vor seinem Tod zu rekonstruieren. Am linken Kinn habe ich ein Hämatom entdeckt, das von einem kräftigen Faustschlag herrühren könnte – etwa so."

Der Mediziner holte mit seiner Rechten aus stieß seine Faust ruckartig zum Kopf seines Begleiters vor, stoppte aber im letzten Moment ab und berührte nur leicht dessen Unterkiefer. Der Kommissär wich erschrocken zurück.

„Vorsicht, Holtkamp! Ich bin auch ganz gut in Form! Sie riskieren, dass ich im Reflex zurückschlage ... Sie meinen also, das Opfer war vor seinem Tod in eine Schlägerei verwickelt?"

„Könnte sein. Allerdings passierte das mit Sicherheit einige Stunden vorher. Die Schwellung war schon wieder am Abklingen. Schlimmer war natürlich die tiefe Wunde am Hals. Ein äußerst heftiger Schlag mit einem spitzen metallischen Gegenstand, der zwischen Schulterblatt und Schlüsselbein fast fünfzehn Zentimeter tief eingedrungen ist. Das Schlüsselbein wurde dabei zertrümmert."

„Der Täter ist also äußerst brutal vorgegangen", stellte Hartmann fest.

„Ja. Trotzdem war die Verletzung an sich nicht tödlich. Die Halsschlagader ist nicht getroffen. Der Mann hätte eine gute Überlebenschance gehabt, wenn man die Wunde gleich fachgerecht versorgt hätte. Stattdessen ist er wohl unmittelbar nach dem Schlag ins Wasser gefallen oder hineingestoßen worden, denn es gibt keine Anzeichen von beginnender Blutgerinnung an der Wunde."

„Dann ist er also ertrunken?"

„Richtig. Ich habe Wasser in der Lunge gefunden; das ist eindeutig. Selbst wenn der Mann schwimmen konnte – mit dieser Verletzung hätte er keine Chance gehabt, sich zu retten."

Paul Hartmann schwieg. Vor seinem geistigen Auge tauchte schemenhaft der Schatten eines brutalen Mörders auf, der mit aller Gewalt zugeschlagen und sein wehrloses Opfer anschließend in den Main geworfen hatte. Er musste diese Bestie finden und zur Verantwortung ziehen.

„Konnten Sie feststellen, wie lange die Leiche im Wasser lag?", erkundigte er sich noch.

„Das war schwierig. Man muss verschiedene Umstände berücksichtigen: Die Wasseraufnahme des Körpergewebes, die Verdunstung nach der Bergung der Leiche, die Außentemperatur und so weiter ... Ich denke aber, dass wir nicht falsch liegen, wenn wir von einer Verweildauer im feuchten Element zwischen sechs und acht Stunden ausgehen."

„Sind Sie sicher?", hakte der Kommissär nach.

„Ziemlich. Soweit die Wissenschaft das heute feststellen kann."

Hartmann überlegte. „Der Schiffsführer hat angegeben, dass er die Leiche am Freitag früh um sieben Uhr aus dem Main geholt hat. Demnach müsste die Tat gegen Mitternacht geschehen sein."

Die beiden Männer waren inzwischen am Mainufer angelangt. Es dämmerte bereits; die tiefstehende Sonne tauchte den roten Sandstein des mittelalterlichen Palatiums in ein eigentümliches Licht. Eine kleine Fähre mit einem Pferdefuhrwerk an Bord bewegte sich langsam aufs andere Ufer zu, wo eine große weiße Tafel mit der Zahl 69,5 zu sehen war.

Paul Hartmann bückte sich und hob einen recht großen abgestorbenen Ast vom Boden auf. Er holte kräftig aus und schleuderte das Holz weit hinaus, bis fast in die Mitte des Flusses.

„Ein guter Wurf", lobte der Mediziner. „Aber lassen Sie uns jetzt zurückgehen. Ich bekomme langsam Hunger."

„Warten Sie – nur noch ein kleines Stück hier den Leinpfad entlang. Es ist doch gerade so stimmungsvoll hier."

„Na schön, wenn Sie meinen ..."

Der Kommissär zog eine Stoppuhr aus seiner Tasche und drückte den Startknopf. Dann wandte er sich nach links und marschierte in gemächlichem Tempo am Ufer entlang, wobei er sein Wurfgeschoss auf dem Fluss ständig im Blick behielt. Werner Holtkamp folgte ihm kopfschüttelnd.

„Was haben Sie vor, Hartmann? Wollen Sie mit Ihrem Ast um die Wette laufen?"

„Das nicht gerade – aber wir haben's gleich geschafft." Gegenüber tauchte erneut eine weiße Tafel auf – diesmal mit der Zahl 69,0. In dem Moment, als die Spaziergänger, der schwimmende Ast und die Tafel auf gleicher Höhe waren, drückte der Kommissär erneut auf die Stoppuhr.

„Acht Minuten und 28 Sekunden", las er ab. „So lange haben wir und der Ast gebraucht, um 500 Meter zurückzulegen. Das entspricht einer Geschwindigkeit von etwa einem Kilometer in 17 Minuten oder rund dreieinhalb Kilometer pro Stunde."

„Ja, und warum ist denn das so wichtig?", wunderte sich Holtkamp, der im Kopfrechnen nicht ganz so fix war.

Statt einer Antwort zog Hartmann eine Landkarte aus seiner Jackentasche und faltete sie vorsichtig auseinander. *Karte des Deutschen Reiches, Maßstab 1:100.000, Blatt 507* lautete die Überschrift.

„Wir befinden uns momentan hier an dieser Stelle bei Mainkilometer 69", erklärte er. „Das Gelände ist weit und breit flach, das heißt der Main fließt über eine lange Strecke mit einer gleichmäßigen Geschwindigkeit von 3,5 Kilometern pro Stunde, wie wir eben gemessen haben. Und alles, was in den Main hineinfällt, ebenfalls – egal, ob Holzstück oder Wasserleiche."

Langsam dämmerte es dem Mediziner, worauf der Kommissär hinauswollte.

„Sie meinen also ... wenn wir wissen, wie lange die Leiche im Wasser lag, dann können wir ausrechnen, welche Strecke sie dabei zurückgelegt hat?"

„Genau. Im Protokoll von Oberwachtmeister Sturmfels steht, dass der Tote bei Mainkilometer 63,5 geborgen wurde. Nach Ihrer Schätzung war die Leiche ungefähr sieben Stunden im Wasser und hat dabei eine Strecke von rund 24,5 Kilometern zurückgelegt. Demnach ist sie irgendwo bei Mainkilometer 88 in den Fluss gelangt."

Hartmann studierte erneut seine Karte und sagte: „Ungefähr hier. Auf der Höhe von Aschaffenburg."

„Da gibt es noch etwas, das Sie interessieren wird", bemerkte Dr. Holtkamp, während sie zurück in die Stadt liefen. „Unter den Fingernägeln des Toten habe ich ein paar merkwürdige Fasern entdeckt und unter dem Mikroskop untersucht. Es handelt sich dabei offenbar um ziemlich grobe braune Schafwolle, die aber nicht von der Kleidung des Mannes stammt. Vielleicht hat er sich in seinen letzten Minuten noch gewehrt und sich mit den Fingern in der Jacke des Mörders verkrallt. Die Wollfasern sind im Wasser aufgequollen, sodass sie unter den Nägeln festgeklemmt blieben."

Der Medizinalrat zog eine kleine Papiertüte aus seiner Westentasche. „Hier habe ich das Material sichergestellt. Finden Sie die Person, die eine braune Strickjacke aus genau dieser Wolle besitzt, und Sie haben Ihren Mörder!"

Hartmann schmunzelte. „Das wäre zweifellos ein wichtiges Indiz, aber so weit sind wir noch lange nicht. Immerhin können wir dank Ihrer Untersuchungen den Zeitpunkt und den Ort des Geschehens eingrenzen. Morgen machen wir einen kleinen Ausflug nach Aschaffenburg und forschen dort weiter."

„Aschaffenburg liegt in Bayern", gab Holtkamp zu bedenken. „Dort haben wir keine Befugnisse. Wir müssten die Kollegen zunächst um Amtshilfe ersuchen."

„Seit wann sind Sie so formalistisch, Holtkamp? Heute ist Sonntag, da erreichen wir sowieso niemanden. Es kann dauern, bis wir eine offizielle Antwort bekommen. Nein, wir fahren gleich morgen früh los und versuchen unser Glück. Die bayerischen Kollegen werden uns schon nicht hängen lassen."

Während sie im Frankfurter Hof aufs Essen warteten, sichtete Paul Hartmann die Fotos, die er von Oberwachtmeister Sturmfels bekommen hatte. Er war zufrieden. Die Bilder waren gestochen scharf und kontrastreich.

„Jedenfalls kommen wir damit weiter als mit der primitiven Zeichnung, die unser tüchtiger Gendarm für sein Plakat angefertigt hat", stellte der Kommissär fest.

Holtkamp lächelte. „Er hat versucht, das Aussehen des Opfers zu Lebzeiten wiederzugeben", meinte er. „Im Prinzip ist das der richtige Ansatz. Der Tod verändert das Antlitz des Menschen bis zur Unkenntlichkeit – das gilt in besonderem Maße für Wasserleichen. Aber wenn man das korrigieren will, darf man sich nicht von seiner Fantasie leiten lassen, sondern muss wissenschaftlich vorgehen. Zum Beispiel muss man die Stellung der wichtigsten Schädelknochen beachten und die Aufschwemmung des Gewebes durch das Wasser berücksichtigen. Ich bin ja zeichnerisch nicht ganz unbegabt, wie sie wissen, und habe heute Nachmittag selbst eine Zeichnung angefertigt. Schauen sie mal."

Er öffnete sein Skizzenheft und zeigte seinem Kollegen sein Werk. Hartmann erblickte einen ernsten bärtigen Mann mit einem entschlossenen, etwas runzligen Gesicht, der wenig Ähnlichkeit mit seinen Fotos hatte und noch weniger mit dem fröhlichen pausbäckigen Onkel, den Sturmfels gezeichnet hatte.

„So wird er wohl ausgesehen haben", war sich Werner Holtkamp sicher.

Adam Stenger, der Wirt, kam zu seinen Gästen an den Tisch und präsentierte einen übergroßen, kunstvoll geschnitzten Holzlöffel mit einer Kette am Stiel.

„Darf ich die Herren zu unserem berühmten Löffeltrunk einladen? Sicher haben Sie schon von diesem Brauch gehört, der bis ins Mittelalter zurückreicht, als die Kaufleute auf ihrem Weg zur Frankfurter Messe in unserer Stadt Rast hielten."

Der Kommissär beäugte den monströsen Löffel mit gerunzelter Stirn. „Wie viel geht denn da hinein?", wollte er wissen.

„Ein Liter Wein."

„Wie, ein ganzer Liter? Dann lieber nicht. Wir wollen morgen früh beizeiten aufbrechen."

Der Wirt lächelte. „Sie müssen ihn ja nicht auf einen Zug austrinken, wie man es früher von den Neulingen verlangt hat, die in die Kaufmannsgilde aufgenommen werden wollten."

„Dann füllen Sie uns doch bitte den Löffel!", entschied der Medizinalrat. „Wenn wir schon mal hier sind, in dieser historischen Stadt ..."

Später, nachdem sie genüsslich gespeist und tatsächlich auch den großen Holzlöffel bis zum letzten Tropfen geleert hatten, kam Adam Stenger noch einmal an den Tisch und brachte ein dickes, in Leder gebundenes Buch mit.

„Jetzt dürfen Sie sich auch in unser Löffelbuch eintragen", verkündete er. „Das ist eine besondere Ehre, die nur besonderen Gästen zuteilwird."

Werner Holtkamp blätterte in dem schweren Folianten. Viele bekannte Persönlichkeiten hatten sich hier schon verewigt – Adlige, Künstler, Industrielle und Politiker hatten kürzere oder längere Texte geschrieben, kleine Gedichte verfasst und Karikaturen hingekritzelt.

„Was sollen wir schreiben?", fragte der Gerichtsmediziner.

„Lassen Sie sich was einfallen", grinste Hartmann und lehnte sich entspannt zurück. Und Holtkamp, den Schalk im Nacken und den Alkohol im Kopf, schrieb frohgemut:

Selig sei die Stadt genannt,
wo ich die Wasserleiche fand.

Kapitel 9 – Endspurt

Auf seinen letzten Kilometern, zwischen Frankfurt und der Mündung in den Rhein, hatte man dem Main noch einmal ordentlich Gewalt angetan. Ehrgeizige Politiker und profitgierige Reeder hatten ihre Interessen durchgesetzt. Der wichtige Handelsplatz Frankfurt sollte auch für größere Dampfschiffe, wie sie auf dem Rhein verkehrten, erreichbar sein. Also wurde das Flussbett vertieft, Staustufen mit Schleusen wurden angelegt. Man begradigte die Ufer und befestigte die Böschungen mit schweren Steinen. Dazwischen erstarrte der einstmals lebhafte Fluss zu einem trostlosen Kanal, in dem kaum noch Strömung vorhanden war.

Was für die Frachtschiffe von Vorteil war, erwies sich für die Flößer als Katastrophe. Ihre Fahrzeuge kamen nur noch im Schneckentempo voran, und sie mussten versuchen, durch Staken mit Floßbaum und Floßhaken wenigstens einigermaßen in Fahrt zu bleiben. Das kostete ziemlich viel Kraft.

Am schlimmsten aber waren die Wartezeiten an den Schleusen, die Stunden dauern konnten. Denn die Dampfschiffe hatten Vorrang vor den Flößen, und wenn gar ein Kettenschleppzug entgegenkam, der vor der Schleuse aufgeteilt, durch die Schleuse getreidelt und dann wieder zusammengestellt werden musste, war ein halber Tag verloren.

Manche Floßherren aus Franken, die sich diese Tortur ersparen wollten, waren inzwischen dazu übergegangen, ihr Holz schon in Aschaffenburg oder spätestens in Frankfurt an Zwischenhändler zu verkaufen. Oder sie ließen es dort von Kostheimer und Kasteler Flößern abholen, wobei oft ein Dampfschiff als Schlepper zum Einsatz kam.

Auch Gerhard Wich hatte überlegt, ob er für die letzten Tage einen Dampfer anmieten sollte. Aber es hätte keine Vorteile gebracht. Ein Dampfschiff durfte ja immer nur ein einzelnes Floß ziehen – bei drei Flößen hätte es ständig hin- und herpendeln müssen, und an den Schleusen hätte es noch länger gedauert.

Die Wahrschau war eine weitere Beschwernis, welche die Flößer ab Frankfurt hinnehmen mussten: Es war vorgeschrieben, dass dem Floßzug im Abstand von mindestens zwei Kilometern ein Nachen mit einer rot-schwarz-karierten Flagge vorausfahren musste, um die entgegenkommenden Schiffe zu warnen. Die Fahrt im Wahrschau-Nachen war äußerst unbeliebt, denn der Ruderer war den ganzen Tag alleine und bekam statt der warmen Mahlzeiten nur einen Proviantbeutel mit. Für den ersten Tag hatte Wich Eduard Kleylein als Wahrschauer eingeteilt, der prompt lautstark protestierte, bevor er mit sichtlichem Widerwillen der Anordnung des Floßherrn Folge leistete.

Überhaupt war die Moral der Truppe ziemlich am Boden. Je länger die Fahrt dauerte, und je mehr Schwierigkeiten sich auftürmten, desto mürrischer wurden die Männer. Einige wollten jetzt einfach nur nach Hause – und manch einer hatte sich bei dem nasskalten Wetter der letzten Tage einen Schnupfen geholt.

Vor der Abfahrt am Sonntagmorgen versuchte es Gerhard Wich noch einmal mit einem flammenden Appell an die Mannschaft: „Etzerdla gehd's um die Worschd, ihr Leud'! Nur noch zwaa Douch, Männer, dann hammer's gschaffd! Dene wämmers zeing, dene Schwazzwäldler, dene Fregger! Mir sinn die besseren Flüeßä! Wie haaßd unser Moddo?"

„Dou wädd neiglangd!", kam es im Chor zurück, aber mit deutlich weniger Begeisterung als am Anfang. Und nachdem sich der Floßzug in Bewegung gesetzt hatte und die Männer mühsam durch das träge und trübe Gewässer voranstakten, hörte Gerd, wie Peter Schwemmlein leise vor sich hinfluchte: „Elends Gewerch! Mir derfen uns hier abraggern, un der Holzmichel is derweil längsd scho dou."

„Du, hör fei auf mid deim blödn Gewaaf![30]", wies der Floßherr ihn heftig zurecht. „Mir bagg'n des – wersd' seng!"

Zwei Stunden später erreichten sie die Griesheimer Staustufe und damit die erste von insgesamt fünf Floßrutschen[31], die sie noch zu durchfahren hatten.

Vorschriftsmäßig begab sich Gerhard Wich zum Schleusenwärter, um seine drei Flöße anzumelden und die fällige Gebühr zu entrichten. Er hatte Glück: Vor ihnen warteten keine Dampfschiffe, und sie waren früh genug gekommen, denn eine Stunde später, während des Vormittagsgottesdienstes an Sonntagen, wurde die Schleuse geschlossen.[32]

Beim Hinausgehen fiel sein Blick auf ein Plakat an der Wand:

Bekanntmachung

Wegen der Errichtung der neuen Eisenbahnbrücke zwischen Kastel und Bischofsheim muß die Schleuse Kostheim für 2 bis 3 Tage für jeglichen Verkehr gesperrt werden. Die Sperrung erfolgt im Laufe des Dienstags, den 15. März 1904.

Alle Schiffs- und Floßführer werden aufgefordert, rechtzeitig die vorgeschriebenen Ankerplätze aufzusuchen.

Mainz, den 8. März 1904

„Dunnerkeil!", fluchte der Floßherr leise vor sich hin. Dienstag, der 15. März, hieß es da. Spätestens an diesem Tag musste er sein Holz im Kostheimer Floßhafen abliefern. Und ausgerechnet an diesem alles entscheidenden Tag sollte die letzte Schleuse, die sie passieren mussten, gesperrt werden!

Jetzt wurde es wirklich eng – verdammt eng! Wenn alles gut ging, konnten sie vielleicht morgen Abend die Kostheimer

30 Fränkisch: Geschwätz.

31 Nach dem weiteren Ausbau des Untermains zwischen 1929 bis 1934 gibt es heute in diesem Abschnitt nur noch drei Staustufen und keine Floßrutschen mehr.

32 Siehe S. 336 [2].

Schleuse erreichen, aber es war unwahrscheinlich, dass sie noch am gleichen Tag die Durchfahrt schaffen würden.

Er ging noch einmal hinüber zum Schalter des Beamten, um ihn zu fragen: „Hier steht, dass die Schleuse Kostheim am Dienstag gesperrt wird – aber wann genau? Ab wie viel Uhr?"

Die Antwort fiel ziemlich barsch aus: „Können Sie lesen? Da steht's doch! Mehr weiß ich auch nicht!"

Gerhard Wich rannte so schnell er konnte zu seinem Floß zurück. Eines war jedenfalls klar: Sie mussten alles daransetzen, um übermorgen in aller Frühe, das Ziel schon in Sichtweite, durch diese letzte Schleuse zu kommen, bevor sie für mehrere Tage geschlossen wurde.

Am Montag früh, gleich nach ihrer Ankunft in Aschaffenburg, begaben sich Paul Hartmann und Werner Holtkamp schnurstracks zur Polizeiwache in der Altstadt. Wie der Kommissär vermutet hatte, zeigten sich die bayerischen Beamten freundlich und kooperativ, nachdem die Besucher aus Hessen ihre Dienstmarken gezeigt und ihr Anliegen vorgetragen hatten. Es stellte sich allerdings schnell heraus, dass es weder in der Stadt noch in der näheren Umgebung eine Vermisstenmeldung gab, die auf die Seligenstädter Leiche passte. Zwei männliche Personen, die letzte Woche als vermisst gemeldet wurden, waren inzwischen wiederaufgetaucht, und eine weibliche Person, die noch verschwunden war, irrte vermutlich orientierungslos durch die umliegenden Wälder.

Hartmann war enttäuscht; dennoch präsentierte er seine fotografischen Aufnahmen, und Holtkamp zeigte seine Zeichnung herum.

„Kennt jemand von Ihnen zufällig diesen Mann?", fragte er in die Runde.

Er erntete allgemeines Kopfschütteln. Ein junger Polizeianwärter lieferte dann doch noch einen brauchbaren Hinweis. Er sah sich eines der Schwarzweiß-Fotos genau an und fragte dann: „Welche Farbe hatte das Halstuch, das der Mann trägt?"

„Ein Karomuster, rot und schwarz“, erklärte der Medizinalrat.

Der Junge gab das Foto zurück. „Es könnte ein Flößer sein“, meinte er. „Die Flößer aus Oberfranken laufen oft mit solchen Halstüchern durch die Stadt, wenn sie hier Station machen. Fragen Sie doch mal im Floßhafen nach.“

„Ein Flößer also“, sprach der Kommissär auf dem Weg hinunter zum Main. „Das passt. Harte körperliche Arbeit auf dem Wasser, unterwegs mit einer Horde wüster, gewaltbereiter Männer.“ Hartmann hatte zwar noch nie mit Flößern zu tun gehabt, aber auch er war geprägt von den Vorurteilen des sittsamen Bürgertums gegenüber diesem dubiosen Gewerbe.

„Die Flößer kommen von weit her und sind lange auf der Reise“, fuhr er fort. „Kein Wunder, dass ihn hier in der Gegend niemand vermisst.“

Unten im Floßhafen fragten sie nach dem Hafenmeister und wurden sofort in das Büro von Bruno Pirol geleitet. Am Schreibtisch saß ein ulkiger Vogel, verschanzt hinter einer Zeitung. Er trug eine große dunkle Hornbrille und hatte eine hohe Stirnglatze; die verbliebenen Haare standen wirr in alle Himmelsrichtungen von seinem eiförmigen Kopf ab.

„Komme Se rein, meine Herrn“, rief er fröhlich, ohne von seiner Lektüre aufzusehen. „Also, des darf doch net wahr sein! Hörn Se mal: *Die Gesetzesvorlage, nach der die Kosten für den Schulunterhalt gemäß dem Einkommen der Bürger unter Einbeziehung der Gutsherren verteilt werden sollen, findet bei den konservativen Parteien keine Gegenliebe, und das Zentrum interessiert sich für dieses Thema nur so lange, wie es sich weitere Zugeständnisse auf konfessionellem Gebiet erhoffen darf*, las er vor. „Des is ja wieder mal typisch! Die Großgrundbesitzer solle weiterhin zärtlich verhätschelt wern, und die kleinen Leute solle die Lasten allein tragen. Unglaublich is sowas, oder was denke Sie?“

Paul Hartmann verspürte eine innere Abneigung gegenüber dem Beamten, der im Dienst ungeniert die Zeitung las, anstatt seinen amtlichen Verpflichtungen nachzukommen. „Wir sind nicht hier, um mit Ihnen über Schulpolitik zu diskutieren“, erklärte er eisig und zog seine Dienstmarke hervor. „Wir kommen von der großherzoglich hessischen Staatsanwaltschaft in Darmstadt und untersuchen einen Mordfall.“

Bruno Pirol legte jetzt doch die Zeitung beiseite. „Einen Mordfall“, wiederholte er. „Wer is denn ermordet worden?“

„Das wollen wir ja gerade herausfinden. Wir haben Hinweise, dass es ein Flößer war. Deshalb möchten wir von Ihnen wissen: Hat letzte Woche, in der Nacht von Donnerstag auf Freitag, hier im Hafen ein Floß gelegen?“

„Ein Floß? – Nee!“, antwortete der Hafenmeister sofort.

„Sind Sie sicher?“

„Aber natürlich! Es war nicht *ein* Floß – es warn drei Stück. Eischentlisch ungewöhnlisch – so früh warn die noch nie hier. Wir sinn ja noch gar net so rischdisch vorbereitet.“ Er stand auf, holte einen Ordner aus dem Regal und blätterte darin.

„Donnerstag, 10. März, Ankunft eines Floßzugs mit drei Langholzflößen je 90 Meter“, zitierte er aus der Akte. „Floßherr war ein gewisser Gerhard Wich aus Unterrodach, Bezirk Kronach. Der war gleichzeitig auch einer der Floßführer, die beiden anderen waren Ludwig Hempfling, ebenfalls Unterrodach, und Gottlieb Schalk, Wallenfels.“

Der Kommissär notierte sich die Namen, und Medizinalrat Holtkamp zeigte dem Hafenmeister seine Zeichnung. „War dieser Mann dabei?“, erkundigte er sich.

„Ja du liebe Zeit – ich hab mir die net all einzeln angeguckt! Da hätt ich ja viel zu duhn! Dess warn ja zusamme üwwer zwanzig Mann! Ich hab nur mit dem Floßherrn gesproche; der hat mir ordnungsgemäß seine Papiere vorgeleescht un die Lieschegebühr bezahlt. Awwer der sah ganz annersd aus – en junge, kräftische, gut aussehende Kerl ...“

Er musterte den Kommissär ausgiebig und fuhr dann fort: „Etwa wie Sie, Herr Oberinspektor, ungefähr genauso alt und die gleiche Größe.“

„Dann wissen Sie sicher auch nicht, ob es unter den Männern zu einem Streit gekommen ist?"

„Davon hab ich nix mitbekomme. Aber ich geb Ihne en Tipp: Gehe Se mal zum Schlabbeseppel."

„Zu wem?"

„Zum Schlabbeseppel. Des is ein etwas anrüchiges Lokal in de Schlossgass, wo die Flößer gern verkehrn. Meistens bleiwe se bis spät in die Nacht dort. Ich kann Ihne jedenfalls net viel mehr erzähle, denn am nächste Morsche warn se all widder fort."

„Wo sind die Flöße denn hingefahren?", wollte Hartmann noch wissen.

Der Hafenmeister zeigte mit einer vagen Handbewegung Richtung Norden.

„Mainabwärts. Die meisten Flöße, die hier ablegen, fahren den Main hinunter. Dass eines mal flussaufwärts unterwegs ist, passiert eher selten. Jedenfalls ist das in den zwanzig Jahren, seit ich hier auf diesem Stuhl sitze, noch nicht vorgekommen."

Hartmann war über das schnoddrige Benehmen des Hafenbeamten zunehmend verärgert. In scharfem Ton sprach er: „Unterlassen Sie gefälligst Ihre Scherze, Herr Pirol, und halten Sie uns nicht für blöd! Ich möchte von Ihnen wissen, welches Ziel der Floßzug ansteuern wollte."

Bruno Pirol schlug sich mit der flachen Hand an die Stirn. „Ach, entschuldische Se vielmals! Ich hab ganz vergesse, dass ich es mit großherzoglich hessischen Staatsbeamten zu tun hab. Die verstehe bekanntlich kein Spaß."

Er schaute noch einmal in seine Akte. „Endstation für den Floßzug ist der Floßhafen Kostheim bei Mainz", verkündete er.

„Und wie lange dauert die Fahrt dorthin?"

„Schwer zu sagen. Es hängt davon ab, wie schnell sie durch die Schleusen hinner Frankfort komme. Wenn's gut geht, vier Tage."

„Sie könnten also, wenn sie am Freitag losgefahren sind, schon heute Abend an ihrem Ziel sein?"

„Ja, kann sein", bestätigte der Hafenmeister. „Falls sie net noch in Frankfort festhänge."

„In Frankfurt? Wie kommen Sie denn darauf?" So langsam verlor Paul Hartmann die Geduld mit Pirol.

„Ja, sehn Se mal – wer lesen kann, ist deutlich im Vorteil!" Er griff erneut nach der Frankfurter Zeitung, schlug sie auf und hielt dem Kommissär einen kurzen Artikel unter die Nase. Hartmann las:

Am vergangenen Samstag ereignete sich an der Staustufe Offenbach ein ungewöhnlicher Unfall. Ein Floßzug mit drei Flößen wollte die Floßrutsche passieren, was den ersten beiden Flößen auch gelang. Das dritte Floß jedoch wurde von einer starken Windbö erfasst und mit aller Wucht gegen das Wehr geschleudert, wo es zerschellte. Die Mannschaft kam mit dem Schrecken davon; am Nadelwehr entstand jedoch ein erheblicher Schaden, für den der Floßherr Gerhard Wich aus Unterrodach in Bayern wohl aufkommen muss. Der Floßzug konnte seine Fahrt nicht fortsetzen und musste am Sachsenhäuser Ufer vor Anker gehen.

Der Kommissär schnaufte. „Unser Floßzug wurde also durch einen Unfall aufgehalten. Können wir herausfinden, ob sie inzwischen weitergefahren sind?"

„Theoretisch ja. Da müssten wir jetzt mal beim Schifffahrtsamt in Mainz anrufen. Die bekommen nämlich jeden Abend per Kabel einen Bericht von sämtlichen Schleusen zwischen Frankfurt und Mainz mit einer Liste aller Durchfahrten."

„Na also – dann rufen Sie doch bitte mal dort an!"

Der Hafenmeister schüttelte den Kopf. „Ich sagte doch: theoretisch! Praktisch geht des leider net. Unser Telefon is nämlich kaputt. Aber ich schreib Ihne mal die Nummer auf. Am besten probiern Sie's gleich morgen früh – da kriegen Sie nämlich den aktuellen Stand von heute Abend. Verlange Se den Assessor Köller, der weiß Bescheid."

Die Tür vom Gasthaus *Zum Schlabbeseppel* war verrammelt; ein handgemaltes Schild verkündete: *Heute Ruhetag.*

Die beiden Kriminalbeamten aus Darmstadt ließen sich dennoch nicht abschrecken. Paul Hartmann zog wiederholt und ausdauernd an der Klingelschnur, bis ein mürrisches Gesicht am Fenster auftauchte und eine barsche Stimme keifte: „Können Sie nicht lesen? Heute ist geschlossen!“

Der Kommissär holte seine Dienstmarke hervor. „Wir sind von der Kriminalpolizei und haben ein paar Fragen. Bitte lassen Sie uns rein.“

Der Mann am Fenster murmelte etwas Unverständliches und verschwand. Hartmann wollte gerade noch einmal klingeln, als sich ein Schlüssel im Türschloss drehte. Die Herren durften eintreten.

Im Wirtshaus roch es säuerlich nach abgestandenem Bier, kalter Zigarrenasche und Speiseresten. Leere Gläser und schmutziges Geschirr standen überall herum. Immerhin war eine junge Frau mit braunen Zöpfen dabei, den Fußboden mit Schrubber und Putzlappen zu bearbeiten.

„Setzt euch“, brummte der mürrische Mensch, der sie eingelassen hatte. „Was wollt ihr denn von mir wissen?“

Vorsichtig nahmen die beiden an einem der klebrigen Tische Platz. Paul Hartmann zog sein Notizbuch hervor. „Sind Sie hier der Wirt?“

Der Gefragte nickte.

„Ihr Name?“

„Josef Specht.“

Schon der zweite seltsame Vogel in dieser Stadt, dachte der Kommissär. Der hagere Gastwirt hatte ein kantiges Gesicht wie ein Nussknacker. Mit krummem Rücken und einer speckigen Schürze, die irgendwann einmal weiß gewesen sein musste, schlurfte er in ausgelatschten Pantoffeln durch den Saal.

„Wir untersuchen gewisse Vorkommnisse in der Nacht von Donnerstag auf Freitag letzter Woche“, begann Hartmann. „Nach unseren Informationen waren an diesem Abend einige Flößer in Ihrem Lokal. Können Sie das bestätigen?“

Josef Specht fletschte die Zähne zu einem Grinsen.

„Allerdings. Da war ordentlich was los. Ihr glaubt gar nicht, was Flößer so alles verputzen und in sich reinschütten können!“

Der Gerichtsmediziner zog sein Skizzenheft hervor. „War dieser Mann mit dabei?“

Der Wirt betrachtete die Zeichnung und kratzte sich am Kopf. „Ich weiß nicht – die meiste Zeit war ich ja in der Küche oder hinter dem Tresen. Meine Tochter hat bedient. – Rosel, komm mal her!“, rief er in den Saal.

Das Mädchen mit den Zöpfen ließ ihren Putzeimer stehen und kam näher – ein zartes, freundliches Geschöpf von vielleicht siebzehn Jahren. Sie begrüßte die Fremden mit einem angedeuteten Knicks und einem schüchternen Lächeln, wobei sie ihre strahlend weißen Zähne sehen ließ. Kaum zu glauben, dachte Paul Hartmann, dass der grobschlächtige Vater eine so liebreizende Tochter hatte.

„Rosel, kannst du dich erinnern, ob dieser Kerl am Donnerstag hier war?“ Josef Specht reichte das Skizzenheft weiter.

Die Kleine musste nicht lange überlegen. „Ja – das war doch der mit der schlimmen Backe“, bestätigte sie. „Ich habe ihm ein Stück Eis von unserer Zapfanlage gebracht und einen Lappen, damit er die Schwellung kühlen konnte.“

„Hat er erzählt, wie es zu der Verletzung kam?“, hakte der Kommissär nach.

Rosel schüttelte den Kopf. „Der hat überhaupt nicht viel geredet. Die ganze Zeit hat er alleine in seiner Ecke gesessen und sein Bier getrunken. Die Damen haben ihn zum Tanz aufgefordert, aber er wollte nicht. Er war auch der Erste, der wieder gegangen ist – schon um halb zwölf. Aber von den anderen habe ich gehört, dass er sich wohl unten am Hafen mit seinem Floßherren angelegt hatte, kurz bevor die Männer zu uns kamen.“

„Und der Floßherr – war der auch hier?“

„Nein – soweit ich mitbekommen habe, war er der Einzige, der bei seinem Floß geblieben war.“

„Hast du irgendwelche Namen aufschnappen können? Uns würde speziell interessieren, wie der Mann mit der geschwollenen Backe hieß.“

Doch da musste Rosel passen. „Es sind so viele Namen gefallen ... Eduard, Peter, Heinrich, Gottlieb ... Gottlieb, den habe ich mir gemerkt.“ Ihre Augen strahlten. „Er war der lustigste von allen, mit einer großen Nase und einem bunten Kostüm. Er hat Zauberkunststückchen vorgeführt.“

Paul Hartmann schaute in sein Notizbuch. „Gottlieb Schalk, der Floßführer?“

Sie zuckte mit den Schultern. „Weiß nicht. Sie haben sich immer nur mit den Vornamen angeredet.“

Der Medizinalrat schaltete sich ein und wollte wissen: „Wie lange sind die Gäste denn geblieben?“

Das Mädchen schaute hilfesuchend zu ihrem Vater hinüber.

„Ja, ja, die Flößer“, meckerte der Wirt, „die wirst du so schnell nicht los! So gegen zwei sind die ersten gegangen; da war die Rosel schon lange im Bett. Um halb drei habe ich die letzten rausgeworfen und abgeschlossen.“

Er war wieder da, der Albtraum, der ihn schon vor einigen Nächten heimgesucht hatte. Er kam in anderer Form und mit anderen Bildern, aber mit dem gleichen schrecklichen Ende.

Er stand auf einem kleinen, schmalen Floß, alleine inmitten eines reißenden Gebirgsbaches. Überall lauerten Gefahren: Enge Schluchten, wilde Strudel, ein Wasserfall. Mehrfach drohte das Floß an kantigen Felsen zu zerschellen, aber mit letzter Kraft konnte er sich immer wieder retten.

Schließlich wurde der Fluss breiter, das Wasser ruhiger. Vor ihm tauchten die Türme einer Stadt auf: Kronach, seine Heimat. Viele Menschen standen am Ufer, das mit Fahnen geschmückt war, und klatschten laut Beifall. Auch die Familie Porzelt war gekommen, die Einwohner von Unterrodach und der ganzen Umgebung – alle ließen sie den tollkühnen Flößer hochleben. Aber als er sich dem Ziel näherte, erkannte er, dass die Hochrufe nicht ihm galten. Auf dem Siegerpodest stand der Holzmichel; mit einem höhnischen Grinsen rief er ihm zu: „Da kommst du ja endlich, Leidenscheißer! Ich bin schon lange da!“

Nachdem er am Morgen aufgewacht war, hatte Gerhard Wich den bösen Traum gleich wieder abgeschüttelt. Den Gedanken an seinen Konkurrenten durfte er nicht zulassen. Er wusste nicht, wie weit der Holzmichel inzwischen vorangekommen war, und er wollte es auch nicht wissen. Nichts und niemand konnte etwas ändern an seiner Entschlossenheit, rechtzeitig das Ziel zu erreichen. Alles andere war egal.

Doch später an diesem Tag kam der Moment, wo er sich der Wahrheit stellen musste, ob es ihm passte oder nicht. Am Nachmittag erledigte er beim Schleusenwärter in Flörsheim die üblichen Formalitäten für die Durchfahrt. Hinter ihm wartete der Kapitän eines Dampfers, der sein Schiff für die Bergfahrt anmelden wollte. Als Wich fertig war, sprach ihn der Schiffsführer an.

„Ihr Flößer seid ja zeitig dran in diesem Jahr. Wir sind heute früh in Mannheim losgefahren – dort lag auch schon ein großes Rheinfloß.“

Gerd zuckte zusammen. Nach Lage der Dinge konnte es sich nur um die Holzlieferung von Faller handeln.

Mit heiserer Stimme fragte er: „Um wie viel Uhr haben Sie das gesehen?“

„Das war so gegen neun – warum?“

„Und das Floß war noch nicht abgefahren?“

„Nein, es war noch fest vertäut“, bestätigte der Kapitän.

Der Floßherr atmete tief durch. Der Holzmichel war noch nicht am Ziel – heute früh zumindest lag er mit seiner Fracht noch in Mannheim vor Anker. Aber die Strecke von Mannheim bis Mainz war in einem Tag zu schaffen, denn der Oberrhein, schon vor langer Zeit begradigt, wälzte sich breit und kraftvoll talwärts, und nirgendwo gab es Schleusen oder sonstige Hindernisse.

Wie in jedem Schleusenwärterhäuschen hing auch hier das Plakat mit der fatalen Ankündigung, dass die Schleuse Kostheim im Laufe des morgigen Tages geschlossen werden sollte. Sie durften jetzt keine Minute mehr verlieren!

Eine halbe Stunde später hatte der Dampfer aus Mannheim die Schleusenkammer flussaufwärts verlassen, und die Franken warteten in der Floßrinne auf die Öffnung der Rutsche. Der Gehilfe des Schleusenwärters kam auch prompt herüber und leierte an der Kurbel des Durchlasses. Nichts regte sich.

Der Mann zuckte die Achseln, lief zurück zum Wärterhäuschen und kehrte kurz darauf mit seinem Chef zurück. Zu zweit machten sie sich an dem Kurbelkasten zu schaffen.

Gerhard Wich riss der Geduldsfaden. Er sprang hinüber zu den beiden Männern und rief: „Was ist denn los? Warum geht es nicht weiter?"

„Verdammter Mist! Die Kette der Torsteuerung ist heruntergefallen", schimpfte der genervte Schleusenwärter. „So was hatten wir noch nie! Wir müssen jetzt die gesamte Antriebsme-

chanik auseinandernehmen, um die Kette wieder aufzulegen. Das wird eine Weile dauern."

Der Floßherr fluchte leise vor sich hin. Hatte sich denn jetzt alles gegen ihn verschworen?

Es dämmerte bereits, als die Flößer endlich die Rutsche passiert hatten. Unmöglich, heute noch bis zur Kostheimer Schleuse zu gelangen, geschweige denn durch sie hindurch. Eine knappe Stunde blieb ihnen noch, dann zog rasch und rabenschwarz die Nacht auf. Durch eine dichte Wolkendecke drang kein Mondstrahl, und nur die wenigen Lichter am Ufer erlaubten eine grobe Orientierung.

Hermann Xander drängte darauf, an einer Stelle zu ankern, wo es sauberes Wasser gab, denn mit dem abwasserverseuchten Mainwasser wollte er auf keinen Fall kochen. An der Mündung des Wickerbaches richteten sie sich schließlich für die Nacht ein.

„Rekapitulieren wir noch einmal, was wir bisher wissen", sagte Kommissär Hartmann, als er mit Werner Holtkamp im *Frankfurter Hof* beim Abendessen saß. Es gab Ochsenzunge in Madeira mit Kartoffelbrei.

Nach ihrem Besuch beim *Schlabbeseppel* waren die beiden Kriminalisten mit dem nächsten Zug über Babenhausen nach Seligenstadt zurückgefahren. In Aschaffenburg konnten sie nichts mehr ausrichten. Als Nächstes mussten sie die Flößer direkt vernehmen.

Paul Hartmann schlug sein Notizbuch auf. „Am Donnerstagabend erreichen drei Flöße aus dem Frankenwald den Floßhafen Aschaffenburg. Rund zwei Dutzend Männer freuen sich auf einen lustigen Abend in einer Bierschänke – amouröse Abenteuer inbegriffen. Doch dann kommt es zu einer Auseinandersetzung zwischen dem Floßherren Gerhard Wich und einem aus seiner Mannschaft, wobei letzterer vermutlich einen saftigen Kinnhaken einfängt. Danach begeben sich die Männer in das Bierlokal – bis auf Herrn Wich, der alleine im Floßhafen zurückbleibt."

Der Medizinalrat nickte zustimmend, wischte sich den Mund ab und nahm noch einen Schluck von dem ausgezeichneten Klingenberger Rotwein, der vor ihm stand.

„Während sich alle in der Wirtschaft amüsieren", fuhr Hartmann fort, „hockt der angeschlagene Flößer missmutig in einer Ecke, kühlt seine geschwollene Backe und verlässt als erster gegen halb zwölf das Lokal. Es ist anzunehmen, dass er zurück zum Floßhafen gelaufen ist – wohin sonst sollte er mitten in der Nacht gegangen sein? Dort begegnet er seinem Mörder."

„Ja, von der Zeit her passt das", bestätigte der Gerichtsmediziner. „Wir wissen ja, dass die Tat gegen Mitternacht geschehen sein muss – höchstens eine Stunde vorher oder eine Stunde nachher. Da waren die Kameraden des Opfers noch alle beim Schlabbeseppel und scheiden damit als Täter aus."

„Alle – bis auf den Floßherren Gerhard Wich", stellte der Kommissär klar. „Es wäre doch denkbar, dass der Streit zwischen den beiden in der Nacht erneut aufgeflammt und eskaliert ist. Dabei sticht Wich seinen Gegner brutal nieder und wirft ihn anschließend in den Main."

„Eine plausible Hypothese", bestätigte Holtkamp. „Zeugen gibt es wahrscheinlich keine. Der Floßhafen ist nachts verlassen – allerdings auch unbewacht. Theoretisch hätte sich dort auch eine andere Person einschleichen und die Tat begehen können."

„Na klar, der *große Unbekannte* – der ist natürlich immer im Spiel", grinste Hartmann. „Allerdings lehrt die Erfahrung, Holtkamp, dass die meisten Gewaltverbrechen Beziehungstaten sind. Täter und Opfer kennen einander. Jedenfalls wird uns dieser Gerhard Wich einiges zu erklären haben."

„Es wäre interessant zu erfahren, ob er eine braune Strickjacke besitzt", meinte der Medizinalrat. „Aber eines verstehe ich nicht. Spätestens am nächsten Morgen mussten die Flößer doch gemerkt haben, dass einer ihrer Kameraden fehlte. Trotzdem sind sie einfach weitergefahren, ohne Meldung zu erstatten oder eine Suche zu veranlassen?"

„Ja – das ist in der Tat merkwürdig, doch auch das sollte uns der Herr Wich erklären können. Vielleicht hatte er ja eine plausible Geschichte für die Mannschaft parat – zum Beispiel, dass er den aufsässigen Floßführer entlassen und nach Hause geschickt hatte."

Der Kommissär schwenkte sein Weinglas, schnüffelte ausgiebig daran und schlürfte genießerisch. „Auf jeden Fall müssen wir ihn und seine Mannschaft möglichst bald befragen", sagte er dann. „Morgen früh rufen wir beim Schifffahrtsamt an und erkundigen uns nach dem Standort der Flöße. Egal, ob sie noch in Frankfurt festhängen oder ob sie inzwischen weitergefahren sind – sie können uns nicht entkommen!"

Kapitel 10 – Die Entscheidung

Der Tag, an dem sich alles entscheiden sollte, war gekommen: Dienstag, der 15. März. Heute bis spätestens sechs Uhr abends – so stand es im Vertrag mit Balthasar Nauth – musste die Lieferung im Kostheimer Floßhafen eingetroffen sein; andernfalls war die Wette definitiv verloren.

Doch selbst wenn sie es früher schaffen sollten, war sie noch lange nicht gewonnen. Gerhard Wich hatte sich zwar jeden Gedanken an seinen Kontrahenten verboten, aber nachdem er erfahren hatte, dass jener schon gestern früh nur eine Tagesreise von Mainz entfernt vor Anker lag, musste er sich eingestehen: Auf der Zielgerade hatte der Holzmichel die Nase vorne.

Sollte er jetzt aufgeben? Nie und nimmer! Gerd war mehr denn je wild entschlossen, die Sache zu Ende zu bringen, so oder so – auch wenn in seinem Kopf immer wieder die Warnung aufblitzte: *Die Kostheimer Schleuse wird im Laufe des Tages geschlossen.* Was hatte das zu bedeuten? Gleich heute früh, erst am Mittag oder gegen Abend? Müßig, darüber zu spekulieren; genauso müßig wie die Frage, ob der Schwarzwälder Konkurrent vielleicht schon am Ziel war. Er würde es früh genug erfahren. Je schneller sie vorwärts kamen, desto eher.

Den Heinrich Eber, der heute mit dem Wahrschau-Nachen an der Reihe war, hatte er schon eine Stunde vor Sonnenaufgang losgeschickt. Wenig später setzten sich auch die drei Flöße in Bewegung.

Langsam, viel zu langsam kamen sie in dem stillen Gewässer voran. Die Morgensonne kämpfte sich durch dampfende Nebelschleier und tauchte die sanft abfallenden Weingärten am rechten Ufer in ein fahles Licht.

Das klägliche, dumpfe Muhen der *Mainkuh* zerriss die morgendliche Stille. Ein Kettenschleppdampfer mit drei angehängten Lastkähnen kam ihnen entgegen. Noch einmal war erhöhte Aufmerksamkeit vonnöten, aber Wich nahm es als ein gutes Zeichen: Anscheinend war die Schleuse noch passierbar.

Kurz darauf lösten sich aus dem grauen Dunstschleier vor ihnen, wie eine Erscheinung von Geisterhand, die schemenhaften Umrisse einer gigantischen Stahlkonstruktion. Als sie sich weiter näherten, erblickten die Flößer ein technisches Bauwerk, das sie bei ihren früheren Reisen an dieser Stelle noch nicht gesehen hatten. Es stand kurz vor seiner Vollendung.

Drei gewaltige Brückenbögen ragten vom linken Ufer her weit in den Fluss hinein. Der Brückenkopf auf der rechten Seite war von zwei monumentalen Türmen aus rotem Sandstein gekrönt, die an ein antikes Mausoleum erinnerten. Dazwischen klaffte eine etwa 80 Meter breite Lücke. Die vorgefertigten Stahlträger des vierten und letzten Brückenbogens, der noch fehlte, lagen auf einem Ponton bereit, der zusammen mit einem riesigen Schwimmkran die Einfahrt in die Kostheimer Floßrinne blockierte.

„Da geht´s nicht weiter“, rief Gerhard Wich. „Wir müssen durch die Schiffsschleuse!“ Er gab den nachfolgenden Floßführern ein Zeichen. Die drei Flöße steuerten gemeinsam die Schleusenkammer am linken Ufer an.

Die neue zweigleisige Eisenbahnbrücke der Mainzer Umgehungsstrecke entstand in unmittelbarer Nähe der Kostheimer Staustufe. Dutzende von Monteuren in blauer Arbeitskleidung liefen auf der Baustelle geschäftig hin und her. Die Kräne gerieten in Bewegung; Dampfmaschinen keuchten, Seilwinden rumpelten und Ketten rasselten. Vorne, auf der Spitze der Mole bei der Schleuseneinfahrt, entdeckte Gerhard Wich einen alten Bekannten. Hans Scheidt, der Kostheimer Schleusenwärter, war schon seit vielen Jahren im Amt. Mit ihm hatte er schon das eine oder andere Bier im Gasthaus Engel getrunken.

Scheidt war gerade dabei, eine große Tafel aufzuklappen. Ein markantes Schifffahrtszeichen kam zum Vorschein: drei waagrechte Balken, rot-weiß-rot. Gesperrte Wasserfläche, hieß das. Durchfahrt verboten.

„NEIN!!!“, schrie Gerd entsetzt. Er griff zum Sprachrohr und rief hinüber: „Hans, warte bitte! Du musst uns durchlassen! Wir müssen unbedingt noch heute den Floßhafen erreichen!“

Doch der Mann hob nur verständnislos die Hände. Anscheinend konnte er bei dem Lärm der Maschinen nichts hören.

„Sofort anlegen!“, befahl der Floßmeister. Er wartete nicht ab, bis das Floß das Ufer erreicht hatte. Mit einem gewaltigen Satz sprang er hinüber, stolperte kurz und rannte gleich weiter, mitten über die Baustelle. Die entrüsteten Arbeiter riefen ihm lautstarke Warnungen hinterher; er aber achtete nicht darauf, kletterte über das gesperrte Schleusentor und stand im nächsten Moment vor dem verdutzten Aufseher.

„Hans, bitte“, flehte Wich, völlig außer Atem. „Du musst unsere drei Flöße jetzt noch passieren lassen. Es steht so viel auf dem Spiel! Ich muss noch heute mein Holz in Kostheim abliefern.“

„Ach, du bist’s, Gerd! Tut mir leid, du kommst zu spät. Die Schleuse und die Floßrutsche sind geschlossen. Hast du die Ankündigung nicht gelesen?“

„Doch, schon ... aber es gab Probleme. Wir sind aufgehalten worden. Jetzt müssen unbedingt weiter. Bitte, Hans ...“

Der Schleusenwärter zögerte. „Es geht um deine Wette mit dem Holzhändler Nauth, nicht wahr? Ich habe davon gehört.“ Er schaute zu den Arbeitern hinüber, dann schüttelte er bedauernd den Kopf.

„Selbst wenn ich die Schleuse wieder öffnen würde – es würde euch nicht helfen. Schau mal da drüben ...“

Ein zweiter Schwimmkran hatte inzwischen direkt vor dem oberen Schleusentor Position bezogen – so dicht, dass nicht einmal ein Nachen vorbeigekommen wäre.

„Warte, Hans!“, rief Wich hastig. „Ich rede mit dem Bauleiter. Die müssen ihre Arbeiten unterbrechen; wenigstens für eine Stunde!“

Hans Scheidt musste laut lachen. „Wie stellst du dir das denn vor, Gerd? Die Mainzer Umgehungsbahn soll pünktlich am 1. Mai eröffnet werden – der Kaiser höchstpersönlich wird zur Einweihungsfeier erscheinen, und der Großherzog! Meinst du, die Majestäten ändern ihre Terminpläne, nur damit ein Floßherr aus dem Frankenwald sein Holz abliefern kann? Ich weiß, wie die Leute bei der Klett – jetzt heißt sie ja MAN – unter Druck stehen, damit alles rechtzeitig fertig wird.“

Der Schleusenwärter sah, dass Gerd Wich mit den Tränen kämpfte. Er tat ihm ehrlich leid, aber da war nichts zu machen.

„Du hast deine Wette verloren, Gerd. Ich weiß, das ist bitter für dich, aber davon geht die Welt nicht unter“, versuchte er zu trösten. „Du wirst dein Holz schon irgendwie loswerden. Ich telegraphiere jetzt noch schnell meinen Tagesbericht nach Mainz, dann gehe ich nach Hause – die freien Tage will ich nutzen, um unser Häuschen auf Vordermann zu bringen. Am Freitag früh, wenn die Sperrung aufgehoben wird, sehen wir uns wieder. Und am Abend können wir ja mal wieder beim Schambes ein Bier zusammen trinken. Kopf hoch, mein Lieber!“

Er klopfte dem Floßherren auf die Schulter, drehte sich um und lief davon. Gerhard Wich blieb stumm und starr zurück, mit leerem Kopf und feuchten Augen. Schließlich sank er mit einem gellenden Schrei auf die Knie und trommelte wie ein Berserker mit beiden Fäusten auf dem Boden.

Das große Rheinfloß aus dem Schwarzwald hatte vor zwei Stunden den Mannheimer Floßhafen verlassen und war auf dem Weg nach Mainz.

Endlich! Horst Michael Faller hatte ein paar schlimme Tage hinter sich. Er saß in Mannheim fest, zur Untätigkeit verurteilt, zusammen mit seinen zwölf Floßknechten, die er fürs Nichtstun auch noch bezahlen musste. Von Tag zu Tag wuchs seine Wut auf den Floßführer Hecker, auf den Leidenscheißer aus dem Frankenwald und auf die ganze Welt. Entspannung suchte er abends in der Gutemannstraße, nicht weit vom Hafen entfernt, wo etliche Damen dem ältesten Gewerbe der Welt nachgingen.

Erst am Sonntagabend kam das überfällige Neckarfloß im Bonadieshafen an. Jockel Hecker hatte sich eine plausible Geschichte zurechtgelegt, um den Zusammenstoß mit dem Kettenschiff und seine Verspätung zu erklären. Aber er kam gar nicht zu Wort. Der Holzmichel überschüttete ihn mit einer Flut von Schimpfworten, von *Affearsch* bis *Zigeinr*, und wurde immer lauter.

„Dein Flößerlohn kosch vergessa!“, tobte Faller. „Ond dei seggelbleeds Lombepagg vo Floßknecht’ genau so!“ Dafür, dass sie vier Tage vertrödelt und überdies noch einen Schaden von 1.500 Mark verursacht hatten, werde er keinen Pfennig zahlen – weder ihm noch seinen vertrottelten Floßknechten.

Das hätte er besser nicht sagen sollen, denn damit hatte er den Bogen überspannt. Die Flößer von der Enz waren stocksauer. Noch am gleichen Abend, während der Holzmichel sich von seinem „Schätzle“ in der Gutemannstraße verabschiedete, packten sie ihre Sachen zusammen und marschierten geschlossen zum Bahnhof.

Am Montagmorgen sollte die Fahrt endlich weitergehen, doch die Besatzung des Neckarfloßes war verschwunden. Von seinen verbliebenen Floßknechten erfuhr Faller schließlich: „Die sinn scho geschdern hoimgfahre!“

Der Floßherr kochte vor Wut, denn nun hatte er ein Problem: Für die letzte Etappe fehlte ihm das nötige Personal. Zunächst musste das Neckarfloß in das Rheinfloß eingebunden werden, was schon mal einen halben Tag in Anspruch nahm. Für das nun vergrößerte Floß war nach der Rheinschifffahrts-Polizei-Ordnung eine Besatzung von mindestens 22 Mann vorgeschrieben. Er konnte es nicht riskieren, mit Unterbesetzung zu fahren – der Hafenmeister hatte schon seit Donnerstag ein scharfes Auge auf ihn.

Also begab sich der Holzmichel zur Hafenverwaltung und schickte ein dringendes Telegramm an einen befreundeten Floßherren im Kinzigtal. Der Herr Kollege solle schnellstens zehn weitere Floßknechte anheuern, notfalls zum Doppelten des üblichen Tarifs, die noch am gleichen Tag in Mannheim zu erscheinen hätten. Faller hatte längst die Hoffnung begraben, bei diesem Geschäft einen außergewöhnlichen Gewinn zu machen. Es kam nur noch darauf an, den Leidenscheißer aus dem Frankenwald zu schlagen – alles andere war egal.

Um zwei Uhr nachmittags kam die Antwort aus dem Kinzigtal: Trotz aller Bemühungen hätten sich nur sechs Floßknechte gefunden, die bereit waren, sofort nach Mannheim zu fahren. Diese würden am späten Abend mit dem Eilzug aus Offenburg ankommen.

So zog Horst Faller noch einmal durch das gesamte Hafengelände und sprach die Tagelöhner und Gelegenheitsarbeiter an, die an den Kais herumlungerten. Er fand drei verwegene Gestalten, die sich ihm anschlossen. Keiner von ihnen hatte jemals zuvor auf einem Floß gestanden, doch das spielte jetzt keine Rolle.

Mit dieser bunt zusammengewürfelten Truppe konnten sie am nächsten Morgen endlich in Mannheim ablegen – am Dienstag, dem 15. März, dem alles entscheidenden Tag.

Dr. Holtkamp und Kommissär Hartmann waren reisefertig. Ihr Gepäck hatten sie schon zum Bahnhof geschickt; nun saßen sie in der Wachstube der Seligenstädter Gendarmerie, um den Oberwachtmeister Sturmfels über den Stand ihrer Ermittlungen zu informieren und sich zu verabschieden.

„Und was passiert jetzt mit der Leiche?“, wollte der Gendarm wissen.

„Sie ist hiermit zur Bestattung freigegeben“, erklärte der Gerichtsmediziner und überreichte eine amtliche Bescheinigung.

„Die Kleidung schicken Sie bitte an die Staatsanwaltschaft in Darmstadt für den Fall, dass wir sie weiter untersuchen müssen."

„Nach den Vorschriften", meinte Wilhelm Sturmfels, „sollte der Tote noch heute unter die Erde. Da wir noch immer keine Angehörigen kennen, die für die Beisetzung aufkommen, wird ihn der Bestatter wohl nach Offenbach ins Krematorium bringen müssen."

„Sehr vernünftig!", erwiderte Holtkamp. „Eine Feuerbestattung ist sowohl aus Platzgründen als auch aus hygienischen Überlegungen in jedem Fall vorzuziehen. Ich habe schon vor einigen Jahren für den Fall meines Ablebens verfügt, dass mein Leichnam verbrannt wird."

Paul Hartmann warf seinem Kollegen einen ungläubigen Blick zu. Die Vorstellung, den eigenen Körper nach dem Dahinscheiden den Flammen zu übergeben, verursachte ihm Unbehagen. Rasch wechselte er das Thema.

„Ich darf doch mal Ihr Telefon benutzen?", fragte er und wies auf den schwarzen Kasten an der Wand.

„Selbstverständlich, Herr Kommissär."

Hartmann drehte an der Handkurbel und presste den Hörer ans Ohr. „Hallo, Fräulein", sprach er in den Mikrofontrichter, „verbinden Sie mich bitte mit dem Schifffahrtsamt in Mainz, Anschluss 312. – Ja, ich warte."

Es knackte ein paar Mal in der Leitung, dann meldete sich eine Männerstimme: „Schifffahrtsleitstelle Untermain, Assessor Köller am Apparat."

„Ah, wunderbar. Dann habe ich gleich den Richtigen an der Strippe. Hier ist Kriminalkommissär Paul Hartmann von der Staatsanwaltschaft Darmstadt. Ich untersuche einen Mordfall und muss den momentanen Standort von drei Mainflößen ausfindig machen, die mit dem Floßherren Gerhard Wich auf dem Weg nach Kostheim sind."

Der Kommissär zog sein Notizbuch und einen Bleistift hervor, und die beiden anderen wurden Zeuge eines rätselhaften Monologes.

„Ja ... Griesheim und Höchst am Sonntag ... gestern Okriftel und Flörsheim ... Was für ein Schaden? ... Ach so ... Wie? Heute Morgen um acht? ... Sind Sie sicher? ... Also noch vor der Kostheimer Schleuse? ... Bis Freitag? ... Ja, verstehe. Sie haben uns sehr geholfen. Besten Dank."

Paul Hartmann hängte den Hörer ein und grinste. „Unserer Flößer sind bereits kurz vor Mainz, Holtkamp. Aber wir müssen uns nicht beeilen. Ich habe soeben erfahren, dass die Kostheimer Schleuse wegen Bauarbeiten an einer Eisenbahnbrücke heute früh Punkt acht Uhr geschlossen wurde, und zwar noch bevor die Flöße von Wich passieren konnten. Sie sitzen also bis Freitag vor der Staustufe Kostheim fest; sozusagen in der Falle. Jetzt schicken wir noch eine Depesche an die Stadtpolizei in Mainz, avisieren unsere Ankunft für heute Nachmittag und bitten um Unterstützung. Kennen Sie schon meinen Kollegen Andreas Obermess?"

„Nein, bisher hatte ich noch nicht das Vergnügen."

„Sie werden ihn kennenlernen", schmunzelte Hartmann. „Und ich verspreche Ihnen – es wird ein Vergnügen!"

Noch immer hockte Gerd Wich reglos an der Schleusenkammer, eine dumpfe, ohnmächtige Verzweiflung im Herzen. Aus, Schluss, vorbei, dachte er immerzu. Alle Anstrengungen der letzten Monate umsonst. Er war buchstäblich in letzter Minute gescheitert, kurz vor dem Ziel, weniger als drei Kilometer vor der Einfahrt zum Floßhafen.

Er wusste, dass seine Freunde auf ihn warteten – aber was sollte er ihnen sagen, diesen Männern, die mit ihm und für ihn gekämpft hatten, die an ihn geglaubt hatten, und die er nun so bitter enttäuschen musste?

Stumpfsinnig starrte er aufs Wasser, das ruhig und gleichmäßig an ihm vorbeiströmte. Dieses Wasser war vor wenigen Tagen durch sein Dorf geflossen, hatte vielleicht das Mühlrad seiner Sägemühle angetrieben, es hatte seine drei Flöße bis hierhin getragen. Ihre Reise war hier zu Ende, aber das Wasser lief immer weiter; es ließ sich durch nichts aufhalten, auch nicht durch das Nadelwehr neben der Schleuse. Das Wasser suchte sich seinen Weg zwischen den Hölzern des Wehres; unaufhaltsam strömte es voran, vereinte sich mit dem breiten Rhein und wälzte sich mit ihm immer weiter bis zum Meer.

Während seine trüben Augen am Nadelwehr hängenblieben, speicherte sein Gehirn unbewusst und routinemäßig alle Einzelheiten des Bildes, das sich ihm bot. Das Wehr müsste dringend instandgesetzt werden, registrierte das Gehirn teilnahmslos. Die Rundhölzer sind angefault oder fehlen ganz, und in der Mitte klafft sogar eine Lücke von mehreren Metern, durch die ein breiter Wasserschwall ungehindert hinunterrauscht. Und aus den Tiefen des Unterbewussten kramte sein Gehirn ein ähnliches Bild hervor und hielt es vergleichend daneben: das Angerwehr an der Rodach, bei Freiwasser für den Floßbetrieb geöffnet ...

Mit einem Ruck löste sich Gerd aus seiner Erstarrung. Er sprang auf und lief vor bis zur Molenspitze, um das marode Wehr aus einem anderen Blickwinkel zu begutachten. Ja, es könnte gehen. Es war riskant und gefährlich, aber er musste es probieren.

Ohne zu zögern rannte Gerhard Wich zurück zu seinen Kameraden, wieder quer über die Baustelle und erneut begleitet von wütenden Rufen der Brückenbauer.

Seine Leute standen ratlos und bedrückt bei ihren Flößen am Ufer herum. Gerhard Wich aber, mit frischem Glanz in den Augen, sprang auf einen Poller, damit ihn alle sehen und hören konnten. Noch etwas außer Puste erhob er seine Stimme und rief:

„Bassd auf, ihr Leud'! Die Schleusn is bis Freidouch dichd; mir komma nieä durch. Obbä wos a echder Frangge is, der gibd niemals auf – un an Flüeßä scho gar nieä!“

Gemurmel erhob sich in der Menge. Was sollte da jetzt noch zu retten sein?

„Sehd ihr dou drühm des Luoch im Wehr?“, fuhr er fort. „Des is groß genuch fer an klaane Boden, un dou gehd's nieä viel diefer nunner wie dahaam beim Angerwehr. Mir müssdn bloß unnera Flüez gleich dou ausannaner nehma un aan Boden nachm annern nunderbringa zum Flüezhafen."

Das Gemurmel wurde stärker und mündete in lebhafte Diskussionen, weil nicht alle gleich kapiert hatten, was der Meister da vorgeschlagen hatte: Sie sollten die drei großen Mainflöße zerlegen, gleich hier und jetzt, und lauter kleine Böden mit acht Stämmen nacheinander durch das Loch im Nadelwehr flößen. Das konnten sie; das hatten sie schon hundertmal oder öfter geübt, daheim auf der Rodach, und es war eine Riesengaudi, wenn das kleine Floß durch die enge Gasse schoss und dann mit der Spitze tief in die wirbelnden Fluten eintauchte, sodass man unweigerlich nassgespritzt wurde. Endlich gab es eine neue Herausforderung nach der Eintönigkeit der letzten Tage. Jetzt konnte jeder seine Geschicklichkeit, seine Kraft und Ausdauer beweisen. Im Nu wechselte die Stimmung der Mannschaft, und die eben noch mutlosen und grenzenlos enttäuschten Flößer brachen in laute Begeisterungsrufe aus: „Sou mach' mers!" – „Mir baggn des!"– „Etzerd wädd neiglangd!"

Alle brannten darauf, möglichst schnell in Fahrt zu kommen. Schon hallten die Axtschläge, als die Wieden aufgetrennt wurden, schon lösten sich die ersten schmalen Böden vom Rumpf der Flöße. Doch bei aller Begeisterung der Männer – Wich war klar, dass die Aktion geordnet ablaufen musste. Nichts durfte schiefgehen. In aller Eile beriet er sich mit Gottlieb Schalk.

„Ich werde jetzt als Erster fahren", kündigte er an. Er müsse zunächst herausfinden, sagte er, ob die Durchfahrt durch das Wehr überhaupt möglich war, und wo vielleicht Gefahren lauerten. „Du übernimmst hier das Kommando, bis ich wieder zurück bin. Vorher darf niemand starten. Die Männer haben erst einmal genug damit zu tun, die Flöße auseinanderzubauen."

Mit diesen Worten ergriff er den Floßhaken und schwang sich hinüber auf den ersten freien Boden.

Mit der geschmiedeten Spitze an der langen Stange stieß Gerhard Wich in den schlammigen Grund und schob das Floß nach und nach zur Flussmitte hin. Die Strömung brachte ihn näher ans Nadelwehr heran. Vorsichtig korrigierte er seinen Kurs und hielt genau auf die Mitte der Lücke zu. Ja, das Loch war gute drei Meter breit; das sollte reichen.

Dann überließ er das Langholz dem Sog, ging in die Knie und krallte sich an den Wieden fest, denn er wusste: Gleich würde es ihn ordentlich packen. Das Floß schoss in die Tiefe, und Gerd atmete kurz auf: Kein Hindernis im Durchlass, kein versteckter Nadelkopf, an dem man hängen bleiben konnte. Im nächsten Moment brach ein Sturzbach über ihn herein; sein Floß drehte sich in einem gewaltigen Strudel mehrmals im Kreis, bis es schließlich seinen Weg flussabwärts gefunden hatte.

Langsam richtete er sich in seiner triefenden Kleidung wieder auf. Es war richtig gewesen, am Boden zu kauern und sich an den Wieden festzuhalten, denn sonst hätte er diesen Höllenritt wohl kaum heil überstanden. Zum Glück hielt er auch noch den Floßhaken fest umklammert in der Rechten. Er warf einen Blick zurück: die Fallhöhe des Nadelwehres war doch beträchtlich größer als gedacht, bestimmt zwei Meter. Aber er hatte es geschafft.

In flotter Fahrt ging es jetzt weiter. Es schien, als ob es der Main nach diesem letzten Hindernis vor der Mündung kaum abwarten konnte, sich mit dem Rhein zu vereinigen. Schon kam der hohe Schornstein der Zellulosefabrik ins Blickfeld. Vor den Werkhallen lag ein großer weißer Schaumteppich auf der Wasserfläche, aus dem ein ekelerregender Gestank aufstieg. Es half nichts – da musste er jetzt mitten durch. Wich brachte sein Floß näher an das rechte Ufer heran, vorbei am Gasthaus *Zum Engel* und unter der Straßenbrücke hindurch, an den Mauern der Kirche St. Kilian entlang – und dann glitt es beinahe von alleine hinein in den Floßhafen.

Am Kai standen ein paar Männer, darunter der Hafenmeister, der den Ankömmling mit offenem Mund anstarrte.

„Ah, der Herr Wich aus Unterrodach“, rief er, als er den Floßherren erkannte. „Ist das alles, was Sie uns bringen?“

Gerhard Wich machte sein Floß provisorisch fest und kletterte die Kaimauer hoch. „Keine Angst – da kommt noch mehr“, versicherte er. „Bis heute Abend liefern wir hier 2.000 Festmeter Langholz in einzelnen Böden an.“

Er schulterte den Floßhaken und wollte sich schon wieder entfernen, als ihm noch etwas einfiel. „Sagen Sie – ist der Holzmichel mit seinem Rheinfloß schon angekommen?“

Der Hafenmeister schüttelte den Kopf, und der Floßherr strahlte. „Danke. Bis gleich.“ Und schon war er weg.

Kurz danach kreuzte ein weiterer unerwarteter Besucher beim Hafenmeister auf: Der Kostheimer Flößer Jakob Büttner, mit einem Gesicht, das noch finsterer ausschaute als sonst.

„Was willst du, Pirat?“, fragte der Beamte.

„Anzeige erstatten!“, erklärte Büttner nachdrücklich. „Wegen eines groben Verstoßes gegen die Flößerei-Polizeiordnung!“

„Wieso – was ist denn passiert?“

„Ich habe gesehen, dass oben an der Schleuse drei Mainflöße auseinandergenommen werden. Die Männer haben anscheinend vor, mit lauter kleinen Böden über das Wehr zu fahren. Das ist strengstens verboten! Ihr müsst sofort einschreiten!“

„Tut mir leid – das fällt nicht in meine Zuständigkeit“, bedauerte der Hafenmeister. „Da musst du dich an den Schleusenwärter wenden.“

„Der ist nicht da. Die Schleuse ist geschlossen.“

„Ja, ich weiß. Na, da musst du halt warten, bis er wieder auf seinem Posten ist. Oder melde dich beim Schifffahrtsamt in Mainz.“

Der Pirat zog brummelnd und fluchend ab.

Inzwischen hatten die Männer vor der Schleuse die drei Floßhütten abgeschlagen und die gesamte Ausrüstung an Land gebracht. Unermüdlich arbeiteten sie weiter. Dutzende von schmalen Böden lagen inzwischen startklar am Ufer, und noch immer waren Äxte und Sägen im Einsatz, um die großen Flöße vollständig zu zerlegen.

Ein Bauer, der auf dem benachbarten Acker mit zwei Pferden am Pflügen war, kam neugierig herüber. „Ei, was soll dann dess gebbe, wenn's ferdisch is?", erkundigte er sich.

„Was das wird? Vielleicht ein interessanter Auftrag für Euch", entgegnete Gottlieb Schalk. „Habt Ihr einen größeren Wagen?"

Bauer Reitz nickte. „Den müsst' ich awwer erst dehaam in Bischem hole."

„Gut. Dann kommt mal mit dem Wagen zurück, und wir laden unsere Sachen auf." Schalk zeigte dem Landwirt die bereitgestellten Werkzeugkisten, Truhen, Anker, Ketten und so weiter; daneben das komplette Gepäck der Mannschaft. „Das alles muss nach Kostheim in den Floßhafen gebracht werden."

Adam Reitz kratzte sich am Kopf. „Des is ja en Haufe Zeusch. Da müssd' ich ja zweimal fahrn."

„Nicht schlimm", meinte Schalk. „Wir haben den ganzen Tag Zeit."

„Und was springt für mich dodebei eraus?"

Der Flößer verwies auf den großen Stapel aus Brettern, Balken und Kleinholz. „Das hier könnt Ihr alles mitnehmen und als Brennholz verkaufen."

Der Landwirt schaute sich das Holz näher an. Die Bretter und Balken waren als Brennholz zu schade; daraus konnte man gut einen größeren Hühnerstall oder ähnliches zimmern.

„Abgemacht!", sagte Adam Reitz.

Zurück zur Mainbrücke, hinüber auf die andere Seite, dann auf dem Winterdamm immer geradeaus. Gerhard Wich legte die Strecke im Dauerlauf zurück, den schweren Floßhaken auf der Schulter. Die Sonne hatte inzwischen die letzten Nebelschwaden vertrieben und schien freundlich vom Himmel. Ein leichter Südwind war aufgekommen und ließ seine nasse Kleidung rasch trocknen. Noch ein kleiner Bogen um die inzwischen abgesperrte Baustelle herum, dann war er wieder bei seiner Mannschaft, die ihn stürmisch begrüßte.

„Es fungsionieäd, Männer!“, rief er ihnen zu. „Obbä ihr müssd verdammd gud aufbassen!“ Der Floßherr erklärte genauestens, worauf es ankam: Möglichst im rechten Winkel auf das Nadelwehr zuhalten. Genügend Abstand zum vorausfahrenden Floß halten, damit es unterhalb des Wehres nicht zu einem Zusammenstoß kam. Vor der Durchfahrt in die Hocke gehen und sich gut an den Wieden festhalten, dabei auf keinen Fall den Floßhaken loslassen. Dann die Strömung in der Flussmitte ausnutzen und erst bei der Straßenbrücke allmählich nach rechts steuern, um die Hafeneinfahrt zu erreichen. Ein Stück Seil mitnehmen, um das Floß anzubinden.

„Ihr baggd des, Männer!“, schloss Gerd. „Un fer jedn Boden, den ihr heud in den Flüezhafen neibringd, gibd’s a Mark exdra aufn Lohn!“

Jubelrufe erschallten, die Flößer warfen ihre Mützen in die Luft und fingen sie wieder auf. Mit lachenden Gesichtern stellten sie sich in einer Reihe auf und legten ihre Arme umeinander.

„Wer seid ihr?“, rief Gerd.

„Die Flößer!“, antwortete der Chor.

„Wo seid ihr?“

„Dou!“

„No lasst euch hören!“

„Dunnerkeil!“

Den ganzen Tag über zogen die kleinen Flöße im Abstand von wenigen Minuten an Kostheim vorbei. Wer seinen Boden abgeliefert hatte, machte sich sofort wieder im Laufschritt auf den Weg zurück zur Schleuse, um den nächsten zu holen.

Als Gerhard Wich am frühen Nachmittag zum dritten Mal unterwegs war, hatte sich die ungewöhnliche Prozession im Ort längst herumgesprochen und viele Zuschauer angelockt. Die Leute winkten und schwenkten Fähnchen, Kinder liefen am Ufer entlang neben jedem Floß her. Sogar ein Männergesangverein war angetreten und schmetterte aus voller Kehle Seemannslieder über das Wasser.

Gerd schmunzelte. Er dachte an seinen Traum in der vorletzten Nacht, wo er am Ende einer wilden, gefährlichen Strecke unter dem Jubel der Menge ins Ziel eingelaufen war. Doch dann fiel ihm das erschreckende Ende seines Traumes wieder ein, und er wurde von einer jähen Panik erfasst.

Sie hatten bis jetzt höchstens die Hälfte der gesamten Lieferung in den Hafen eingebracht. Wenn der Holzmichel, der schon gestern in Mannheim gesichtet wurde, in den nächsten Stunden mit seinem großen Rheinfloß anlanden würde, hätte er die Wette gewonnen.

Gerhard Wich stakte noch ein bisschen schneller auf die Hafeneinfahrt zu.

Die Reise der beiden Kriminalisten, obgleich nicht sehr weit, war recht umständlich. In Hanau und in Frankfurt mussten sie umsteigen, was bei dem vielen Gepäck einigen Aufwand bedeutete. Im Central-Hotel, direkt am Mainzer Hauptbahnhof gelegen, bezogen sie am Nachmittag Quartier. Es war Paul Hartmanns bevorzugte Unterkunft, wenn er dienstlich in Mainz weilte.

Nach einer kleinen Stärkung machten sie sich auf den Weg zum Polizeipräsidium in der Klarastraße – ein eindrucksvoller Barockbau, der einst dem Freiherrn von Dalberg als Stadtresidenz gedient hatte.

Kaum hatten die beiden die weite Eingangshalle betreten, wurden sie von einem eigentümlichen Singsang empfangen:

Was haben meine tauben Ohren vernom-men?
Mein Freund Paul Hartmann ist zu mir gekom-men!

Während Dr. Holtkamp sich irritiert umsah, musste der Kommissär laut lachen. „Alter Schlawiner!“, rief er. „Wo steckst du?“ Prompt hallte die Antwort durchs Treppenhaus:

Der liebe Andreas ist ganz in der Nä-he.
Kommt nur herauf, damit ich euch se-he ...

Ja – das war ein typischer Willkommensgruß seines Mainzer Kollegen Andreas Obermess. Bei besonderen Anlässen – zur Begrüßung, zum Abschied oder einfach nur aus purer Lebensfreude – fielen ihm spontan lustige Verslein ein, die er gerne in einer Art Sprechgesang von sich gab, ähnlich den liturgischen Gesängen während einer Heiligen Messe, die ihm als ehemaligem Dom-Ministranten im Ohr geblieben waren.

Die Kriminalbeamten stiegen die Treppe hinauf. Oben wartete eine wahrhaft imposante Erscheinung auf sie.

Pausbäckig, kugelrund, schwitzend, mit ausgestreckten Armen und über sämtliche Backen strahlend stand Kommissär Obermess vor ihnen.

Einen Hals schien er nicht zu besitzen; das ausladende Doppelkinn fiel direkt auf die Brust. *Adipositas*, *Hypertonie* und *Dyspnoe*, diagnostizierte der Medizinalrat routinemäßig. Eine ungünstige Kombination. Der Mann sollte dringend seinen Lebenswandel ändern.

Natürlich äußerte sich Dr. Holtkamp diesbezüglich nicht laut. Hätte er es getan – es hätte wahrscheinlich wenig bewirkt. Andreas Obermess war nun mal eine Frohnatur, die das Leben liebte, mit allem, was dazugehört: Gutes Essen und Trinken, eine fröhliche Feier mit Gleichgesinnten, ein lustiger Schabernack für die Unbelehrbaren.

Früher, als er noch als Stadtpolizist im Streifendienst unterwegs war, brachte er den Zeugmeister zur Verzweiflung. Eine herkömmliche Uniform, gleich welcher Größe, passte ihm nicht; er brauchte eine Maßanfertigung, die zudem noch Jahr für Jahr etwas weiter geschnitten werden musste. So blieb schließlich nichts anderes übrig, als den Hauptwachtmeister Obermess zur Kriminalpolizei zu versetzen, wo er Zivilkleidung tragen durfte; vorzugweise weite, wallende und bequeme Gewänder, die seine Körpermassen umhüllten.

Als Kriminalist war er recht erfolgreich. Sein Scharfsinn und seine Hartnäckigkeit, gepaart mit einem ausgeprägten Gerechtigkeitssinn, kamen ihm zugute. Allerdings sah man ihn selten im Außendienst; die Spurensuche am Tatort und die Arretierung von Verdächtigen überließ er anderen. Er zog es vor, seine Fälle durch Nachdenken am Schreibtisch zu lösen.

Hinter eben diesem Schreibtisch hatte er sich jetzt niedergelassen, während seine Gäste von dem ermordeten Flößer berichteten. Für die weiteren Ermittlungen und die mögliche Festnahme des Hauptverdächtigen baten sie um Unterstützung, die ihnen großzügig gewährt wurde.

„Klar helf ich euch!“, versicherte Kommissär Obermess. „Ich kann euch zwei tüchtige Polizisten aus meiner Abteilung überlassen. Außerdem könnt ihr ein leer stehendes Büro benutze, solang ihr hier seid. Es ist allerdings bloß ein Mansardenraum owwe im dritte Stock. Awwer solang ich da nit enuff krabbele muss ...“

„Können wir auch Pferde bekommen, damit wir etwas beweglicher sind?“, fragte Paul Hartmann.

„Ei gewiss doch. Ich hab zwei muntere Gailscher fer euch. Solang ich nit selber in de Saddel muss ... Und nehmt aach die *Grüne Minna* mit.“

„Bitte – wen?“

„Unsere neueste Errungenschaft“, schmunzelte der Dicke. „Dess hawwe mir uns bei der preußischen Polizei in Wissbade abgeguckt. Ein Pferdefuhrwerk zum Gefangenentransport, mit einem verriegelten Kasten ohne Fenster, bloß mit e paar Luftschlitze, damit die arme Kerle nit ersticke. *Grüne Minna* heeßt die Kutsch’ weesche dem grüne Anstrich. – Aber heut werd des nix mehr!“

Der Kommissär schaute zur Wanduhr. „Es is ja bald Feierabend. Die Flößer laafe uns nit weg – die hänge ja an der Kostemer Schleuse fest, wie ihr gesagt habt. Heute Abend müssen wir doch unser Wiedersehen feiern, gell, Paul?“ Nach einer

Pause fügte er hinzu: „Was halten die Herren von einem Besuch im Beichtstuhl?“

Werner Holtkamp runzelte die Stirn. „Da werde ich mich leider ausklinken müssen. Ich gehöre dem evangelischen Glauben an.“

Andreas Obermess lachte dröhnend. „Keine Angst, Herr Medizinalrat, ich will sie nicht bekehren. Der *Beichtstuhl* ist eine urige Kneipe in der Altstadt, wo es was Anständiges zu esse und vor allem en gude Woi gibt. Wird Ihne gefalle!“

Gegen fünf Uhr lief der letzte Boden aus dem Frankenwald im Kostheimer Floßhafen ein. Die Flößer waren erschöpft, aber glücklich. Jeder von ihnen hatte sechs oder sieben Fahrten absolviert. Eduard Kleylein war besonders stolz, weil er sogar ein volles Fässchen Bier heil hinübergebracht hatte. Es hatte keine ernsten Zwischenfälle gegeben – nur einmal, als Lorenz Reif trotz aller Vorsicht seinen Floßhaken wegschwimmen ließ, wurde es brenzlig. Doch Karl Höfner, der vor ihm fuhr, hatte schnell reagiert, das steuerlose Floß gestoppt und mit seinem zusammengebunden. So brachten sie gemeinsam den Zwiespänner sicher ins Ziel.

Die glückliche Ankunft nach einer langen Reise war für die Flößer seit jeher ein besonderes Ereignis, das gebührend gefeiert werden musste. Es war der Abend, an dem die Erinnerungen an das gemeinsam Erlebte und die Vorfreude auf die Rückkehr nach Hause zusammentrafen – wahrlich Anlass genug für ausgelassene Fröhlichkeit und deftige Späße bei reichlichen Mengen von Bier.

Nach ihrer historischen Leistung hätten die Männer aus dem Frankenwald umso mehr Grund gehabt, ausgiebig zu feiern, aber diesmal war alles anders. Allesamt waren sie so geschafft, dass sie so schnell wie möglich ihre Ruhestätten aufsuchen wollten. Die fanden sie heute im Schlafsaal des Floßhafens, denn die Flößerhütten gab es ja nicht mehr.

Gerhard Wich aber hatte noch etwas zu erledigen. Im Büro des Hafenmeisters erhielt er das amtliche Bestätigungsformular seiner Lieferung. Darauf stand:

Anlandung von 157 Böden Holländerstämme
ca. 2.000 Festmeter
Kostheim, den 15. März 1904
5 Uhr nachmittags

„Sieht so aus, als ob Sie Ihre Wette gewonnen hätten, Herr Wich", sagte der Beamte. „Ich gratuliere!"

Gerd hatte einen Kloß im Hals, als er das Dokument entgegennahm. Jetzt hatte er es schwarz auf weiß. Was ihm viele nicht geglaubt hatten, war Wirklichkeit geworden. Er war am Ziel.

Der neugierige Hafenmeister stellte noch allerlei Fragen zum Verlauf der Tour, und Gerd antwortete einsilbig. Mit seinen Gedanken war er weit weg.

Mittendrin kam ein Hafenarbeiter ins Büro gestürmt. „Chef, drüben an der Maaraue hat soeben ein großes Rheinfloß angelegt. Vom Floßherren Horst Faller aus Wolfach im Schwarzwald."

Kapitel 11 – Gewinner und Verlierer

Am frühen Morgen erschienen der Kaufmannsgehilfe Leberecht Windling und zwei weitere seriöse Herren in dunklen Anzügen im Kostheimer Floßhafen, um im Auftrag des Holzhändlers Balthasar Nauth die angelandete Fracht aufs Genaueste zu vermessen und zu verzeichnen. Mit wichtiger Miene sowie mit Band- und Gabelmaß untersuchten sie jeden einzelnen Stamm, schrieben auf, rechneten und kontrollierten. Gerhard Wich sah ihnen aus der Ferne zu, mit einem mulmigen Gefühl im Bauch. Würde es reichen, um den Vertrag zu erfüllen? Er hatte vorsichtshalber eine kleine Reserve eingeplant; allerdings hatten sie bei dem Unfall am Offenbacher Wehr auch einige Stämme verloren.

Unterdessen kamen die tapferen Flößer nach und nach ans Tageslicht und blinzelten in die Sonne. Der strenge Rhythmus der letzten zwei Wochen war aufgehoben. Heute durfte jeder so lange schlafen, wie er wollte. Einige erfuhren erst jetzt, dass der Holzmichel mit seinem Floß ebenfalls gestern Abend eingetroffen war – aber erst nach ihnen. Nun, da ihnen so richtig klar wurde, was sie vollbracht hatten, nahm der Jubel kein Ende.

„Dene hammä's zeigd, dene Schoofsäggel!"

„Mir Franggn sinn die bessern Flüeßä!"

„Der Holzmichel, die blöda Sau ..."

Leberecht Windling nutzte die Gelegenheit zum Anwerben von Personal für den Weitertransport. „Wer von den Herren hätte Lust auf eine kleine Reise nach Holland?", rief er in die Menge. „Wir suchen noch ein paar tüchtige Flößer für unser Rheinfloß, das am Freitag früh startet. Herr Nauth zahlt gut!" Der Aufruf hatte Erfolg – es meldeten sich immerhin fünf Freiwillige, darunter Gottlieb Schalk und Hermann Xander.

Nach gut einer Stunde war die Vermessung des Holzes beendet, und Gerd konnte aufatmen: *2.048 Festmeter Holländerstämme* stand auf der amtlichen Bescheinigung, die ihm ausgehändigt wurde. Es war knapp, aber ausreichend.

„Herr Nauth erwartet Sie Punkt elf Uhr im seinem Büro“, verkündete Windling noch, dann marschierte er zusammen mit den beiden Vermessern über die Drehbrücke an der Hafenausfahrt, um drüben auf der Maaraue die gleiche Prozedur am Floß des Holzmichels vorzunehmen.

Der um diese Jahreszeit eher ruhige Floßhafen füllte sich mehr und mehr mit Leben. Die Hafenarbeiter ließen sich von den übermütigen Flößern anstecken und brachten Hochrufe auf sie aus. Neugierige Dorfbewohner strömten herbei, die Näheres über die abenteuerliche Durchfahrt durch ihr Wehr wissen wollten. Sogar ein Reporter vom *Mainzer Anzeiger* war zur Stelle und machte eifrig Notizen. Und auch Jean-Baptiste Weckbacher, der Wirt vom Gasthaus Engel, kam vorbei, um der siegreichen Mannschaft zu gratulieren.

„Gestern Abend hat sich ja leider keiner von euch bei mir in der Wirtschaft blicken lassen“, grinste er. „Na ja, ich hab mir schon gedacht, dass ihr zu müde wart, nach der Rennerei den ganzen Tag. Aber heute Abend könnt ihr bei mir feiern! Es gibt Freibier für alle!“

„Das klingt verlockend, Schambes – allerdings wollen die meisten schon heute mit dem Vier-Uhr-Zug nach Hause fahren“, bedauerte Wich.

„Gefeiert werden muss trotzdem!“, beharrte Gottlieb Schalk, und Hermann Xander sprang ihm bei: „Wir haben herrliches Wetter, da können wir heute Mittag endlich mal gemütlich draußen sitzen und unser Fleisch auf dem offenen Feuer braten. Dafür habe ich eine spezielle Würzmischung zusammengestellt, die ich bisher noch nicht ausprobieren konnte. Ich muss nur noch einkaufen!“

„Gehen Sie zum Metzger Eifler in der Hauptstraße“, empfahl Weckbacher. „Da hole ich immer mein Fleisch – beste Qualität! Ich bring euch nachher noch einen Eimer von unserem berühmten Kartoffelsalat. Und ein Fässchen Bier spendiere ich auch.“

Die Umstehenden klatschten begeistert Beifall, ließen den Wirt hochleben und sangen lauthals:

Des Mittags, wenn es zwölfa schlägt,
sind zum Essen wir bewegt.
Dann ergreifen wir Messer und Gabeln,
fangen hurtig an zu schnabeln.
Da wird dem Meister angst und bang,
denn die Flößer fressen lang.

Gerhard Wich lachte. Er griff noch einmal in die Reisekasse und überreichte dem Koch den letzten verbliebenen Schein.

„Kauf ordentlich ein, Hermann, und nur vom Besten! Die Männer haben’s verdient. Inzwischen bringe ich mein Geschäft mit dem Holzhändler Nauth zum Abschluss. Ihr wollt ja schließlich euren Lohn ausbezahlt bekommen.“

Dem Floßherren wurde der ganze Trubel zu viel. Jetzt, auf dem Höhepunkt seines Triumphs, verspürte er plötzlich das Bedürfnis, alleine zu sein, um seine Gedanken zu ordnen und

Pläne für die Zukunft zu schmieden. Obwohl ihm noch reichlich Zeit bis zum Termin mit Balthasar Nauth blieb, machte er sich zu Fuß auf den Weg hinüber nach Mainz.

Vielleicht war der letzte Schoppen im *Beichtstuhl* gestern Abend doch zu viel gewesen, dachte Kommissär Hartmann. Sein Schädel brummte noch immer, auch nach dem kräftigen Frühstück, auf dem Weg zum Polizeipräsidium. Dem Medizinalrat Holtkamp schien es weniger auszumachen; zumindest ließ er sich nichts anmerken und marschierte flott und frohgelaunt die Große Bleiche hinunter.

Kommissär Obermess war noch gar nicht zum Dienst erschienen, aber die beiden Polizisten, die er zur Unterstützung der Gäste eingeteilt hatte, warteten bereits. Kriminalassistent Ernst Raabe und der Schutzmann Wilfried Kallweit, zwei junge und ehrgeizige Beamte, hatten schon die Pferde für die Darmstädter gesattelt und die „Grüne Minna" im Innenhof bereitgestellt. Paul Hartmann erklärte noch einmal den heutigen Einsatzplan: Aufspüren des Floßzuges aus Franken vor der Kostheimer Schleuse, Verhör der Mannschaft zu den Vorgängen in Aschaffenburg, gegebenenfalls Festnahme des Tatverdächtigen Gerhard Wich. Ein möglicher Fluchtversuch müsse auf jeden Fall verhindert werden.

Dann setzte sich der kleine Trupp in Bewegung: vorneweg die beiden Uniformierten auf dem Kutschbock des Gefangenentransporters, dahinter der Kommissär und der Gerichtsmediziner zu Pferde.

Sie überquerten die verkehrsreiche Straßenbrücke nach Kastel. Noch immer zockelte hier die Pferdebahn entlang, aber einige Arbeiter waren gerade damit beschäftigt, Strommasten aufzustellen. Demnächst sollte auf dieser Linie wohl endlich eine elektrische Straßenbahn eingesetzt werden.

Wehmütige Erinnerungen überkamen den Kommissär, als sie an der Reduit-Kaserne vorbeiritten. Hier hatte er als Leutnant beim Großherzoglich Hessischen Infanterieregiment Prinz Carl die letzten Monate seines Militärdienstes abgeleistet und sich unsterblich in eine junge Französin verliebt, die damals in Wiesbaden weilte.[33] Was wohl aus ihr geworden war?

Die Polizisten folgten der Landstraße nach Darmstadt; in Kostheim erreichten sie die Mainbrücke. Auf der anderen Seite beherrschten die riesigen Montagehallen der MAN das Bild, in denen hauptsächlich Brückenbauteile produziert wurden. Bei einer Arbeitersiedlung mit putzigen kleinen Häuschen bogen sie links ab, standen wenig später an der Staustufe und der Großbaustelle für die neue Eisenbahnbrücke.

Oberhalb der Schleuse lagen inzwischen mehrere Schiffe vor Anker, darunter ein Kettenschleppschiff mit vier Lastkähnen und zwei Schaufelraddampfer. Von einem Floß war weit und breit nichts zu sehen.

„Seltsam", murmelte Dr. Holtkamp. „Wo stecken die denn?"

Der Kommissär zuckte mit den Schultern. „Wir wissen, dass sie die Flörsheimer Schleuse passiert haben, aber nicht mehr diese hier, die seit gestern früh gesperrt ist. Also müssen sie irgendwo zwischen hier und Flörsheim ankern. Vielleicht haben sie sich ein ruhigeres Plätzchen gesucht. Hier ist es ja recht voll."

Hartmann zog seine Landkarte hervor. „Bis zur Flörsheimer Schleuse sind es ungefähr neun Kilometer. Wir bleiben immer hier auf dem Leinpfad; da können wir sie nicht verfehlen. Kommen Sie, Holtkamp – ein kleiner Ausritt in der frischen Morgenluft kann nicht schaden, nachdem wir letzte Nacht fast ein wenig versackt sind."

„Sie vielleicht, mein lieber Hartmann – ich nicht! Trotzdem komme ich natürlich mit. Reiten ist bekanntlich sehr gesund, besonders für das Pferd!"

Für die Kutsche gab es hier allerdings kein Durchkommen. Die Mainzer Polizisten erhielten die Anweisung, an Ort und Stelle zu warten. „In spätestens einer Stunde sind wir zurück;

[33] Nachzulesen in: Jochen Frickel, Villa Clementine. Siehe S. 338.

dann besprechen wir das weitere Vorgehen", rief der Kommissär ihnen noch zu, bevor er mit dem Medizinalrat davontrabte.

Geschäftig ging es zu in der Ludwigstraße, wo sich hinter hohen klassizistischen Häuserfassaden vornehme Läden und gemütliche Cafés aneinanderreihten. Vor einem Juweliergeschäft blieb Gerd Wich stehen und betrachtete die Auslagen: Broschen, Halsketten, Armreifen, Ringe. Ein Schild verkündete: *Trauringe mit Handgravur in reicher Auswahl.* Er lächelte. Hier würde er bestimmt die passenden Ringe für seine Verlobung mit Käthe finden. Er merkte sich die Adresse für einen späteren Besuch.

Weiter unten am Höfchen, beim großen Bekleidungshaus Lotz & Soherr, blieb er erneut vor den Schaufenstern stehen und bewunderte die ausgestellte Herrengarderobe nach dem neuesten Stil. Er sah sein Spiegelbild in den Scheiben und schämte sich ein wenig für die verbeulten Hosen und die abgewetzte Strickjacke, die er immer noch trug. Nein, so wollte er beim wichtigsten Geschäftsabschluss seines Lebens nicht erscheinen. Wenigstens ein anständiges Jackett konnte er sich jetzt leisten. Kurz entschlossen betrat er das Modehaus.

Zwanzig Minuten später stand er wieder auf der Straße – in einem nagelneuen, perfekt sitzenden, dezent gestreiften Sacco. „Steht Ihnen ausgezeichnet, mein Herr! Wie angegossen!", hatte der Verkäufer gesagt, und beim Blick in den Spiegel musste Gerd ihm zustimmen.

Etwas Zeit blieb ihm noch. Vor ihm erhob sich der mächtige Dom, den er jedes Mal aufsuchte, wenn er in Mainz war. Zwar war er evangelisch erzogen worden, aber dennoch beeindruckte ihn die feierliche Stille in dem ehrwürdigen, halbdunklen Gotteshaus, der Duft von Weihrauch, die vielen Altäre und die geheimnisvollen alten Grabmäler.

Vor dem Marktportal kauerten wie üblich ein paar Bettler. Einer zerlumpten, bibbernden Gestalt schenkte Gerd seine alte Strickjacke, wofür er mit einem dankbaren Blick und vielen Segenswünschen belohnt wurde. Bei der Figur des heiligen Nepomuk, des Schutzpatrons der Flößer, warf er eine Münze in den Opferstock und entzündete eine Kerze, zum Dank für den glücklichen Ausgang der Reise. Dann machte er sich auf den Weg in die Lauterenstraße.

Im Büro von Balthasar Nauth waren die gleichen Männer versammelt, die hier vor vier Monaten eine ungewöhnliche Wette besiegelt und unterschrieben hatten: Die Floßherren Horst Michael Faller und Gerhard Wich, der Notar Baruch Hirschfeld, und natürlich der Hausherr und sein Adlatus Windling. Wich, der als Letzter gekommen war, begrüßte die Anwesenden mit Handschlag; lediglich der Holzmichel übersah seine ausgestreckte Rechte und murmelte einen undeutlichen Gruß.

Der Holzhändler eröffnete die Sitzung. „Eigentlich muss ich Sie beide beglückwünschen, meine Herren“, sprach er, zu den Floßherren gewandt. „Sie haben tatsächlich alle beide Ihr Holz fristgerecht abgeliefert. Das hätte ich nie für möglich gehalten! Ich habe also meine Wette verloren – aber wie Sie wissen, kann nur einer von Ihnen der Gewinner sein. Damit alles mit rechten Dingen zugeht, habe ich den Notar Hirschfeld hierhergebeten, um unsere Abmachung zu vollziehen. – Baruch, Du hast das Wort!“

Der Notar, ein schmächtiges Männlein mit einer Nickelbrille, räusperte sich. Überflüssigerweise begann er noch einmal mit der Verlesung des vollständigen Vertragstextes, der den anwesenden Herren nur allzu gut bekannt war.

„Ich stelle fest“, sagte er dann, „dass beide Bewerber die vorgegebene Frist eingehalten und auch die verlangte Menge und Qualität angeliefert haben, und zwar ...“ – er raschelte in seinen Unterlagen – „... Herr Gerhard Wich mit 2.048 Festmetern und Herr Horst Faller mit 2.104 Festmetern, wie heute früh vermessen und verzeichnet.“

„Der Wich hat ja gar koi richtiges Floß abgeliefert“, protestierte der Holzmichel, „sondern lauter einzelne kleine Böden. Des isch gegen die Spielregeln!“

Baruch Hirschfeld war etwas irritiert ob der Unterbrechung. Nervös blätterte er in seinen Dokumenten und erläuterte dann: „Nein, nein – in Paragraf drei heißt es ausdrücklich: *Die Lieferung erfolgt nach Kostheim, und zwar zum mainseitigen Floßhafen beziehungsweise zur rheinseitigen Floßlände an der Maaraue in Form von einem oder mehreren schwimmenden Flößen.* Über Anzahl und Größe der Flöße ist nichts gesagt. – Kommen wir aber nun zum entscheidenden Punkt."

Hirschfeld machte eine bedeutungsvolle Pause, bevor er fortfuhr: „In Paragraf vier steht: *Erfüllen beide Bewerber die vorgenannten Bedingungen, erhält derjenige den Zuschlag, der als Erster ankommt. Sollten beide Bewerber am gleichen Tag ankommen, entscheidet die im Anlandebuch der Hafenverwaltung eingetragene Uhrzeit.* Ich habe heute früh die entsprechenden Eintragungen beim Hafenmeister überprüft. Für die Lieferung von Herrn Wich ist dort fünf Uhr nachmittags eingetragen, für die von Herrn Faller fünf Uhr und dreißig Minuten. Somit ist Herr Wich als Sieger aus dem Wettbewerb hervorgegangen."

Balthasar Nauth strahlte und schüttelte dem Franken die Hand. „Gratuliere, Herr Wich. Sie haben's geschafft, wenn auch mit äußerst knappem Vorsprung. – Tut mir leid für Sie, Herr Faller, aber so ist das Leben. Ich hoffe, Sie sind ein guter Verlierer."

Der Holzmichel machte ein verdrießliches Gesicht und schwieg.

„Wir kommen nunmehr zur Abwicklung des Geschäfts", nahm der Notar den Faden wieder auf. „Gemäß Vertrag übernimmt Herr Nauth vom Gewinner, also von Herrn Wich, das angelieferte Holz zu einem Kaufpreis in Höhe von 85 Prozent des aktuellen Kurses an der Amsterdamer Rohstoffbörse. Entscheidend ist die Notierung am Tag der Lieferung. Herr Nauth hat den Kurszettel schon gestern Abend telegraphisch erhalten, ich selbst habe das anhand einer anderen Quelle sicherheitshalber noch einmal überprüft. Demnach stand der Kurs gestern bei 5 Gulden, 27 Cent pro Festmeter. 85 Prozent davon sind 4 Gulden, 48 Cent; umgerechnet in Mark also 7 Mark und 57 Pfennig.

Somit ergibt sich bei 2.048 Festmetern ein Gesamtpreis von 15.503 Mark und 36 Pfennig."

Gerd Wich war dem Vortrag des Notars zunächst mit Stirnrunzeln, dann mit Kopfschütteln gefolgt. Jetzt meldete er sich zu Wort: „Entschuldigen Sie – das kann nicht stimmen! Sie müssen sich verrechnet haben!"

Baruch Hirschfeld war leicht pikiert. „Glauben Sie mir – die Rechnung stimmt!", versicherte er nachdrücklich. „Sowohl Herr Windling und ich als auch Herr Nauth haben das mehrfach kontrolliert. Sie können aber gerne nochmal nachrechnen ..."

„Ich zweifle nicht an Ihren Rechenkünsten, aber ... welchen Kurs, sagten Sie, haben Sie zugrunde gelegt?"

„5 Gulden 27 Cent, wie amtlich bestätigt!"

„Sehen Sie – da liegt der Fehler!", rief Wich und lachte erleichtert auf. „Das kann nicht stimmen – der Kurs liegt viel höher!"

„Sie irren sich, mein Herr! Wir haben auch diese Zahl mehrfach überprüft!"

Gerhard Wich wurde langsam ungehalten. „Versuchen Sie nicht, mich für dumm zu verkaufen! Ich schaue nämlich ab und zu mal in das Berliner Börsenblatt! Vor drei Wochen lag der Kurs bei 12 Gulden und 44 Cent!"

„Ja – vor drei Wochen!", schaltete sich nun Balthasar Nauth lautstark ein. „Inzwischen ist einiges passiert, mein Lieber! Der Kurssturz letzte Woche hat unsere gesamte Branche aufs Schwerste erschüttert! – Hier, lesen Sie!"

Er wühlte auf seinem Schreibtisch, fand schließlich die neueste Ausgabe des Börsenblatts und reichte dem Floßherren einen rot angestrichenen Artikel herüber.

> *Gewinner der Woche ist die Dyckerhoff-Stammaktie, die um mehr als 20 Prozent zulegen konnte. Hintergrund ist eine Veröffentlichung in der renommierten niederländischen Fachzeitschrift* Het Civiele Techniek, *wonach der weiterentwickelte Portland-Zement aus der Dyckerhoff-Fabrik in Amöneburg bei Mainz deutlich*

besser zur Fundamentgründung in feuchtem Boden geeignet ist als die herkömmliche Methode mit Rundhölzern.
In der Folge brach der Kurs für Fundamentholz an der Amsterdamer Rohstoffbörse dramatisch ein. Die deutsche Holzwirtschaft als Hauptlieferant ist hart getroffen und muss sich wohl neue Absatzmärkte suchen.

Gerhard Wich starrte stumpfsinnig auf die Zeitung, während die grausame Wahrheit allmählich in sein Hirn vordrang: Seine Träume waren geplatzt. Das Holz, das er mühsam herangeschafft hatte, war plötzlich weniger als die Hälfte dessen wert, was er erwartet hatte.

Etwas machte *klick* in seinem Kopf. Der Verstand war plötzlich ausgeschaltet. Seine ganze Wut und Enttäuschung richtete sich gegen den Überbinger der traurigen Botschaft.

„Du willst mich reinlegen!", schrie er den Holzhändler an. „Für einen Spottpreis soll ich dir mein gutes Holz verkaufen? Da kann ich es ja gleich nach Duisburg bringen und als Grubenholz verscherbeln!"

„Herr Wich, mäßigen Sie sich bitte!", entgegnete Balthasar Nauth eisig, „und hören Sie auf, mich zu duzen! Was kann denn ich dafür? Ich bin von dieser unerwarteten Entwicklung mindestens genauso betroffen wie Sie. Der Handel mit Holland, seit Jahrzehnten meine Geschäftsgrundlage, ist am Ende. Die Existenz meiner Firma steht auf dem Spiel!"

„Und was wird aus meiner Existenz?", brüllte Gerd und sprang auf. „Der lächerliche Erlös, mit dem du mich abspeisen willst, reicht nicht einmal, um meine Schulden zu bezahlen! Du willst mich ruinieren und vor aller Welt zum Gespött machen! Aber ich schwöre dir: Zu diesem Preis kriegst du mein Holz nicht! Niemals! – Guten Tag, die Herren!" Mit großen Schritten stürmte er aus dem Büro und knallte die Tür hinter sich zu.

Der Hausherr holte sein Taschentuch hervor und wischte sich den Schweiß von der Stirn. „Was für ein Auftritt!", stöhnte er. „Ist der Kerl verrückt geworden?"

Hirschfeld und Windling sahen sich betreten an; nur der Holzmichel schien innerlich zu schmunzeln.

„Herr Faller, Sie haben es gehört“, wandte sich Nauth an ihn. „Ihr Kollege hat mein Angebot ausgeschlagen. Was ist mit Ihnen? Sind Sie bereit, zu den genannten Konditionen zu verkaufen?“

„Ha noi ...“ Der Schwarzwälder musste nicht lange überlegen. Schon in Mannheim hatte er die Hoffnung auf ein besonders gutes Geschäft aufgegeben. Es war ihm nur noch darum gegangen, dem Leidenscheißer zuvorzukommen. Er und Wich waren praktisch gleichzeitig durchs Ziel gegangen. Wenn er jetzt verkaufen konnte, egal zu welchem Preis, war er der eigentliche Sieger. Zumindest konnte er das überall so erzählen.

„Abgemacht, Herr Nauth, weil Sie's sind! Auch wenn ich bei dem Geschäftle drauflege muss.“

Balthasar Nauth stieß einen Seufzer der Erleichterung aus. „Sehr vernünftig, Herr Faller. Einen besseren Preis werden Sie momentan nirgendwo kriegen. Die Händler sind äußerst vorsichtig geworden. – Wie möchten Sie denn Ihr Geld ausgezahlt bekommen? Wieder wie letztes Mal?“

Faller nickte. „Ja – des isch am beschde. Ein Viertel der Summe in Banknoten, damit ich moine Floßknechte und sonstige Auslage bezahle kann. Ein Viertel in Doppelkronen[34] – wissed Sie, i trau dene Banke nit mehr. Vielleicht gibt's bald Krieg und Inflation und so, da isch Gold immer noch am sichersten. Und den Reschd könned Sie mir auf mein Konto überweisen.“

„Wie Sie wünschen, Herr Faller. Ich an Ihrer Stelle würde ja nicht gerne mit so viel Bargeld herumlaufen, aber das ist Ihre Sache. Windling, begleiten Sie Herrn Faller zur Bank und regeln Sie das. Ich gebe Ihnen eine Vollmacht mit.“

Der Leinpfad entpuppte sich als vorzüglicher Reitweg, der über weite Strecken noch eine Grasnarbe trug, weshalb es mehrere

---

[34] Im Kaiserreich übliche Bezeichnung für die goldene 20-Mark-Münze.

Kilometer in scharfem Trab voranging. Bei Rüsselsheim mündete er in eine breite, mit hohen Pappeln bestandene Allee. Hier ließen die beiden Kriminalisten die Zügel fallen und ritten im Schritt weiter.

Je länger sie unterwegs waren, desto länger wurde auch Hartmanns Gesicht. Nirgendwo war auch nur ein einziges Floß zu sehen. Als schließlich auf der Höhe von Raunheim die nächste Schleusenanlage in Sicht kam, war der Kommissär völlig perplex.

„Verstehen Sie das, Holtkamp? Drei Flöße, neunzig Meter lang und elf Meter breit – die können sich doch nicht einfach in Luft aufgelöst haben!"

„Dann stimmen wohl die Angaben vom Schifffahrtsamt nicht", vermutete der Gerichtsmediziner.

Paul Hartmann schüttelte den Kopf. „Ich habe mir doch gestern Nachmittag nochmal den vollständigen Bericht vom Kostheimer Schleusenwärter telegrafieren lassen. Vorgestern wurde kein Floß geschleust. Gestern früh gab es nur eine einzige Talfahrt – ein Dampfer aus Bingen zusammen mit dem Wahrschau-Nachen unserer Flößer. Ab acht Uhr war die Schleuse gesperrt."

Er wendete sein Pferd. „Wir müssen zurück, Holtkamp. Vielleicht kann uns ja der Schleusenwärter weiterhelfen."

Als sie gegen Mittag wieder die Kostheimer Schleuse erreicht hatten, erfuhren sie des Rätsels Lösung aus dem Mund von Kriminalassistent Raabe.

„Wir haben inzwischen die Monteure auf der Baustelle befragt", erklärte er aufgeregt. „Sie haben erzählt, dass die drei großen Flöße gestern hier vor der Schleuse zerlegt wurden. Den ganzen Tag über wurden dann lauter schmale Miniaturflöße durch eine Lücke im Nadelwehr zum Floßhafen gebracht."

„Donnerwetter! Gute Arbeit, Raabe!", lobte der Kommissär. „Dann nichts wie rüber zum Floßhafen! Ich kann nur hoffen, dass unsere Flößer noch da sind."

Eigentlich hätte ich ja selbst auf die Idee kommen können, die Bauarbeiter zu befragen, dachte er verärgert.

Unten auf der Straße kam Gerhard Wich schlagartig wieder zur Besinnung.

Was ist bloß mit mir los, dachte er verzweifelt. Wieder einmal hatte er völlig die Kontrolle über sich verloren, hatte seinen Geschäftspartner aufs Übelste beschimpft und war danach einfach davongelaufen. Natürlich war Nauth vollkommen unschuldig am Börsengeschehen, und nüchtern betrachtet war der Schaden für seine Firma wahrscheinlich ungleich größer. Einen Moment lang war er versucht, wieder umzukehren, den Holzhändler demütig um Verzeihung zu bitten und das verlustreiche Geschäft doch noch abzuschließen. Aber was hätte es ihm gebracht? So oder so – er war erledigt, finanziell und moralisch.

Zahlen schwirrten durch seinen Kopf; gewaltige Summen, die er viel zu lange auf die leichte Schulter genommen hatte und die nun mit voller Wucht über ihn hereinbrachen. Seinen Holzlieferanten im Frankenwald hatte er großspurig hohe Erlöse versprochen; insgesamt mehr als 10.000 Mark, die er noch vor Ostern auszahlen wollte. Der vorsichtige Ludwig Hempfling wollte sein Geld im Voraus sehen; für ihn hatte er einen Kredit in Höhe von 6.000 Mark aufgenommen. Die Bank wollte Sicherheiten – er hatte eine Hypothek auf die Sägemühle eintragen lassen, was nicht einmal der Vater wusste. Seinen Floßknechten hatte er einen außergewöhnlichen Lohn und zusätzliche Prämien in Aussicht gestellt. Nun stand er mit leeren Händen da.

Wie sollte er seiner Mannschaft das erklären? Er hatte ja nicht einmal mehr genug Geld, um den Männern die Fahrkarten für die Heimreise zu bezahlen. Und doch musste er jetzt mit ihnen reden, so schwer es ihm auch fallen würde.

Müden Schrittes, den Kopf voller trüber Gedanken, machte er sich auf den Weg zurück zum Floßhafen. Von der Straßenbrücke aus sah er das große Floß von Horst Faller vor der Maaraue liegen, mit zwei Dutzend Männern an Bord, die genau wie seine Leute auf ihren Lohn warteten.

Warum hatte er sich nur auf diese verdammte Wette eingelassen? Von Anfang an war alles schiefgegangen. Ein fairer sportlicher Wettkampf hätte es werden können, bei dem man einen gleichrangigen Gegner mit Respekt behandelte und am Ende der Bessere gewinnen würde. Stattdessen war es Gerd im Grunde nur darum gegangen, seinen Kontrahenten zu demütigen und seine eigene Eitelkeit zu befriedigen. Er wollte sich und der Welt beweisen, dass er klüger, schneller und geschickter war als alle anderen. Dass der Holzmichel wahrscheinlich genauso dachte, machte die Sache nicht besser – ganz im Gegenteil. Am Ende hatten sie beide verloren.

Dann war die blanke Gier hinzugekommen; die Illusion, in kurzer Zeit sehr viel Geld zu verdienen und damit den gesellschaftlichen Aufstieg zu schaffen. Diese Gier hatte ihn blind gemacht; er hatte alle Risiken ignoriert, alle Warnungen in den Wind geschlagen, und nun war er krachend gescheitert.

Das alles musste er jetzt seinen Kameraden sagen, offen und schonungslos, jenen Männern, die ihm begeistert und aufopferungsvoll gefolgt waren und die er nun so herb enttäuschen musste. Später musste er es auch den Leuten in seinem Dorf erklären, seinen Nachbarn und Freunden, seinem Vater, Käthe ...

Er wusste nicht, welche Worte er finden würde, und er wagte es nicht sich vorzustellen, wie sie reagieren würden. Er wusste nur eines: Sein gesamter Lebensplan war innerhalb von Minuten zusammengestürzt wie ein Kartenhaus.

Mit einem schweren Kloß im Hals und Tränen in den Augen lief er langsam weiter.

Die Festtagsstimmung im Floßhafen näherte sich ihrem Höhepunkt. Die Männer hatten alles darangesetzt, um ihrem siegreichen Floßherren einen grandiosen Empfang zu bereiten. Auch die Hafenverwaltung hatte mitgespielt, Fahnen gehisst und Girlanden aufgehängt. Der Schambes hatte nicht nur Bier und Kartoffelsalat beigesteuert, sondern auch einen Leierkastenmann aufgetrieben, der unermüdlich an seiner Orgel kurbelte. Über einem Holzfeuer brutzelten derweil riesige Fleischbrocken, auf Floßhaken aufgespießt.

Gottlieb Schalk hatte zur Feier des Tages wieder seinen roten Frack mit der goldgelben Weste angelegt und auch den Zylinder nicht vergessen. In diesem Aufzug und mit einem Floßhaken in den Händen vollführte er eine urkomische Pantomime: die erste Fahrt eines unsicheren Neulings durch eine enge Floßgasse. Die Zuschauer krümmten sich vor Lachen, aber Gottlieb meinte: „Das war nur die Generalprobe! Nachher, wenn der Gerd da ist, wird's noch besser!"

Die Drehorgel setzte wieder ein, die Männer lachten und grölten, als plötzlich Pferdegetrappel zu hören war. Ein grünes Polizeifuhrwerk, besetzt mit zwei Polizisten in Uniform, hielt direkt vor der fröhlichen Gesellschaft an, und hintendran stiegen zwei Zivilisten von ihren Pferden. Die lärmende Menge wurde nach und nach leiser, und auch die Musik hörte auf zu spielen.

„Au weia", murmelte Eduard Kleylein. „Etzerdla simmer dran – weeche dere Durchfahrd durchs Wehr geschdern ..."

Die beiden Männer in Zivil kamen näher. Paul Hartmann fand alle seine Vorurteile über die Flößer bestätigt. Er sah eine wilde und ungezügelte Horde von lärmenden Gesellen, die beim Anblick der Polizisten schlagartig verstummt waren. Hatten sie ein schlechtes Gewissen?

Die Kerle hatten anscheinend schon um die Mittagszeit dem Bier reichlich zugesprochen, und auf einem offenen Feuer brieten sie rohes Fleisch. Inmitten der Meute stand eine lächerliche Figur mit einer großen Nase und in einem Aufzug wie ein Schausteller auf dem Jahrmarkt. Der kam jetzt mit einem lachenden Gesicht auf die Kriminalisten zu.

„Guten Tag, meine Herren. Wie können wir Ihnen helfen?"

Der Kommissär zog etwas irritiert seine Dienstmarke hervor. „Kommissär Hartmann von der Staatsanwaltschaft Darmstadt", stellte er sich vor. „Das hier ist mein Kollege Dr. Holtkamp. Wir möchten gerne den Floßherren Gerhard Wich sprechen."

„Der ist in der Stadt und verkauft gerade sein Holz", erklärte der Mann. „Wir erwarten ihn allerdings jeden Moment zurück. Wenn Sie in der Zwischenzeit mit mir vorlieb nehmen möchten ... Übrigens, mein Name ist Gottlieb Schalk."

Paul Hartmann erinnerte sich. „Sie sind einer der Floßführer, nicht wahr?"

„Richtig. – Also kommen Sie, wir müssen ja nicht lange drum herumreden. Wir wissen natürlich, dass die Durchfahrt durchs Nadelwehr auch mit einem kleinen Floß nicht gestattet ist, aber wir hatten leider keine andere Wahl. Die Schleuse ist derzeit geschlossen, und wir mussten unser Holz unbedingt bis gestern Abend hier abliefern. Ich versichere Ihnen, dass wir an den Wehranlagen nichts beschädigt haben."

„Das interessiert uns nicht, Herr Schalk. Wir sind nicht von der Wasserpolizei, sondern von der Kripo!"

Der Medizinalrat hatte inzwischen einen herumliegenden Floßhaken aufgehoben und betrachtete interessiert die geschmiedete Eisenspitze. Jetzt raunte er seinem Kollegen zu: „Das könnte die Tatwaffe sein, Hartmann."

Hartmann nickte, ergriff die lange Stange und rief laut in die Menge hinein: „Wem von Ihnen gehört dieses Werkzeug?"

Als Antwort kam zunächst ein leises Kichern, dann lautes Gelächter zurück. Der Kommissär war verärgert.

„Was ist denn daran so komisch?", fragte er in scharfem Ton. „Das Lachen wird euch schon noch vergehen!"

„Verzeihen Sie, Herr Kommissär", entschuldigte sich Schalk, „aber der Floßhaken ist unser wichtigstes Handwerkzeug. Er wird für viele Zwecke benötigt und eignet sich sogar als Grillspieß, wie Sie da drüben sehen. Wir haben Dutzende davon; jeder, der einen braucht, kann sich bedienen."

Werner Holtkamp zog sein Skizzenheft hervor und präsentierte dem Floßführer seine Zeichnung des Mordopfers. „Kennen Sie diesen Herrn?", wollte er wissen.

Gottlieb Schalk erschrak. „Das ist ja der Ludwig! Ludwig Hempfling aus Unterrodach, der bis Aschaffenburg als Floßführer mit uns gefahren ist. Woher haben Sie das?“

„Wieso nur bis Aschaffenburg?“, kam die Gegenfrage von Hartmann. „Was ist dort passiert?“

Der Wallensteiner zögerte. „Es gab Streit zwischen ihm und dem Floßherren“, antwortete er schließlich. „Am nächsten Morgen war Ludwig verschwunden. Mir gegenüber hat er noch in der Nacht angekündigt, dass er mit dem ersten Zug nach Hause fahren wollte.“

Paul Hartmann entschloss sich zum Frontalangriff. „Dort ist er aber nie angekommen! Stattdessen wurde seine Leiche am nächsten Morgen aus dem Main gefischt – mit einer schweren Stichverletzung am Hals. Herr Schalk – was ist in dieser Nacht in Aschaffenburg passiert?“

Gottlieb wurde blass. „Um Gottes willen ... der Ludwig .... tot?“, stammelte er. Das Entsetzen verbreitete sich rasch in der gesamten Mannschaft, als der Medizinalrat seine Zeichnung herumreichte und alle vom schrecklichen Ende des Floßführers erfuhren.

„Da kommt ja der Meister“, rief plötzlich jemand laut aus der Menge heraus. „Gerd, der Ludwig is doud! Erdrunken! Die Bollizei is dou!“

Der Mann, der sich von der Kasteler Seite her näherte, blieb wie angewurzelt stehen, etwa 30 Meter von ihnen entfernt. Paul Hartmann fluchte leise vor sich hin. Zu dumm, dass Wich die Nachricht auf diese Weise erfahren hatte. Lieber hätte er ihm selbst gesagt, um seine Reaktion zu beobachten – nachdem er ihm vorher noch einige unverfängliche Fragen gestellt und versucht hätte, den Verdächtigen in Widersprüche zu verwickeln. Aber dazu war es nun zu spät.

„Schnell, Holtkamp!“ Sie liefen der gebückten Gestalt entgegen, die zur Salzsäule erstarrt schien. Gerhard Wich zitterte am ganzen Körper, sein Gesicht zeigte nacktes Grauen.

„Ist das wahr?“, flüsterte er nur.

Der Kommissär nickte und holte routinemäßig seine Dienstmarke hervor. „Wir müssen Ihnen ein paar Fragen stellen, Herr Wich. Bitte kommen Sie mit.“ Die Kriminalisten führten den bis ins Mark erschütterten Floßherren zu einem im Gras liegenden Baumstamm, weit genug entfernt, damit die anderen sie nicht hören konnten, und ließen ihn sich setzen.

„Herr Wich“, begann Hartmann, „Sie hatten letzten Donnerstag im Floßhafen von Aschaffenburg eine heftige Auseinandersetzung mit Ludwig Hempfling. Stimmt es, dass Sie ihn geschlagen haben?“

„Ich hätte es nicht tun dürfen“, murmelte Gerhard Wich tonlos. „Das war unverzeihlich. Ich hatte die Beherrschung verloren.“

„Aha. Sie hatten also die Beherrschung verloren. Und als Hempfling spät in der Nacht in den Floßhafen zurückkehrte, wohlgemerkt alleine, da haben Sie sie noch einmal verloren, nicht wahr?“

Der Floßherr schüttelte langsam den Kopf. „Nein. Da habe ich geschlafen. Ich habe den Ludwig nach unserem Streit am Abend nicht mehr gesehen.“

„Wir wissen aber, dass Herr Hempfling gegen Mitternacht im Floßhafen brutal niedergeschlagen und schwer verletzt in den Main geworfen wurde. Davon haben Sie nichts mitgekriegt?“

Erneutes Kopfschütteln.

„Herr Wich, der Floßhafen war um diese Zeit verlassen. Nur Sie und Ludwig Hempfling waren anwesend. Bitte sagen Sie uns, was sich da abgespielt hat!“

Gerd zuckte die Achseln und starrte stumpfsinnig vor sich hin.

„Es ist alles meine Schuld“, flüsterte er, kaum hörbar, nach einer Weile.

„Was haben Sie da eben gesagt?“

„Der Ludwig ist tot!“, brach es plötzlich mit einem heftigen Schluchzen aus ihm heraus.

„Ja, er ist tot. – Sie haben eben gesagt: *Es ist alles meine Schuld.* Sie geben also zu, die Tat begangen zu haben?“

Der Floßherr schüttelte den Kopf und schluchzte leise vor sich hin.

Die beiden Kriminalisten tauschten Blicke. Der Mann stand offensichtlich unter Schock. Im Moment war nicht viel mehr aus ihm herauszubringen.

Holtkamp versuchte es noch einmal mit einem Themenwechsel. „Ein hübsches Jackett haben Sie da an. Ist das neu?"

„Wie? – Ja, das habe ich heute Morgen in Mainz gekauft."

„Was hatten Sie denn vorher getragen?"

Gerd starrte den Fragesteller verständnislos an. In seinem Kopf kreiste alles um einen einzigen Gedanken: Ludwig ist tot ... Ludwig ist tot ... Und dieser komische Kriminalist interessierte sich für seine Kleidung!

„Eine alte braune Strickjacke", antwortete er mechanisch.

„Aha. Und wo ist die geblieben?"

Gerd versuchte sich zu konzentrieren. Was hatte er mit der Strickjacke gemacht?

„Ich habe sie einem Bettler am Eingang des Domes geschenkt."

„Soso, verschenkt! Sehr nobel von Ihnen!"

Paul Hartmann war klar, dass er jetzt handeln musste. Die Verdachtsmomente reichten auf jeden Fall für eine Festnahme aus.

„Herr Wich, ich muss sie leider vorläufig in Haft nehmen – wegen des dringenden Verdachts, den Floßführer Ludwig Hempfling auf brutale Weise getötet zu haben. Ich lasse Sie jetzt ins Polizeipräsidium nach Mainz bringen; dort unterhalten wir uns später weiter."

Auf einen Wink des Kommissärs hin eilten die beiden Mainzer Polizisten herbei.

„Herr Wich ist vorläufig festgenommen", erklärte Hartmann. „Raabe, bringen Sie ihn ins Polizeipräsidium und sperren Sie ihn in eine Arrestzelle. Kallweit, Sie bleiben vorerst hier."

Der Kriminalassistent zog die Handschellen hervor. Gerhard Wich ließ sie sich widerspruchslos anlegen. Dann führten ihn die Polizisten vor den Augen der fassungslosen Flößer zu dem grünen Polizeiwagen, bis sich ihnen Gottlieb Schalk entschlossen in den Weg stellte.

„Sie begehen einen schweren Fehler, Herr Kommissär! Lassen Sie den Mann frei! Ich weiß, dass er es nicht getan hat!"

Paul Hartmann zog höhnisch die Augenbrauen hoch. „Ach ja – Sie wissen es? Waren Sie dabei?"

„Ich weiß es, weil ich ihn kenne. Gerd ist manchmal etwas hitzköpfig, wenn man ihn zu sehr reizt, aber im nächsten Moment bereut er es wieder. Vor allem aber steht er immer zu seinen Taten und würde es niemals leugnen, selbst wenn er etwas so Schlimmes getan hätte. Also lassen Sie ihn frei!"

Der Kommissär hatte allmählich genug. Was bildete dieser Zirkusclown sich eigentlich ein?

„Erzählen Sie mir nicht, wie ich meine Arbeit zu tun habe, Herr Schalk! Ich mische mich auch nicht in Ihre Arbeit ein! Wenn sich herausstellt, dass Herr Wich unschuldig ist, wird er umgehend wieder freigelassen. Und jetzt machen Sie bitte Platz!"

Der Schutzmann stieß Schalk einfach zur Seite, und die Polizisten gingen mit ihrem Gefangenen weiter. An der Grünen Minna hatte Ernst Raabe schon den Riegel beiseitegeschoben und die Tür geöffnet.

„Und was wird jetzt mit unserem Lohn?", rief Peter Schwemmlein plötzlich in die atemlose Stille hinein.

Gerhard Wich drehte sich langsam um. „Bitte lassen Sie mich noch ein paar Worte zu meinen Leuten sagen", bat er den Kommissär. Hartmann nickte.

Der Floßherr musste ein paar Mal heftig schlucken, bevor er sprechen konnte. Stockend, mit zitternder Stimme und vielen Pausen offenbarte er die grausame Wahrheit.

„Hört zu, ihr Männer. Ich habe leider eine schlechte Nachricht für euch. Das Geschäft mit dem Holzhändler Nauth ist geplatzt. Genauer gesagt, ich habe es platzen lassen. Wahrscheinlich war das falsch, aber ich konnte nicht anders. Unser Holz ist momentan nix mehr wert. Die Holländer wollen es nicht mehr."

Gerd fühlte, wie der Kloß in seinem Hals dicker und dicker wurde. Er musste sich ein paar Mal räuspern, bevor er weitersprechen konnte.

„Ich kann euch also jetzt nicht auszahlen. Es tut mir leid. Aber ihr kriegt euren Lohn, das verspreche ich euch. Heinrich, Gottlieb, Georg und die anderen, von denen ich Holz bekommen habe – auch ihr sollt euer Geld kriegen, und wenn ich unseren ganzen Wald verkaufen muss und unsere Sägemühle noch dazu."

Die Flößer standen da wie versteinert. Keiner sprach ein Wort.

Noch einmal erhob ihr Meister seine Stimme, die ihm kaum noch gehorchen wollte. „Ihr habt alle zugeschaut, wie ich dem Ludwig eine reingehaut habe, und ihr wisst auch warum. Das habe ich inzwischen schon tausendmal bereut. Aber ich habe ihn nicht umgebracht. Das müsst ihr mir glauben."

Paul Hartmann fühlte plötzlich so etwas wie Mitleid in sich aufsteigen. Er sah einen gebrochenen Mann vor sich, der alles verloren hatte: seinen Besitz, seine Freiheit und den Glauben an sich selbst. Aber Gefühle durfte er sich in seinem Beruf nicht leisten. Er musste sich an Tatsachen halten.

Gerhard Wich stieg ohne weitere Aufforderung in die Polizeikutsche. An der Tür drehte er sich noch einmal um.

„Macht's gut, Freunde!", rief er mit Tränen in den Augen. „Ich danke euch für alles, was ihr für mich getan habt! Ihr habt die Wette gewonnen – darauf könnt ihr stolz sein, auch wenn ich jetzt alles verloren habe. Kommt gut nach Hause und grüßt alle ganz lieb von mir!"

Kriminalassistent Raabe verschloss die Tür der Grünen Minna und schob den schweren Riegel vor. Dann stieg er auf den Kutschbock und fuhr langsam davon.

Noch immer herrschte Totenstille im Floßhafen, bis der grüne Polizeiwagen außer Sicht war. Dann erhob sich leises Gemurmel, das rasch anschwoll. Es wurde immer lauter. Alle schrien durcheinander; es kam zu einem regelrechten Tumult.

„Ruhe, zum Donnerwetter!", brüllte der Kommissär. Keiner hörte auf ihn.

Wilfried Kallweit zog seine Dienstpistole und schoss zweimal in die Luft. Endlich konnte sich Hartmann Gehör verschaffen.

„Bitte verhalten Sie sich ruhig und vernünftig, sonst riskieren Sie eine Ordnungsstrafe!“, verkündete er. „Wir werden jetzt noch einige von Ihnen als Zeugen befragen, und zwar einzeln und nacheinander. Niemand verlässt diesen Platz, bevor ich ihm die Erlaubnis dazu erteile!“

„Aber um viera geht unser Zug!“, rief Karl Höfner vorlaut.

„Dann kommen Sie gleich mal mit!“, entgegnete der Kommissär.

In einem Abstellraum der Hafenverwaltung hatten die Kriminalbeamten mit zwei Stühlen und einem Tisch ein improvisiertes Verhörzimmer eingerichtet. Paul Hartmann pickte sich nach und nach sechs Flößer für seine Befragung heraus: Drei aus der Mannschaft von Gerhard Wich und drei von Ludwig Hempflings Leuten.

Paul Hartmann und Werner Holtkamp wurde ziemlich schnell klar, dass dies keine normale Floßfahrt gewesen war. Es stand viel auf dem Spiel: Ruhm und Ehre für ein ganzes Dorf, das persönliche Ansehen des Floßherren, und womöglich auch viel Geld. Gerhard Wich war offenbar besessen von seinem Plan, hatte viel riskiert und alles auf eine Karte gesetzt.

Die Flößer bildeten eine verschworene Gemeinschaft, und doch hatte es Spannungen gegeben. Ludwig Hempfling, so erfuhren die Kriminalisten, stand dem Unternehmen ziemlich skeptisch gegenüber, war eher widerstrebend und als Ersatz für einen ausgefallenen Floßführer eingestiegen. Zwischen ihm und Wich kam es immer wieder zu kleineren Reibereien, die letzten Donnerstag zu Handgreiflichkeiten eskalierten.

Alle sprachen sie mit der größten Hochachtung von ihrem Floßherren; auch jetzt noch, nachdem sie erfahren hatten, dass sie vorerst auf ihren Lohn verzichten mussten. Ludwig Hempfling, da waren sich alle einig, hatte den Bogen überspannt. Er hatte Wich bewusst provoziert, indem er beleidigend über dessen Geliebte hergezogen war, und Gerd hatte sich gewehrt. Als Hempfling am nächsten Morgen verschwunden war, hatten alle geglaubt, er habe die Mannschaft im Stich gelassen, um sich an seinem Floßherren zu rächen. Auch einen Sabotageakt hatten sie ihm zugetraut, denn die Verbindungen zwischen den Baumstämmen, die sogenannten Wieden, waren angesägt worden.

Zum Tathergang selbst konnte erwartungsgemäß niemand etwas beitragen. Die Zeugen bestätigten einmütig, was die Beamten längst wussten: Zur Tatzeit waren alle noch fröhlich beim *Schlabbeseppel* versammelt. Alle – bis auf Ludwig Hempfling und Gerhard Wich.

Zum Schluss holte der Kommissär noch einmal Gottlieb Schalk herein. Er wusste nicht so recht, ob er seiner Aussage Glauben schenken konnte, denn zwischen Schalk und Wich bestand offenbar ein besonderes Vertrauensverhältnis, wie ihm die Befragten mehrfach bestätigten. Diesem schrägen Vogel traute er durchaus zu, dass er für seinen Freund sogar einen Meineid schwören würde.

Schalk hatte inzwischen seinen Frack abgelegt und sah in der normalen Arbeitskleidung mit seinen offenen, freundlichen Augen eigentlich ganz manierlich aus. Er brachte Bestecke und zwei Teller mit, beladen mit leckerem Kartoffelsalat und knusprigem Bratenfleisch, von dem ein betörender Duft nach exotischen Gewürzen ausströmte.

„Einen schönen Gruß von unserem Koch“, strahlte er. „Die Herren haben sicher Hunger. Wir müssten es sonst wegwerfen.“

Der Medizinalrat warf sehnsüchtige Blicke auf die verführerischen Speisen, doch der Kommissär stellte umgehend klar: „Sie wissen doch, dass wir als großherzogliche Staatsbeamte keine Geschenke oder Vergünstigungen annehmen dürfen. Was Sie da tun, könnte Ihnen als Bestechung ausgelegt werden. Holtkamp, bitte bringen Sie das Zeug wieder hinaus.“

Hartmann, Hartmann, dachte Werner Holtkamp, manchmal übertreibst du es wirklich ein bisschen mit deiner Korrektheit.

Dennoch gehorchte er widerspruchslos und verschwand mit dem Essen nach draußen.

„Herr Schalk“, sprach der Kommissär, „Sie haben vorhin ausgesagt, Ludwig Hempfling habe Ihnen gegenüber angekündigt, dass er vorzeitig abreisen wolle. Anscheinend waren Sie aber der Einzige, der das direkt aus seinem Mund erfahren hat. Alle anderen haben das später nur von Ihnen gehört ...“

„Sie glauben mir nicht, oder?“, unterbrach ihn der Flößer. „Sie denken, ich habe das erfunden, um meinen Freund zu schützen, nicht wahr?“

Paul Hartmann fühlte sich ertappt. Der Mann war nicht dumm. Er ging in die Offensive.

„Und? Ist es so?“

Gottlieb Schalk seufzte. „Natürlich nicht. Ludwig hat überhaupt wenig geredet an diesem Abend. Ich habe auch zuerst nicht geglaubt, dass er seine Ankündigung ernst meinte. Erst als er am Morgen verschwunden war, habe ich den anderen davon erzählt.“

„Und niemand kam auf die Idee, dass ihm vielleicht etwas zugestoßen sein könnte?“

„Nein. Alle waren stocksauer auf den Ludwig, denn wir hatten jetzt plötzlich keinen Floßführer mehr für das dritte Floß. Jedenfalls keinen mit der nötigen Lizenz. So durften wir eigentlich nicht weiterfahren. Aber da wir unbedingt vorankommen mussten, haben wir kurzerhand den Georg Hümmrich, der besonnen und erfahren ist, zum Floßführer ernannt.“

„Wenn Gerhard Wich Ihrer Überzeugung nach unschuldig ist – wer, glauben Sie, könnte dann die Tat begangen haben?“, wollte der Kommissär wissen.

Schalk zuckte mit den Schultern. „Ein Hafen bei Nacht mag still und friedlich aussehen, und doch treibt sich dort mitunter allerlei Gesindel herum. Wir haben schon mehr als einmal erlebt, dass wir morgens aufgewacht sind und Werkzeuge oder Teile der Ausrüstung verschwunden waren. Und an diesem Morgen waren die Wieden auf Ludwigs Floß angesägt. Das hätte übel ausgehen können. Wir dachten natürlich alle, der Ludwig selbst hätte das getan, um sich an Gerd zu rächen."

Hartmann dachte nach. Hatte der Hitzkopf Gerhard Wich den Floßführer bei seinem zerstörerischen Werk ertappt und ihn im Zorn getötet? Gut möglich. Oder hatte Wich selbst an den Wieden gesägt, um den Verdacht auf Hempfling zu lenken? Auch denkbar. Oder war ein Dritter im Spiel – der große Unbekannte?

„Wenn es Hempfling nicht war – wem sonst wäre so etwas zuzutrauen?"

„Ich weiß es nicht, Herr Kommissär. Finden Sie es heraus, und Sie haben den Mörder."

In diesem Moment kam der Medizinalrat in den Verhörraum zurück. Er war verdächtig lange draußen geblieben, und in seinem Bart glänzten verräterische Fettspuren.

„Lassen Sie jetzt wenigstens die Floßknechte gehen", bat Schalk. „Nach allem, was heute passiert ist, möchten die Männer so schnell wie möglich nach Hause. Sie haben ja unsere Namen und Adressen aufgenommen. Ich selbst und vier weitere Flößer sind noch bis übermorgen früh hier, falls noch Fragen auftauchen sollten."

Der Kommissär nickte. Es gab keinen Grund, die Männer länger festzuhalten, zumal keiner von ihnen als Täter infrage kam.

„Vielen Dank, Herr Schalk, und alles Gute. – Kommen Sie, Holtkamp. Wir brechen unsere Zelte hier ab."

„Ich weiß nicht", äußerte der Gerichtsmediziner nachdenklich, „wie ein brutaler und kaltblütiger Mörder kommt mir der Wich nicht vor. Sie haben ja seine Reaktion gesehen, als er von Hempflings gewaltsamen Tod gehört hat. Der Schock war nicht gespielt."

„Nicht so voreilig, mein Lieber", erwiderte Hartmann. „Mir sind schon viele Mörder begegnet, die ihre Tat lange Zeit innerlich verdrängt oder verharmlost haben, weil sie hofften, damit durchzukommen. Wenn sie dann plötzlich von der Polizei mit den harten Fakten konfrontiert werden, wird ihnen die Schwere ihrer Schuld zum ersten Mal richtig bewusst. Dann kommt der eigentliche Schock!“

Zu viert saßen sie in dem kleinen Mansardenbüro im dritten Stock des Polizeipräsidiums und zogen Bilanz: Die beiden Kriminalbeamten aus Darmstadt und die Mainzer Polizisten.

„Soll ich ihn jetzt zur Vernehmung holen?“, fragte der Kriminalassistent.

„Nein, Raabe, das wäre psychologisch nicht klug. Wir würden wahrscheinlich nichts Neues erfahren. Der Wich braucht einfach noch Zeit, um mit sich selbst ins Reine zu kommen. Wir lassen ihn erst mal eine Nacht in seiner Zelle schmoren und knöpfen ihn uns morgen früh vor.“ Die Worte klangen kalt und berechnend, und dennoch beruhten sie auf jahrelanger kriminalistischer Erfahrung, wonach selbst die verstocktesten Beschuldigten nach einer Nacht im Arrest schließlich doch ihren Mund öffneten.

„Verdächtig ist auf jeden Fall“, fuhr er fort, „dass Wich plötzlich seine alte braune Strickjacke loswerden wollte.“

„Wirklich, Hartmann?“, zweifelte der Medizinalrat. „Woher konnte er wissen, dass wir unter den Fingernägeln des Opfers winzige Spuren von Schafwolle gefunden haben? Und selbst wenn er es geahnt hätte – wieso hat er seine Jacke erst heute weggegeben? Dazu hätte er doch schon viel früher Gelegenheit gehabt.“

Paul Hartmann musste einräumen, dass die Argumentation schlüssig war. „Wenn Wich die Wahrheit gesagt hat, ist das fragliche Kleidungsstück jetzt im Besitz eines Bettlers vor dem Dom“, meinte er. „Wir müssten diesen Mann finden und die Jacke sicherstellen.“

„Das dürfte kein Problem sein“, meinte Wilfried Kallweit. „Am Domportal hocken immer die gleichen Bettler. Die Plätze sind einträglich und unter den Bedürftigen heiß begehrt. Sie wechseln sich da in drei Schichten ab – manche sind nur vormittags da, andere nachmittags und wieder andere abends.“

„Also gut – dann marschieren Sie gleich morgen früh zum Dom, Kallweit, und suchen die Person, die heute eine braune Strickjacke geschenkt bekommen hat!“

„Jawoll, Herr Kommissär! Allerdings ...“ Der Schutzmann zögerte.

„Was ist, Kallweit?“

„Es ist nur ... es macht vielleicht keinen guten Eindruck, wenn ein Polizist einem Bettler die Jacke wegnimmt. Noch dazu am Eingang zum Dom!“

„Wir brauchen ja nicht die ganze Jacke“, schmunzelte Holtkamp. „Zwei oder drei kurze Fäden genügen. Nehmen Sie eine Schere mit! Und geben Sie ihm das hier – das wird ihn beruhigen.“ Er zog sein Portemonnaie hervor und reichte dem Schutzmann eine Fünfzig-Pfennig-Münze.

Horst Michael Faller grunzte zufrieden. Der Leidenscheißer aus dem Frankenwald war erledigt. Er hatte nicht einmal ein ordentliches Floß abliefern können, nur lächerliche mickrige Böden. Das Geschäft mit Nauth hatte er ausgeschlagen und damit ihn, den Holzmichel, zum eigentlichen Sieger gemacht. Am Nachmittag verbreitete sich zudem im Floßhafen die Kunde, dass Wich verhaftet worden war – wegen Mordverdacht! Was für eine Geschichte, die er da erzählen konnte!

Faller hatte seine Floßknechte ausgezahlt, die noch am gleichen Tag die Heimreise antraten. Er selbst hatte es nicht so eilig. Heute Nacht wollte er noch einmal ordentlich auf den Putz hauen, bei Madame Gaultier in der Kappelhofgasse. Er wusste, dass ihn sein Floßbaum diesmal nicht im Stich lassen würde. Seine Männer würden inzwischen die Nachricht von seinem Triumph schon mal in die Heimat tragen, und bei seiner Rückkehr würde es in Wolfach einiges zu feiern geben.

Die eisenbeschlagene Seemannskiste mit seinen persönlichen Sachen hatte er bereits sorgfältig gepackt und verschlossen. Ein letztes Mal würde er alleine in der bescheidenen Flößerhütte übernachten, bevor er sie morgen in der Frühe für Balthasar

Nauths Floßmeister räumen musste, der das Holz aus dem Schwarzwald bis nach Holland bringen sollte.

Der Holzmichel wollte sich gerade zu einem Nickerchen ausstrecken, als er draußen Schritte hörte. Jemand schlich über das verlassene Floß. Dann knarrte die Tür des Bretterverschlages, und eine finstere Gestalt trat ein.

„Du bist es, Pirat?“, rief Faller, verärgert über die Störung. „Was hast du hier zu suchen?“

„Meine Belohnung will ich abholen, die Ihr mir versprochen habt“, entgegnete der Besucher. „Oder habt Ihr das schon vergessen?“

Der Floßherr erinnerte sich sehr wohl. Vor einer Woche war Büttner im Mannheimer Hafen aufgetaucht und hatte nach Arbeit gefragt. Horst Faller aber brauchte keinen weiteren Flößer; er wartete ungeduldig auf sein verspätetes Holz. Schon wollte er ihn mit einem derben Fluch davonjagen, da kam ihm eine Idee. Gerade hatte er aus der Zeitung erfahren, dass die Franken dem Ziel bereits gefährlich nahe waren. Jakob Büttner, von dem man sich erzählte, dass er für Geld zu allem bereit sei, konnte ihm in dieser Situation von Nutzen sein.

Er hatte ihm einen kleinen Vorschuss und ein paar eindeutige Instruktionen gegeben. Noch am gleichen Tag sollte der Pirat mit dem Zug nach Aschaffenburg fahren und dort auf die Flößer aus dem Frankenwald warten. Dann sollte er versuchen, die Konkurrenten auf ihrem weiteren Weg nach Mainz ein kleines bisschen zu behindern und aufzuhalten, damit am Ende die Schwarzwälder die Nase vorne hätten. Faller war sich sicher, dass Büttner dazu etwas einfallen würde.

„Ich habe mir einiges einfallen lassen“, kam prompt die Bestätigung. Aus den Worten war ein wenig Stolz herauszuhören. „In Aschaffenburg habe ich nachts die Wieden angesägt. In der Nacht darauf war ich am Offenbacher Wehr; da habe ich auf dem Steg die lange Rettungsleiter ausgehängt und vor der Einfahrt zur Floßrutsche versenkt. Mittags habe ich dann vom anderen Ufer aus zugesehen, wie das dritte Floß der Franken daran hängengeblieben ist und anschließend ins Wehr gekracht ist. Und an die Flörsheimer Rutsche habe ich mich vorgestern am helllichten Tag herangeschlichen und habe die Kette von der Toröffnung heruntergeworfen, ohne dass mich jemand bemerkt hat."

„Trotzdem war der Wich vor mir da. Dafür gibt's keine Belohnung. Wir hatten eine klare Abmachung."

„Was kann ich dafür, wenn ihr so lange rumtrödelt?", rief Büttner wütend. „Jedenfalls habt Ihr Euer Holz verkauft und kassiert! Jetzt verlange ich meinen Anteil!"

„Heerschd du schlecht? Die Belohnung hädschd bekomme, wenn du die Franken so lange aufgehalte hädschd, dass wir als Erschde angekomme wärn. Haschd du aber nit! Du kaschd froh sein, dass i nit den Vorschuss von dir zurückverlang. Und jetzt verschwinde!"

Doch der Pirat dachte nicht an einen Rückzug. Mit einem verschlagenen Gesichtsausdruck kam er näher heran und raunte dem Anderen zu: „Ihr wisst noch nicht alles, Meister. Jemand hat mich erwischt, als ich an den Wieden gesägt habe. Ich musste ihn erschlagen."

Der Holzmichel pfiff durch die Zähne. „Du warst des? Heiligs Blechle! Und den Leidenscheißer haben sie dafür eingesperrt! Sauber!"

Er brauchte eine Weile, um die Neuigkeit zu verdauen, doch dann stellte er unmissverständlich klar: „Damit hab ich nichts zu tun! Ich hab nur gesagt, dass du die Franken e bissle ärgern sollschd. Und du bringschd glei oinen um!"

„Was hätte ich denn tun sollen? Sonst wär doch alles aufgeflogen!" Das linke Auge des Piraten funkelte böse. „Ihr werdet es noch bitter bereuen, wenn ich meine Belohnung nicht bekomme! Dann erfährt nämlich die Polizei von mir, wer mich zu all dem angestiftet hat!"

Einen Moment lang war Faller unschlüssig. Sollte er dem Mann nicht doch ein paar Scheine in die Hand drücken, um ihn ruhig zu stellen? Nein, das wäre nicht klug. Büttner würde wiederkommen und mehr verlangen. Und erpressen ließ er sich nicht.

„Mach dich nicht lächerlich, Pirat“, grinste er. „Du wirst nicht zur Polizei gehen. Da müschd du dich ja erschd emal selber beschuldige. Ond i werd alles abschdreide, verschdehsd? I henn di nie in Mannem gsehe. Oder haschd du Zeugen? – Also hau endlich ab und lass mich in Ruh'!“

Der Holzmichel wandte sich verärgert ab. So entging ihm, dass Büttners gesundes Auge gefährlich flackerte und gleichzeitig voller Habgier zwischen der schweren Goldkette an seinem Handgelenk, dem funkelnden Brillanten an seinem Ohr und der verschlossenen Kiste hin und her hüpfte.

„Ihr wollt mich betrügen, Meister!“, keuchte der Pirat. „Um meinen gerechten Lohn wollt Ihr mich betrügen, obwohl Ihr wahrlich reich genug seid! Aber Jakob Büttner lässt sich nicht betrügen – von niemandem!“

Zu spät erkannte der Floßherr das lange scharfe Messer, das sein Besucher plötzlich aus seinem Stiefelschaft herausriss. Im nächsten Moment spürte er einen irrsinnigen Schmerz, und ein warmer roter Strahl schoss pulsierend aus seiner offenen Kehle.

Der große, stattliche Schwarzwälder schlug zu Boden wie eine gefällte Fichte. Er sah noch, wie der Blutstrom aus seinem Hals zwischen den Ritzen der Stämme versickerte, die er aus seiner Heimat mitgebracht hatte, bevor es für immer schwarz vor seinen Augen wurde.

Gerhard Wich hockte regungslos in seiner feuchten und ungeheizten Zelle im Keller des Polizeipräsidiums. Vor einer Stunde hatte ein mürrischer Wachmann das Abendessen gebracht: Zwei Scheiben Brot mit etwas Wurst, eine Tasse Pfefferminztee. Beides stand unberührt auf dem kleinen Tischchen, das zusammen mit dem Hocker, einer einfachen Pritsche und einem Eimer für die Notdurft die spärliche Einrichtung des engen Raumes bildete. Es war totenstill – aus der Außenwelt drang kein Geräusch in das Verlies.

In seinem Kopf war nichts als eine große Leere. Er war unfähig, einen klaren Gedanken zu fassen. Irgendwie hatte er das merkwürdige Gefühl, außerhalb seines Körpers zu stehen. Das bin ich nicht ich, dachte er wider alle Vernunft, der hier in dieser düsteren Zelle sitzt. Das muss ein anderer sein. Ich bin Gerd Wich, ein unerschrockener Floßherr aus dem Frankenwald, der eine wichtige Wette gewonnen hat. Ich habe viele Ideen und große Pläne für die Zukunft.

Der winzige Kerzenstummel, den man ihm für die Nacht gelassen hatte, war heruntergebrannt; mit einem letzten Aufflackern verlöschte das blaugelbe Flämmchen. Es war jetzt stockfinster um ihn herum, und lautlose Tränen der Verzweiflung rollten langsam über seine Bartstoppeln.

Ohne eine Spur von Mitleid schaute Jakob Büttner auf sein Opfer herab. Es war einfach nicht in gerechtfertigt, dass ein paar wenige stinkreich waren und andere fast gar nichts hatten. Noch viel weniger war es in Ordnung, wenn die Reichen den Armen ihren gerechten Lohn verweigerten. Der Holzmichel hatte nur bekommen, was er verdiente.

Der Pirat bückte sich und streifte das schwere goldene Armband vom Handgelenk des Toten ab; dann riss er ihm den Brillantring vom Ohrläppchen und steckte beides in seine Hosentasche. Anschließend packte er den leblosen Körper an den Füßen, schleifte ihn zur Tür hinaus, zerrte und zog ihn weiter, quer über das Floß bis an die Flussseite. Ein Dampfschleppzug fuhr gerade stampfend stromabwärts, aber es wurde schon dunkel, und niemand an Bord nahm Notiz von dem, was da nebenan vor sich ging.

Jakob Büttner rollte den Leichnam über die Kante. Klatschend fiel der massige Körper ins Wasser und wurde rasch davongetrieben.

„Gute Reise, Holzmichel!“, murmelte der Pirat.

In der Ecke mit den Werkzeugen fand er eine Axt; damit ging er zurück in die Flößerhütte und drosch auf die Verriegelung der Seemannskiste ein. Nach einigen kräftigen Schlägen flog das schwere Vorhängeschloss klirrend davon.

Er wühlte sich durch den aufgebrochenen Kasten. Kleidungsstücke, Rasierzeug und Dokumente schleuderte er achtlos beiseite, bis er das fand, was er sich erhofft hatte: Einen dicken Umschlag mit Geldscheinen und ein schweres Leinensäckchen, in dem Münzen klimperten.

Niemand begegnete ihm, als er mit seiner Beute durch den nächtlichen Floßhafen schlich, hinüber zu der armseligen Gartenhütte, in der er seit zwei Jahren hauste – jedenfalls immer dann, wenn er in Kostheim weilte.

Auf seiner harten Pritsche warf sich Gerhard Wich unruhig hin und her; in einem erschöpften Halbschlaf, von schrecklichen Visionen heimgesucht. Er sah, wie sein Floß an einer hohen Mauer zerschellte, sah, wie seine Freunde in den Fluten verzweifelt um ihr Leben kämpften, während die Zuschauer am Ufer höhnisch riefen: „Warüm lernd ihr Flüeßä denn nieä es Schwimma?"

Dann war da plötzlich Ludwig Hempfling, der mit seinem ganzen Körpergewicht am Floßbaum hing, während sich von hinten der Holzmichel anschlich und ihn mit einem Fausthieb niederstreckte. Im nächsten Moment war schon die Polizei da, aber der Holzmichel rief: „Ich bin unschuldig – der Leidenscheißer war's!" Die Polizisten stürzten sich auf ihn, Gerd wurde abgeführt und in eine finstere Zelle gesteckt, wo schon der Scharfrichter mit dem Beil auf ihn wartete. Er nahm seine Kapuze ab, und Gerd blickte in das grinsende Gesicht des Holzhändlers Nauth. Mit einem Schrei schreckte er von seinem Lager hoch.

Er brauchte einen Moment, bis ihm in völliger Dunkelheit allmählich bewusst wurde, wo er sich wirklich befand: Es war seine erste Nacht im Kerker. Wie viele dieser grausamen Nächte würden folgen – und was würde am Ende auf ihn warten?

In seiner primitiven Hütte zündete der Pirat eine Stalllaterne an, um seine Beute zu begutachten.

Er langte in den Beutel mit den Münzen und zog eine Handvoll davon heraus. Sie zeigten das Profil des Kaisers auf der Kopfseite und den Reichsadler auf der Rückseite. Der trübe Schein der Petroleumlampe schickte glitzernde Reflektionen durch den engen Raum.

Gold! Jakob Büttner stieß unterdrückte Jubelschreie aus. Gold hatte ihn schon immer fasziniert. Gold bedeutete Reichtum, Luxus, ein sorgloses Leben. Es ermöglichte den Zugang in eine andere, bessere Welt.

Mit zitternden Händen und klopfendem Herzen setzte er die Zwanzig-Mark-Münzen aufeinander, immer zehn Stück zu einem kleinen Türmchen, bis das Säckchen leer war. Zum Schluss zählte er zwanzig Türmchen. Wahnsinn!

Dann öffnete er den Umschlag mit dem Papiergeld: Lauter Banknoten über 50 Mark, zusammen fast 3.000 Mark!

Ein Rausch überkam ihn. Jetzt war er endlich reich, richtig reich! Vorbei die Zeiten, wo er sich für kargen Lohn auf dem Floß oder in der Fabrik abrackern musste. Von nun an würde sich sein Leben ändern.

Mit genug Geld in der Tasche konnte man alles bekommen: Respekt, Anerkennung, sogar die schönsten Frauen. Gleich heute Nacht würde er es ausprobieren. Er wusste, wo man in Mainz Frauen kaufen konnte. Er würde mit ihnen Champagner trinken, wie die vornehmen Herren der besseren Gesellschaft, zu der er jetzt auch gehörte.

Der Pirat steckte die Scheine zurück in den Umschlag bis auf zwei, die in seine Hosentasche kamen. Die Münzen ließ er wieder in das Leinsäckchen gleiten. Mit dem Geldschatz in der linken und der Stalllaterne in der rechten Hand schlich er sich hinüber auf das verwilderte Nachbargrundstück.

Vor vielen Jahren hatte der damalige Pächter dort einen Brunnenschacht gegraben, vier Meter tief bis ins Grundwasser. Als die Schrebergartenanlage geräumt werden musste, hatte er den Brunnen wieder zur Hälfte zugeschüttet und trockengelegt.

Jakob Büttner schob die schwere Holzabdeckung des Schachts beiseite, die fast vollständig mit Brombeergestrüpp überwuchert war, und stieg in den engen Schacht hinunter. Unten räumte er ein paar Steine zur Seite, bis eine stählerne Geldkassette zum Vorschein kam. Er zog einen kleinen Schlüssel aus der Tasche und öffnete sie.

Im Licht der Petroleumlampe kontrollierte er den Inhalt: Ein paar holländische Münzen und etwas Schmuck, den er einst leichtsinnigen Hausfrauen auf offener Straße entrissen hatte und nun schon seit Jahren in dieser Kassette hütete. Aber was war das alles gegenüber dem Schatz, der jetzt hinzukam!

Er legte das Säckchen mit den Goldmünzen liebevoll hinein und den Umschlag mit den Banknoten obendrauf. Aus seiner Hosentasche holte er den Schmuck hervor, den er dem Holzmichel abgenommen hatte. Einen Moment zögerte er, dann landete das goldene Armband ebenfalls in die Kassette; den Ohrring aber steckte er wieder ein. Er schloss den Deckel ab, auf dem drei Worte eingraviert waren: *Jedem das Seine.*

Der Pirat ließ die Stahlkassette wieder unter den Steinen verschwinden und kletterte aus dem Schacht. Sorgfältig schob er die hölzerne Abdeckung zurück an ihren Platz und tarnte sie mit den Brombeerranken. Niemand würde so schnell sein geheimes Versteck entdecken.

Im Überschwang freudiger Erwartung machte er sodann die ersten Schritte in sein neues Leben: Er überquerte die Straßenbrücke hinüber nach Mainz und begab sich in die Kappelhofgasse.

Kapitel 12 – Schuld und Erlösung

Als die Darmstädter Kriminalisten am nächsten Morgen ins Polizeipräsidium kamen, wurden sie schon in der Eingangshalle vom Kriminalassistenten Raabe abgefangen. „Sie möchten bitte gleich ins Büro von Kommissär Obermess kommen."

„So? Was gibt es denn so Dringendes?", fragte Hartmann.

„Es haben sich zwei Damen gemeldet, die eine Aussage machen wollen", erklärte Raabe. „Der Chef meinte, es könnte interessant für Sie sein, weil es um einen Flößer geht."

Im Vorzimmer des Mainzer Kommissärs warteten zwei bunte Paradiesvögel. Ihre auffallende Kleidung von billiger Eleganz wirkte in dieser Umgebung ziemlich deplatziert. Die ältere der beiden Damen war grell geschminkt und üppig mit Schmuck behängt, die jüngere trug ein tief ausgeschnittenes Dekolletee. Sie warf dem jungen Kriminalbeamten schmachtende Blicke hinterher, als dieser mit einem kurzen „Guten Morgen!" den Raum durchquerte.

Andreas Obermess begrüßte seine Kollegen, strahlend und schwitzend wie immer. „Schön, dass ihr gleich gekommen seid. Ich glaube, ich hab was für euch." Er zeigte mit einer Kopfbewegung zur Tür. „Die beiden Schätzchen da draußen sind alte Bekannte von uns", erklärte er. „Die Gaultier betreibt ein Bordell im Rotlichtviertel; die Susi ist eines ihrer Pferdchen. Eigentlich heißt sie Hermine Wucher, aber das klingt nicht verrufen genug. In einem solchen Etablissement verkehren naturgemäß auch allerlei zwielichtige Typen, und die Gaultier hat uns schon manchen heißen Tipp gegeben. Im Gegenzug lassen wir sie in Ruhe, obwohl in dem Laden nicht alles ganz koscher ist."

„Verstehe“, zwinkerte Hartmann. „Und warum sind sie heute gekommen?“

„Letzte Nacht war ein etwas merkwürdiger Gast bei ihnen. Aber das sollen sie euch am besten selbst erzählen.“

Er stand auf und öffnete die Tür zum Vorzimmer. „So, meine Damen, wenn Sie bitte noch mal hereinkommen möchten ...“

Die Frauen schwebten herein, getragen von einer Duftwolke süßlichen Parfüms.

„Monsieur le Commissaire, ich protestiere!“, legte die Ältere los. „Wie lange wollen Sie uns ier noch fest-alten? Wir sind ehrbare Bürgerinnen dieser Stadt, sind freiwillig zu Ihnen gekommen und aben alles gesagt, was wir wissen!“

„Trotzdem muss ich Sie bitten, Ihre Aussage in Anwesenheit meiner Kollegen noch einmal zu wiederholen“, entgegnete Obermess geduldig. Er stellte Dr. Holtkamp und Paul Hartmann vor und erklärte, warum die beiden hier waren. „Also bitte, Madame Gaul-Tier.“

„*Gaultier, Monsieur le Commissaire, Gol-tjeh!* Mein Gott, wann werden Sie das endlich kapieren?”

„Ja ja, schon gut! Erzählen Sie bitte von dem Herrn, der letzte Nacht bei Ihnen war!“

„Ein schrecklicher Mensch!“, entrüstete sich Madame Gaultier. „Ässlisch, ungepflegt, mit schäbiger Kleidung. Er atte ein ... wie sagt man ... un oeil artificiel ...“

„Ein künstliches Auge?“, übersetzte der Medizinalrat.

„Oui. Richtig un-eimlich. Normalerweise aben solche Individuen keinen Zutritt zu meinem Etablissement. Ich muss auf den guten Ruf meines Auses achten. Aber er at erzählt, dass er in Wirklichkeit ein vornehmer reicher Mann sei und sein Äußeres nur Tarnung, damit man ihn nicht erkennt. Er at den teuersten Champagner bestellt und gleich mit einem Fünfzig-Mark-Schein bezahlt. Dann at er noch einen zweiten Fünfziger vorgezeigt und gesagt, dass wir den auch noch bekommen, wenn er zufrieden ist.“

Andreas Obermess schmunzelte. Es war klar, dass die Bordell-Chefin bei einem so spendablen Gast ihre Prinzipien schnell über den Haufen geworfen hatte.

„Und seinen Namen hat er nicht genannt?“, erkundigte sich Hartmann.

„Naturellement pas. Die meisten unserer Kunden, wenn sie das erste Mal kommen, wollen anonym bleiben. Discrétion, vous savez. Susanne at sich um ihn gekümmert. Susi, erzähl mal, was dann passiert ist.“

Die Rothaarige schlug ihre langen Beine übereinander, sodass sich der Schlitz ihres Kleides bis zu den Schenkeln hinauf öffnete. Paul Hartmann runzelte die Stirn.

„Ich habe mich richtig ein bisschen gefürchtet vor dem“, lispelte sie. „Er hat es wohl gemerkt, und um mich zu beruhigen, wollte er mir ein Geschenk machen. Hier ist es.“ Sie kramte in ihrem winzigen Handtäschchen und brachte einen goldenen Ring mit einem funkelten Brillanten hervor.

„Den Schmuck habe ich sofort erkannt“, verkündete sie stolz. „Der ist einmalig. Es ist der Ohrring vom Holzmichel!“

„Moment – vom Holzmichel?“, unterbrach sie Hartmann. Das war doch der Konkurrent von Gerhard Wich bei der Flößerwette! Er blätterte in seinem Notizbuch. „Meinen Sie den Floßherren Horst Michael Faller aus dem Schwarzwald?“

„Ja, genau den“, bestätigte Madame Gaultier. „Wir nennen ihn nur Monsieur Olzmichel. Er ist Stammgast bei uns. Susi war erschrocken, kam sofort zu mir und hat mir den Ring gezeigt, und ich habe ihn auch erkannt. Ich abe den un-eimlichen Kerl gefragt, von wem er den Schmuck bekommen ätte, und da wurde er frech und at gesagt, das ginge mich einen Scheißdreck an. Da abe ich ihn vor die Tür gesetzt!“

„Darf ich den Ohrring mal sehen?“, bat Dr. Holtkamp. Er nahm ihn von Susi entgegen und inspizierte ihn gründlich.

„Monsieur Olzmichel würde sich niemals freiwillig von seinem Ohrring trennen!“, war sich die Gaultier sicher. „Der Kerl muss ihn gestohlen aben!“

„Der Ring ist nicht geöffnet worden – so kann er nur mit Gewalt vom Ohr abgerissen worden sein“, stellte der Gerichtsmediziner fest. „Ich muss mir das mal unter dem Mikroskop anschauen; vielleicht sind noch Hautreste zu erkennen. Außerdem würde ich gerne ein Phantombild Ihres Gastes für die Fahndung anfertigen. Darf ich die Damen bitten, mich nach oben in unser Büro zu begleiten?“

Diesmal protestierte die Bordellchefin nicht, aber Susi wollte wissen: „Bekomme ich meinen Ring zurück?“

„Tut mir leid – der ist als Beweismittel beschlagnahmt“, stellte Kommissär Obermess klar. Die junge Frau machte einen Schmollmund und warf Paul Hartmann beim Rausgehen einen sehnsüchtigen Blick nach, der ausdrücken sollte: Viel lieber wäre ich jetzt mit dir nach oben gegangen.

Werner Holtkamp kam zurück zu den Kollegen im Büro von Kommissär Obermess, mit seinem Skizzenheft in der Hand und einem ernsten Ausdruck im Gesicht.

„Wie ich vermutet hatte – es gibt Hautreste und auch Blutspuren an diesem Ohrring. Ein deutliches Zeichen, dass der Schmuck dem Besitzer mit Gewalt entrissen wurde. Hoffentlich ist dabei nichts Schlimmeres passiert.“

Doch über das Schicksal von Horst Michael Faller sollten die Kriminalbeamten nicht lange im Ungewissen bleiben, denn in diesem Augenblick klopfte es an der Bürotür. Ernst Raabe steckte sinen Kopf herein, um zu melden: „Chef, da möchte jemand eine Aussage über einen verschwundenen Flößer machen.“

Es dauerte eine Weile, bis der aufgeregte und leichenblasse Kaufmannsgehilfe Leberecht Windling einen zusammenhängenden Bericht zustande brachte. Vor einer halben Stunde, soviel war seinen Worten zu entnehmen, hatte er im Auftrag seines Chefs, des Holzhändlers Balthasar Nauth, das Rheinfloß betreten, welches drüben an der Maaraue vor Anker lag. Dort sollte die offizielle Übergabe des Holzes an den Floßmeister seiner Firma stattfinden, der für den Weitertransport nach Holland verantwortlich war. Der Lieferant jedoch, der Floßherr Horst Michael Faller, war nicht anwesend. Stattdessen fanden sie die Flößerhütte in einem chaotischen Zustand vor. Fallers Seemannskiste war aufgebrochen und durchwühlt worden, und eine Blutspur zog sich über das halbe Floß bis hinüber zum linken Rand.

„Herr Faller hatte eine größere Summe Bargeld aus dem Verkauf seines Holzes bei sich", berichtete Windling. „Allein 4.000 Mark in Goldmünzen und rund 3.000 Mark in Scheinen. Die sind offensichtlich gestohlen worden."

Paul Hartmann pfiff leise durch die Zähne. „7.000 Mark in bar! Na, wenn das kein Motiv ist!"

Medizinalrat Holtkamp öffnete sein Skizzenheft und zeigte dem jungen Mann das Phantombild. „Kennen Sie diese Person?"

Windling musste nicht lange überlegen. „Ja – das ist der Flößer Jakob Büttner aus Kostheim, genannt der Pirat."

Verdammt – schon wieder ein Flößer!, dachte Kommissär Hartmann. „Sind Sie sicher?", hakte er nach.

„Absolut. Der Mann hat schon öfter für unsere Firma gearbeitet."

Paul Hartmann riss dem Gerichtsmediziner die Zeichnung aus der Hand und knallte sie seinem Mainzer Kollegen auf den Schreibtisch. „Bitte kümmere dich drum, Andreas! Großfahndung!"

Er zog seinen Mantel an. „Wir dürfen keine Zeit verlieren, meine Herren! Raabe – Sie begeben sich zusammen mit Kallweit bitte sofort nach Kostheim. Versuchen Sie herauszufinden, wo sich dieser Büttner aufhält. Die Kostheimer Ortspolizei wird Sie unterstützen. Aber Vorsicht – der Mann ist gefährlich."

Dann drängte er auch den Medizinalrat zum Aufbruch. „Los, Holtkamp, kommen Sie schon! Wir schauen uns jetzt mal auf diesem Floß um!"

Auf dem Rheinfloß vor der Maaraue herrschte geschäftiges Treiben. Männer liefen hin und her, brachten Werkzeuge und Ausrüstung hinüber. Direkt vor dem Floß hatte inzwischen ein großer Schaufelraddampfer festgemacht, und zwei schwere Ketten wurden dort ausgerollt, um die Holzfracht an das Schleppschiff anzuhängen.

„Wenn es da drüben noch irgendwelche verwertbaren Spuren gibt, würde mich das wundern", murmelte Holtkamp. „Die haben sicher längst alles niedergetrampelt."

Einer der fleißigen Männer unterbrach seine Arbeit und kam zu den Polizeibeamten herüber. Gottlieb Schalk war ungewöhnlich ernst und blass; seine Augen verrieten einiges von dem Schrecken, den ihm das grausige Geschehen eingejagt hatte.

„Herr Kommissär – wir sind alle zutiefst erschüttert", sprach er. „Morgen müssen wir weiter nach Holland fahren, auf dem Floß unseres Konkurrenten, das von seinem Blut getränkt ist ... Wer macht so etwas?"

„Nun, in diesem Fall kennen wir zumindest den Tatverdächtigen, Herr Schalk. Im Augenblick fahnden mit Großeinsatz nach ihm. Weit wird er nicht kommen."

„Jedenfalls müssen Sie jetzt meinen Freund sofort freilassen, Herr Kommissär! Ich sagte Ihnen doch, dass er unschuldig ist!"

Paul Hartmann hatte ein schlechtes Gewissen. Den inhaftierten Gerhard Wich hatte er nach der unerwarteten Wendung heute Morgen völlig vergessen.

„Wir wissen ja noch nicht, ob der Mord in Aschaffenburg von demselben Täter begangen wurde", erklärte er entschuldigend. „Aber keine Sorge – wenn wir hier fertig sind, werden wir Herrn Wich noch einmal vernehmen, und wenn sich der Anfangsverdacht nicht bestätigt, wird er umgehend aus der Haft entlassen."

Schalk zuckte hilflos mit den Achseln und war den Tränen nahe. „Diese verdammte Wette! Zwei Menschenleben hat sie gekostet, und mindestens einer von uns ist finanziell ruiniert. Dabei wollten wir doch nur ein wenig Spaß haben! Aber nun ist blutiger Ernst daraus geworden – im wahrsten Sinne des Wortes!“

Auf allen vieren kroch Werner Holtkamp über den Boden der Flößerhütte. An verschiedenen Stellen träufelte er ein paar Tropfen einer farblosen Flüssigkeit, die er mitgebracht hatte, auf die großen rotbraunen Flecken im Holz, und sofort entwickelten sich dort kleine Schaumbläschen. Das Wasserstoffperoxid reagierte mit Hämoglobin; ein sicherer Nachweis für Blut.

Der Medizinalrat richtete sich auf. „Hier ist jedenfalls eine Menge Blut geflossen“, erklärte er dem Kommissär. „Es gibt aber keine Spuren eines Kampfes. Wahrscheinlich hat der Täter sein Opfer überrascht, vielleicht sogar im Schlaf. Vermutlich hat er ihm die Kehle durchgeschnitten.“

„Also ein ähnliches Muster wie bei dem Mord an Ludwig Hempfling. Das Opfer wird aus dem Hinterhalt angegriffen und dann in den Fluss geworfen. Gut möglich, dass es derselbe Täter war. Wann ist das passiert?“

„Schwer zu sagen. Vor mindestens zwölf Stunden, schätze ich. Die Blutlachen sind bereits vollständig eingetrocknet. Zwei der Flößer haben mir erzählt, dass sie den Holzmichel gestern Nachmittag gegen vier noch lebend und in bester Laune gesehen haben, nachdem er seine Floßknechte ausgezahlt und verabschiedet hatte. Also vermutliche Tatzeit zwischen vier und sechs Uhr.“

Paul Hartmann untersuchte die durchwühlte Seemannskiste. Kleidung, Waschzeug, ein paar Dokumente und alte Zeitungen – nichts von Bedeutung. Er ging hinaus und winkte zwei der Flößer herbei, die die schwere Kiste in den Schuppen am Ufer bringen mussten, wo sie später abgeholt werden konnte.

„Kommen Sie, Holtkamp“, sagte er dann zum Medizinalrat, „packen Sie ihre Chemikalien ein. Hier können wir nicht mehr viel ausrichten. Wir müssen jetzt schnellstens diesen Jakob Büttner fassen. Vielleicht waren ja unsere Kollegen in Kostheim schon erfolgreich.“

Mit dem Instinkt eines Raubtieres in der Wildnis spürte Jakob Büttner, dass man ihm auf den Fersen war.

Zuerst vernahm er in seiner Gartenhütte fernes Pferdegetrappel, das am Zugang zur Schrebergartenanlage erstarb. Dann hörte er Stimmen und Schritte, die näherkamen. Doch zu diesem Zeitpunkt hatte er die Hütte schon verlassen und beobachtete die Vorgänge aus sicherer Entfernung, versteckt in einem dichten Gebüsch des völlig verwilderten Geländes. Er erspähte fünf Männer, drei davon in Polizeiuniform, die an die Tür des Bretterverschlags pochten und seinen Namen riefen. Als niemand antwortete, drangen sie in die Hütte ein und wühlten in seinen Sachen.

Sie blieben lange da drinnen, obwohl dort nicht viel zu finden war. Sie untersuchten auch das Grundstück, stocherten in der Regentonne herum und im ehemaligen Komposthaufen. Auf die Idee, auch das Nachbargrundstück zu durchsuchen, kamen sie nicht. Warum auch? Sie konnten ja nicht ahnen, dass er dort, im stillgelegten Brunnenschacht, ein sicheres Versteck angelegt hatte.

Dem Piraten war klar, dass er schnellstens aus Kostheim verschwinden musste. Seine Beute musste er vorerst zurücklassen; es war viel zu gefährlich, sie mitzunehmen. Aber irgendwann, wenn Gras über die Sache gewachsen war, würde er zurückkehren und den Schatz aus dem Brunnen bergen. Danach würde sein neues Leben beginnen, als reicher Mann irgendwo in einer fremden Stadt, wo ihn keiner kannte.

Jakob Büttner beschloss, für den Rest des Tages in seinem Versteck zu verharren und auch nicht mehr zu seiner Hütte zurückzukehren. Erst spät in der Nacht würde er über die Rheinbrücke hinüberschleichen zum Zollhafen und im Laderaum eines abfahrbereiten Frachtkahns Unterschlupf suchen – so, wie er es schon oft genug gemacht hatte.

Kommissär Hartmann war alles andere als begeistert, als ihm die Mainzer Polizisten von ihrem erfolglosen Versuch berichteten, den Verdächtigen Jakob Büttner dingfest zu machen.

„Büttner ist in Kostheim bestens bekannt“, berichtete Raabe. „Er ist mehrfach vorbestraft wegen kleinerer Diebstahldelikte und Betrügereien. Aber im Standesamt war seine Adresse nicht zu ermitteln. Er hat keinen festen Wohnsitz.“

„Wir haben dann im Floßhafen nachgeforscht“, erzählte Kallweit. „Ein Arbeiter konnte uns zum Glück weiterhelfen. Er hat uns zu seinem Unterschlupf geführt, in einem ehemaligen Schrebergartengelände zwischen dem Hafen und der Bahnlinie. Zwei Männer von der Kostheimer Ortspolizei haben uns begleitet. Leider haben wir ihn nicht angetroffen. Er muss seine Hütte kurz vorher verlassen haben, denn in dem kleinen Ofen brannte noch Feuer.“

Na klar, ihr habt ihn verscheucht, dachte Hartmann verärgert. Ihr seid gleich mit großem Aufgebot aufmarschiert, anstatt zuerst das Gelände zu sichern und euch dann vorsichtig heranzupirschen. Doch er hielt sich mit seiner Kritik zurück.

„Wir haben die Hütte und auch das Grundstück genauestens untersucht“, ergänzte Raabe. „Leider haben wir nichts von der Beute gefunden. Entweder hat er sie woanders versteckt, oder er trägt sie noch bei sich.“

„Und sonst habt ihr niemanden dort gesehen? Einen Nachbarn vielleicht, der eine Aussage machen könnte?“

„Nein – da war niemand“, sagte Kallweit. „Die Gemeinde hat ja schon vor fünf Jahren die Pachtverträge gekündigt, weil sie die Schrebergartenanlage für die weitere Industrie-Ansiedlung nutzen möchte. Bisher hat sich allerdings kein Interessent gefunden. Die Kostheimer Polizisten werden jedenfalls das Gelände weiter im Auge behalten; für den Fall, dass Büttner zurückkehrt.“

„Damit ist kaum zu rechnen“, äußerte der Kommissär resigniert. „Er weiß jetzt, dass wir hinter ihm her sind, und wird sich hüten, zu der Hütte zurückzukommen. Wir können nur hoffen, dass unsere Großfahndung bald Erfolg hat.“

„Übrigens ...“ Wilfried Kallweit wühlte in seinen Taschen und brachte eine kleine Papiertüte zum Vorschein. „Hier sind die Wollfäden, die ich heute Morgen bei dem Bettler am Dom sichergestellt habe. Der Mann trug tatsächlich eine braune Strickweste und hat bestätigt, dass er sie gestern von einem jungen Herrn geschenkt bekam."

Wieder meldete sich Paul Hartmanns schlechtes Gewissen. Es war nun wirklich höchste Zeit, sich um den Häftling Gerhard Wich zu kümmern. „Raabe", sagte er zum Kriminalassistenten, „bitte holen Sie jetzt den Herrn Wich aus seiner Arrestzelle."

Der Medizinalrat hatte inzwischen schon das Tütchen an sich genommen und beschäftigte sich sogleich mit seinem Mikroskop. Nach einer Weile erhob er sich.

„Die Wolle von Wichs Jacke ist definitiv eine andere als die unter den Fingernägeln des Mordopfers, Hartmann. Im direkten Vergleich sieht man das sofort. Die Struktur der Fasern ist viel glatter und feiner; auch die Farbe stimmt nicht. Wollen Sie sich das mal anschauen?"

„Ich vertraue Ihnen, Holtkamp. Also war Wich nicht der Täter?"

„Zumindest war er wohl nicht die Person, gegen die sich Hempfling kurz vor seinem Tod gewehrt hat."

Der Kommissär überlegte. „Ich denke, wir können ihn vorläufig auf freien Fuß setzen – natürlich mit Auflagen. Fluchtgefahr besteht wohl kaum – er muss jetzt versuchen, hier in Mainz seine Flöße doch noch irgendwie loszuwerden."

Gerhard Wich sah noch schlimmer aus als bei seiner gestrigen Festnahme. Gesenkten Hauptes, aschfahl im Gesicht und mit dunklen Schatten um die geröteten Augen wurde er von Ernst Raabe hereingeführt.

„Setzen Sie sich, Herr Wich", empfing ihn Hartmann freundlich, beinahe mitfühlend. „Raabe, so nehmen Sie ihm doch die Handfesseln ab."

„Geht es Ihnen gut?", fragte Dr. Holtkamp besorgt und trat näher. „Bitte holen Sie ein Glas Wasser, Raabe!" Er fühlte den

Puls des Inhaftierten, zog seine Augenlider nach unten und verlangte: „Strecken Sie mir mal die Zunge raus!"

Als das Wasser kam, hauchte der Floßherr ein kaum hörbares „Danke!" und trank in kleinen Schlucken davon.

Der Kommissär beschloss, die gestrigen Vorkommnisse lieber nicht zu erwähnen, um den sichtlich angeschlagenen Untersuchungshäftling nicht zusätzlich aufzuregen. Stattdessen verkündete er in umständlichen Amtsdeutsch: „Herr Wich – inzwischen haben wir neue Erkenntnisse. Es gibt gewisse Anzeichen, dass in der fraglichen Nacht in Aschaffenburg noch eine dritte Person im Spiel gewesen sein könnte. Wir werden Sie daher vorläufig aus der Haft entlassen, obwohl der Verdacht gegen Sie noch nicht völlig ausgeräumt ist. Sie müssen sich weiterhin zu unserer Verfügung halten und dürfen die Stadt und den Bezirk Mainz vorerst nicht verlassen. Außerdem haben Sie sich jeden Morgen bis spätestens zwölf Uhr persönlich auf einer Polizeistation zu melden."

Der Floßherr zeigte keine Regung. Er blieb sitzen und starrte dumpf und geistesabwesend vor sich hin.

„Haben Sie mich verstanden, Herr Wich? Sie können gehen."

Langsam erhob sich Gerhard Wich. Es schien, als ob er noch etwas sagen wollte, aber er blieb stumm.

„Wissen Sie, wo Sie heute übernachten werden?", erkundigte sich Hartmann. Der Gefragte schüttelte den Kopf.

Der Kommissär spürte wieder aufkeimendes Mitleid. „Sie haben kein Geld mehr, nicht wahr?"

Automatisch griff Gerd nach seinem Portemonnaie und schaute hinein. „Zwei Mark und sechzig Pfennige", murmelte er. Sein letztes Geld hatte er für das neue Jackett ausgegeben.

Auch Kriminalassistent Raabe zeigte Mitgefühl. „Ich schreibe Ihnen mal die Adresse eines Klosters auf. Bei den Kapuzinermönchen können Sie umsonst schlafen und essen. Sagen Sie denen, dass wir Sie geschickt haben."

Gerhard Wich steckte den Zettel wortlos ein. An der Tür drehte er sich noch einmal um.

„Bitte ... finden Sie den Mörder, damit er seiner gerechten Strafe zugeführt wird!“, flehte er eindringlich, bevor er hinaus wankte.

Da sie im Moment nichts weiter tun konnten als warten, füllten die beiden Kriminalisten aus Darmstadt den Rest ihres Arbeitstages mit längst überfälligen Büroarbeiten. Hartmann schickte eine Depesche an das Königlich Bayerische Gendarmeriekorps in Kronach und meldete in aller Kürze den Mord an dem Floßführer Ludwig Hempfling, wohnhaft in Unterrodach, mit der Bitte, die Angehörigen zu verständigen. *Ausführlicher Bericht folgt per Brief*, schloss das Telegramm.

Für diesen Bericht fasste unterdessen Medizinalrat Holtkamp seine Untersuchungen am Leichnam zusammen. Hinzu kamen Abzüge der Fotografien, die der Kommissär angefertigt hatte, ferner die Zeugenaussagen, welche die Identität des Toten mit dem Floßführer zweifelsfrei bestätigten. Sie vergaßen auch nicht zu erwähnen, dass die Leiche inzwischen eingeäschert wurde und die Urne sich auf dem Friedhof in Seligenstadt, Bezirk Offenbach, befand. Nach dem mutmaßlichen Täter werde gefahndet.

Ein ähnlicher Bericht erging an den Vorgesetzten der Beamten, Oberstaatsanwalt Dr. Praeterius in Darmstadt, ergänzt durch eine ausführliche Begründung, weshalb die beiden Kriminalisten ihre Untersuchungen nun im rheinhessischen Mainz fortsetzen mussten, obwohl ihre Zuständigkeit eigentlich auf die Provinz Starkenburg beschränkt war. Dr. Praetorius nahm es da sehr genau.

Zu dieser Zeit lag das große Floß aus dem Schwarzwald bereits 500 Meter rheinabwärts am Kasteler Ufer, gegenüber der Petersaue. Der Dampfer hatte es dorthin geschleppt, direkt zum Lagerplatz der Holzhandlung Nauth, weil es noch weiterwachsen sollte. Ein großer Kran am Kai hievte einen Stamm nach dem anderen ins Wasser. Geschickt dirigierten die Flößer das

Langholz an die richtige Stelle und befestigten es flugs mit Drahtseilen.

Währenddessen rollten pausenlos Fuhrwerke heran, schwer beladen mit Fässern, die jetzt in den Bauch des Dampfschiffes versenkt wurden. In die Kolonne der wartenden Pferdewagen reihten sich knatternd und stinkend auch einige Lastwagen mit Benzinmotoren ein. Sie trugen die Aufschrift *Dyckerhoff & Söhne, Portland Cement, Amöneburg bei Mainz*. Pferdefuhrwerke und Motorwagen, die ihre Fracht abgeladen hatten, fuhren eilends zurück zu der nur zwei Kilometer entfernten Zementfabrik, um Nachschub zu holen.

Wie in Trance irrte Gerhard Wich durch die Straßen der Stadt, mit leerem Kopf und gebrochenem Herzen. Hin und wieder stieß er achtlos mit Passanten zusammen, die ihn wütend zurechtwiesen, aber er merkte es kaum. Er stolperte einfach weiter, ziellos und orientierungslos wie ein unbemanntes Floß auf einem sturmgepeitschten Gewässer.

Einmal blieb er kurz stehen, als er den Juwelierladen wiedererkannte, wo er gestern früh die Auslagen betrachtet hatte. Mit einem gallenbitteren kurzen Lachen wandte er sich ab und lief weiter. Keine Ringe, keine Verlobung mit Käthe, keine Hochzeit. Als strahlender Sieger wollte er nach Hause zurückkehren, jetzt war er zu einem hilflosen, verschuldeten und einsamen Bettler geworden. Er konnte sich gut vorstellen, was Fritz Porzelt zu seiner Tochter sagen würde: *Siehst du – ich habe dich gewarnt. Ein Flößer taugt zu gar nichts. Sei froh, dass du den los bist.*

Unwillkürlich schlug er den Weg ein, den er gestern schon einmal genommen hatte. Er kam am Haus von Balthasar Nauth vorbei, wo eine Welt für ihn zusammengebrochen war. Da hatte er gedacht, dass er tiefer nicht fallen könne, und doch kam es kurz darauf noch viel schlimmer.

Er hatte erfahren müssen, dass sein Floßführer auf grausame Weise ums Leben gekommen war, und er selbst wurde des Mordes beschuldigt. Vor den Augen seiner Freunde in Handschellen abgeführt wie ein Schwerverbrecher. In einem geschlossenen, dunklen Kasten abtransportiert wie ein Stück Vieh. Eingekerkert in einem finsteren Verlies. Wieder freigelassen zwar, aber der Verdacht gegen ihn war noch nicht ausgeräumt, hatten die Polizisten gesagt.

Gerd Wich hatte das Rheinufer erreicht. Seine Füße trugen ihn weiter, aus der Stadt hinaus. Er überquerte die Drehbrücke am Winterhafen und schlich an der steinernen Mole entlang, planlos, mutlos und ohne jegliche Hoffnung.

Es ist meine Schuld, dachte er immer wieder. Als Ludwig an jenem Morgen verschwunden war, hatte er keinen Gedanken daran verschwendet, dass ihm vielleicht etwas zugestoßen sein könnte. Stattdessen hatte er ihn tagelang verflucht, weil er verblendet war in seinem Wahn, unbedingt diese vermaledeite Wette gewinnen zu müssen. Er hatte seinem Floßführer die schlimmsten Dinge zugetraut, nicht ahnend, dass dieser inzwischen das Opfer einer teuflischen Untat geworden war. Wie konnte er damit leben? Wie sollte er das Martha, der Witwe, erklären?

Vor ihm ragten plötzlich zwei runde, zinnenbewehrte Türme auf wie bei einer mittelalterlichen Burg. Eine Treppe führte hinauf zum Eingang des linken Turmes; von dort erstreckte sich in eine endlose Ferne der schmale Laufsteg neben den haushohen Stahlbögen der Eisenbahnbrücke.

Gerhard Wich lief langsam weiter, über die Holzplanken des Steges, die beklemmend nach Ruß, Teer und Schmieröl rochen. Seine Verzweiflung wuchs mit jedem Schritt. Sein Leben war sinnlos geworden. Er hatte keine Zukunft mehr, und aus der Vergangenheit war nichts übrig geblieben, auf das er aufbauen konnte. Es gab nur die grausame, bedrohliche, lähmende Realität der Gegenwart, die ihm keinen Ausweg ließ.

Zwischen den Planken des Stegs klafften breite Ritzen, die den Blick in die Tiefe freigaben. Und in dieser Tiefe herrschte Bewegung, ein unruhiges Ziehen und Reißen, ein ständig wechselndes Muster von kräuselnden Schaumkronen und sich überschlagenden Wellen, gelenkt vom herrischen und starken Gesetz des Stromes und der Strömung.

Das Ufer, von dem er kam, war in seinem Rücken verschollen, überstrahlt vom goldgelben Glanz der tief stehenden Sonne; das andere Ufer verlor sich in unbestimmter Ferne. Unter ihm schleppte ein stampfender Dampfer einen langen, dunklen Sog hinter sich her; an den Brückenpfeilern gurgelten wilde Strudel.

Doch, sagte sich Gerd, es gibt einen Ausweg. Es war ganz einfach. Er musste nur über das Geländer klettern, das nicht allzu hoch war, und dann loslassen, sich fallen lassen, hinunter in diese brodelnde Tiefe. Zwei Sekunden der Schwerelosigkeit, bevor ihn das Wasser aufnehmen und wegtragen würde. Das Wasser findet immer seinen Weg, unaufhaltsam strömt es dem Meer entgegen, und von dort kommt es zurück; es steigt als Dunst aus dem Ozean auf, verdichtet sich zu Wolken, lässt sich vom Wind über das Land treiben und fällt als Regen nieder. Der Regen speist die Quellen und Bäche, und wieder fließt das Wasser zu Tal, in einem ewigen Kreislauf.

Das Wasser ist ewig, doch seine Zeit auf Erden war zu Ende. Ein halbes Leben hatte er auf dem Wasser verbracht; nun sollte es ihn ein kurzes Stück mitnehmen auf dem Weg in die Ewigkeit. Er wusste, dass es kein leichter Weg war, dass er leiden und kämpfen würde, so wie Ludwig Hempfling gelitten und gekämpft hatte in den letzten Minuten seines Lebens. So konnte er wenigstens ein Teil seiner Schuld sühnen.

Glutrot versank die Sonne hinter dem Stadtpark, als Gerhard Wich über das Geländer der Eisenbahnbrücke stieg.

Am Nachmittag war das große Rheinfloß in Kastel fertig – ein eindrucksvolles Geviert aus fast 2.000 Fichtenstämmen lag jetzt im Wasser, an die 200 Meter lang und 50 Meter breit. Doch der Kran am Kai, nachdem er den letzten Stamm aus dem Nauth'schen Lager abgelassen hatte, kam nicht zur Ruhe. Denn noch immer rollten die Wagen mit dem Zement heran, und nachdem 400 Fässer im Frachtraum des Dampfers verschwunden waren, war dessen Ladekapazität erschöpft. Nicht weniger als eintausend Fässer mussten nun auf das Floßdeck verladen und von den erschöpften Flößern gegen Verrutschen gesichert werden.

Es wurde schon dunkel, als das letzte Fass seinen Platz auf dem Floß gefunden hatte. Morgen früh, in der ersten Dämmerung, sollte der Schleppverband ablegen. Holz für Holland, getränkt mit dem Blut eines Floßherren. Und Zement für Holland, das neue weiße Gold aus Amöneburg, dazu bestimmt, das Holz für immer vom Markt zu verdrängen.

Gerd Wich kauerte auf einem schmalen Vorsprung der eisernen Brückenkonstruktion; die linke Hand klammerte sich an die Stäbe des Geländers. Die Augen hatte er fest geschlossen. Er konnte nicht hinuntersehen in diese fürchterliche, brodelnde Tiefe, ohne dass sich alles um ihn drehte und ihn ein nie gekannter Schwindel überfiel. Eine kühle abendliche Brise stieg vom Strom herauf, drang ungehindert durch seine Kleidung bis unter die Haut. Ihn fröstelte.

Spring endlich, spring!, sagte eine innere Stimme zu ihm. *Lass dich einfach fallen, dann hast du es hinter dir! Erlöse dich von deiner Schuld!*

Doch da waren noch andere Stimmen und Gesichter, die ihn heimsuchten. Früher hatte er mal gehört, dass in den letzten Minuten vor dem Tod das ganze Leben an einem vorüberziehen würde. Jetzt waren sie alle da: seine Geschwister, seine viel zu früh verstorbene Mutter, sein Lehrer, der Pfarrer, die Schulkameraden. Sie sahen ihn fragend an, alle redeten sie durcheinander, sodass er sie nicht verstehen konnte.

Da waren die Leute aus seinem Ort, die Flößer und Bauern, die Hausfrauen und Kinder. Er sah plötzlich Ludwig Hempfling vor sich, im Totenhemd, bleich und vorwurfsvoll, und daneben seine Witwe in Trauerkleidung. Er sah seinen Vater, der vergeblich versuchte, das verrostete Sägewerk daheim in Gang zu bringen. Er sah den höhnisch grinsenden Schuhmacher Porzelt, und er sah Käthe, mit rot geweinten Augen und enttäuschtem Gesicht.

Ade, Käthe – es hätte so schön werden können mit uns beiden, aber ich habe alles falsch gemacht. Ich hoffe, du findest eines Tages den richtigen Mann für dich und wirst glücklich.

„Ich würde es nicht tun“, hörte er Käthe sagen.

Die Stimme war so klar und deutlich, dass Gerd unwillkürlich die Augen aufriss. Er drehte den Kopf nach oben, in die Richtung, aus der die Worte gekommen waren, und erblickte auf dem Steg über sich in der Abenddämmerung die Umrisse einer jungen Frau.

„Käthe?“, stammelte er nur.

„Käthe? Nein, ich bin die Christel“, sprach die Frau. „Was machen Sie da?“

Verwirrt starrte Gerhard die Gestalt an. Nein, das war nicht Käthe. Die gleiche schlanke Figur zwar, die langen offenen Haare, die gleiche sanfte Stimme ...

„Ich an Ihrer Stelle würde es nicht tun“, wiederholte die Stimme, „und ich bin eine verdammt gute Schwimmerin! Wenn Sie aus dieser Höhe da unten aufklatschen, sind Sie erst einmal benommen und schlucken eine Menge Wasser. Dann packt Sie der Strudel vor dem Brückenpfeiler und wirbelt Sie im Kreis herum. Selbst wenn Sie da rauskommen, sind Sie noch lange nicht am Ufer. Die Strömung ist unberechenbar. Ihre nasse Kleidung behindert Sie, und das Wasser ist eiskalt. Das halten Sie nicht lange durch. Also kommen Sie zurück!“ Sie streckte ihm ihre Hand entgegen.

Alles geht schief, dachte Gerd verzweifelt. Es ist mir nicht einmal vergönnt, unbemerkt und in aller Stille aus diesem Leben zu scheiden.

„Nein, Sie verstehen nicht ... bitte gehen Sie weiter!“

„Erst, wenn Sie zurück auf den Steg geklettert sind!“

Da war plötzlich noch ein anderes zartes Stimmchen zu hören: „Mama, was macht denn der Mann da unten?“

Jetzt erst bemerkte Gerd das Kind, das sich am Rockzipfel der Frau festhielt.

„Ich glaube, Paul, der ist vom Zirkus und probiert ein neues Kunststückchen aus“, antwortete die Mutter. „Aber ich denke, er muss ...“

Der Rest ging in einem wahren Höllenlärm unter. Ein Zug näherte sich, die ganze Brücke zitterte und wippte, dröhnte und donnerte, und auf einmal war Gerhard Wich in dicken Rauch und Qualm gehüllt.

Jetzt!, sagte die innere Stimme. *Niemand sieht dich, wenn du loslässt und nach unten fällst, und wenn sich der Rauch verzogen hat, werden sie denken, sie hätten das alles nur geträumt.*

Das Getöse verebbte und der Qualm verwehte. Gerd klebte immer noch außen am Geländer, und die Frau mit dem Kind war immer noch da.

„Hören Sie“, sagte sie jetzt, „ich weiß nicht, warum Sie sich das antun wollen, und es geht es mich auch nichts an – es ist Ihre Sache. Aber ich möchte auf keinen Fall, dass mein Sohn dabei zuschaut. Also kommen Sie jetzt bitte herauf!“

Plötzlich musste Gerhard Wich an den kleinen Jungen in Volkach denken, dem er das Kätzchen gerettet hatte. Er sah wieder sein Gesicht vor sich, den Blick voller Dankbarkeit und Vertrauen ...

Nein, jetzt geht es nicht, dachte er. Ich kann das dem Kleinen nicht antun. Es wird eine andere Gelegenheit geben.

Zitternd, mit schwindenden Kräften und feuchten Augen zog er sich am Geländer hoch. Die Frau packte ihn fest am Arm und half ihm über die Brüstung. Als er wieder auf den Beinen stand, noch schwindlig und leicht schwankend, ergriff sie seine beiden Hände und sah ihn lange und forschend an, mit einem ganz eigentümlichen Gesichtsausdruck, der ihn bis ins Innerste traf. Er konnte ihrem Blick nicht standhalten und schlug die Augen nieder.

„So ein schöner, starker Mann!“, sprach sie, „und will eine solche Dummheit begehen! Warum?“

Gerd hielt den Kopf gesenkt. „Ich habe alles falsch gemacht", murmelte er.

„Niemand kann alles falsch machen! Wir alle machen vieles falsch, aber manches auch richtig. Dass Sie über das Geländer geklettert sind, war sicherlich falsch. Dass Sie zurückgekommen sind, war richtig! – Und jetzt?"

Er zuckte mit den Schultern.

„Haben Sie jemanden, der sich um Sie kümmert? Wo wohnen Sie?"

Wich schüttelte den Kopf. „Nein, ich ... ich bin nicht von hier", stotterte er.

Wieder traf ihn ihr seltsam forschender Blick – eine Mischung aus Mitleid und Neugier.

„Dann kommen Sie erst einmal mit uns!", entschied sie. „Sie sind ja total durchgefroren und zittern immer noch!"

Gerd riss sich zusammen. „Nein, das geht nicht. Vielen Dank für ..." Er wusste nicht recht, wofür er sich bedanken sollte. „Für alles", ergänzte er. „Es tut mir leid, dass ich Sie aufgehalten habe. Bitte lassen Sie mich jetzt alleine."

„Kommt nicht infrage! Haben Sie denn heute schon etwas gegessen?"

„Oh ja, du musst mit uns kommen!", meldete sich jetzt der Junge und griff nach Gerhard Wichs Hand. Die kleine warme Faust umklammerte den Mittelfinger des Mannes und zog ihn einfach vorwärts. „Bist du wirklich vom Zirkus?", wollte er wissen.

„Nein, nicht wirklich." Oder doch? *Ist nicht die ganze Welt ein einziger Zirkus?*, hatte Gottlieb Schalk gesagt.

„Aber ich kenne jemanden, der früher beim Zirkus gearbeitet hat", fügte er hinzu.

„Als Seiltänzer?"

„Nein – als Clown."

„Oh – das ist lustig! Ich war nämlich schon mal in einem richtigen Zirkus, und der Clown hat mir am besten gefallen!"

Während der Kleine ständig weiterplapperte und Gerd nach passenden Antworten auf die kindlichen Fragen suchte, hatten sie, ohne dass es ihm richtig bewusst wurde, über den Steg wieder das Ufer erreicht. Die Mutter schritt weiter voran, hinein in den dunklen Stadtpark, der Junge hinter ihr ließ die Hand des Flößers nicht los, und so blieb ihm nichts anderes übrig, als willenlos hinterherzutrotten.

„Ich heiße Paul. Ich bin schon vier! Wie heißt du?“, erkundigte sich das Kind.

„Ich bin der Gerd.“

„Weißt du, wo wir heute waren? Wir haben Opa Christoph in Ginsheim besucht“, erzählte der kleine Paul. „Dem Opa gehört das Gasthaus Zur Post. Ich habe ihm in der Küche geholfen. Aber jetzt bin ich müde.“

Der Junge blieb plötzlich unter einer Gaslaterne stehen. „Kannst du mich nicht ein Stück tragen, Onkel Gerd?“

Seine Mutter drehte sich um und lächelte. „Wir sind ja gleich zu Hause, Paul. Dein neuer Freund muss sich noch ein bisschen schonen. Er hat genau wie du einen anstrengenden Tag hinter sich.“

„Na komm, Paul.“ Wich packte den Jungen von hinten unter den Achseln, hob ihn rasch auf seine Schultern und hielt ihn an den kleinen Beinchen fest.

„Au fein!“, krähte der Kleine und schlug mit der flachen Hand auf den Kopf des Erwachsenen. „Du bist jetzt mein Zirkuspferd! Hüh, Pferdchen, hüh!“

Das Pferdchen machte ein paar Sprünge, lief im Kreis und wieherte. Paul jauchzte vor Begeisterung.

Aber als sie an den Mauern der Zitadelle entlanggingen, sackte der Kopf des Kindes langsam nach unten. Der kleine Paul war auf Gerds Schultern eingeschlafen.

„So, da wären wir.“ Die Frau kramte in ihrem Handtäschchen und zog einen Schlüssel hervor.

Sie standen vor einer stattlichen dreistöckigen Villa auf einer Anhöhe über der Stadt, eingebettet in einen kleinen Garten und umgeben von einem schmiedeeisernen Zaun. Gerhard Wich hob den schlafenden Jungen ganz vorsichtig von seinen Schultern und wiegte ihn in seinen Armen, ohne dass Paul aufgewacht wäre.

Die Mutter strich sanft über das Haar ihres Sohnes. „Für heute reicht's ihm“, flüsterte sie lächelnd. „Sieben Kilometer Fußmarsch von Ginsheim bis hierher, das ist schon ein bisschen viel für einen Vierjährigen. Bitte bringen Sie ihn hinauf.“

Sie schloss die Tür auf, schaltete das elektrische Licht ein und stieg über eine gewundene Treppe nach oben. Gerd folgte ihr, den Knaben in seinen Armen, bis er im Kinderzimmer sein Bündel behutsam im Bettchen ablegen konnte.

Paul schlug kurz die Augen auf; ein Lächeln glitt über sein Gesicht. „Onkel Gerd – morgen spielen wir wieder Zirkus!“, brabbelte er. „Aber jetzt möchte ich schlafen.“

Seine Mama begann ihn auszuziehen. „Hast du Hunger, Paul?“, fragte sie besorgt. „Oder soll ich dir noch etwas zu trinken bringen?“

Der Junge schüttelte schläfrig den Kopf. Im nächsten Moment waren ihm schon wieder die Augen zugefallen.

Die junge Frau gab Gerhard ein Zeichen, und auf Zehenspitzen schlichen sie aus dem Zimmer.

„Ja, dann ... auf Wiedersehen!“, sagte er auf der Treppe. „Und nochmals vielen Dank!“

„Wo wollen Sie denn hin? Jetzt gibt's erst einmal etwas zu essen!“

„Nein, danke ... das kann ich nicht annehmen. Außerdem habe ich gar keinen Hunger.“

„Aber ich! Und ein Abendessen alleine macht keinen Spaß. Also leisten Sie mir bitte Gesellschaft!“

Mit einer Kopfbewegung, die keinen Widerspruch duldete, schritt sie voran ins Esszimmer und machte Licht.

„Setzen Sie sich! Ich muss nur schnell mal runter in die Küche und nachsehen, was wir dahaben. Bin gleich zurück!“ Und schon war sie weg.

Gerd schaute sich ungläubig um. Der hohe Raum war elegant, aber gemütlich eingerichtet. Die Eichenmöbel, stellte er mit Kennerblick fest, waren Einzelstücke von bester handwerklicher Qualität, kunstvoll verziert mit Jugendstilmotiven. Die Seidentapeten an den Wänden, die modernen Gemälde, die schweren Teppiche auf dem Parkettboden – alles war von erlesenem Geschmack und perfekt aufeinander abgestimmt. Er konnte sich nicht entsinnen, jemals in einem so vornehmen Haus zu Gast gewesen zu sein.

Die Hausherrin kam zurück und brachte ein großes Tablett, beladen mit verschiedenen Wurst- und Käsesorten, Schinken und gekochten Eiern, dazu Gläschen mit Senf, eingelegten Zwiebeln und sauren Gurken sowie ein Korb mit Brotscheiben. „Ich hoffe, es ist etwas für Sie dabei", sagte sie beinahe entschuldigend. Dem Wandschrank entnahm sie Teller, Besteck und Gläser und deckte den Tisch.

Zum ersten Mal hatte Gerhard Wich Gelegenheit, sie im Schein der elektrischen Lampen genauer anzusehen. Die Frau hatte in der Tat eine gewisse Ähnlichkeit mit Käthe, aber sie war älter und reifer. Ihr dichtes, gelocktes Haar leuchtete kastanienfarben; Käthe war blond. Ihre Bewegungen waren geschmeidig; sie trug den Kopf aufrecht und stolz, und wenn sie Gerd ansah, spielte ein leises, geheimnisvolles Lächeln um ihre Lippen, das ihn verwirrte.

Aus einem Regal zauberte sie eine Flasche Rotwein hervor. „Ingelheimer Kaiserpfalz, Jahrgang 1900 – wäre Ihnen das recht?"

Er nickte mechanisch. „Warum tun Sie das alles für mich?", fragte er.

„Ja, warum?" Geschickt setzte sie den Korkenzieher an; mit einem *Plopp* zog sie den Pfropfen aus der Flasche und schenkte ein.

„Lassen Sie uns zuerst einmal anstoßen!" Sie hielt ihm ihr Glas entgegen. „Auf das Leben! Auf die Zukunft!"

„Ich habe keine Zukunft mehr", murmelte Gerd düster. „Ich habe alles falsch gemacht."

„Ja, das haben Sie schon einmal gesagt, aber das glaube ich Ihnen nicht. Warum, denken Sie, haben Sie alles falsch gemacht?“

Er schwieg. Wie sollte er dieser fremden Frau erklären, warum alles schiefgegangen war?

„Manchmal macht es *klick* in meinem Kopf“, stieß er leise hervor.

„Es macht *klick* in Ihrem Kopf?“

„Ja. Es ist, wie wenn jemand den Lichtschalter da drüben ausknipsen würde. Wenn ich mich sehr aufrege, passiert das manchmal. Die Vernunft setzt plötzlich aus. Dann tue oder sage ich Dinge, die ich in der nächsten Minute bitter bereue. Aber dann ist es zu spät.“

„Wann hat es denn das erste Mal *klick* gemacht?“

Er dachte nach. „Schon in der Schule hat das angefangen. Mein Lehrer hatte mich schon damals gewarnt.“

Und dann begann er zu erzählen – langsam und stockend zunächst, dann immer lebhafter, bis es förmlich aus ihm heraussprudelte. Jetzt fielen ihm wieder Vorfälle aus seiner Kindheit und Jugend ein, wo ihn sein jäh aufgestiegener und rasch verflogener Zorn in Schwierigkeiten gebracht hatte. Er erzählte von seinen Schulkameraden, von seinen Eltern und Geschwistern, vom Alltag im Flößerdorf. Sein ganzes Leben breitete er vor ihr aus, vor dieser fremden, schönen, geheimnisvollen Frau, die ihm erst vor einer Stunde begegnet war, als wäre das die selbstverständlichste Sache der Welt. Niemals zuvor hatte er irgendeinem Menschen, selbst Käthe nicht, so viel über sich offenbart. Und er wusste nicht einmal, warum.

Christel hörte aufmerksam zu. Ihr Gesicht verriet ihre innere Anteilnahme; sie litt geradezu mit ihm, wenn er von seinen Fehltritten berichtete. Hin und wieder unterbrach sie ihn und hakte nach, wenn sie Genaueres wissen wollte. Die kleinen Pausen, die dadurch entstanden, nutzte sie geschickt, um ihren Gast zum Essen zu ermuntern oder vom Wein nachzuschenken.

Dann erzählte Gerd, wie es zu der unseligen Flößerwette gekommen war, bekannte sich schonungslos zu seinem überzogenen Ehrgeiz, seiner Besessenheit, unbedingt der Erste sein zu wollen, zu seiner Gier nach Reichtum und Anerkennung. Er sprach von der großen Begeisterung und Zuversicht zu Beginn der Floßfahrt – bis zu der Nacht, in der Ludwig Hempfling verschwunden war. Der Gedanke daran wühlte sein Innerstes erneut auf; seine Stimme zitterte, und Wasser schoss in seine Augen. Plötzlich spürte er die Hand der Frau, die sich wie zum Trost ganz sacht auf seinen Arm gelegt hatte, und diese kleine Geste hatte etwas so Verständnisvolles und Intimes, dass er bis ins Herz hinein erschauerte.

Er kam zum traurigen Ende seiner Geschichte und beschrieb den jähen Absturz am gestrigen Tag: Der Traum vom schnellen Reichtum war geplatzt. Stattdessen war er hoch verschuldet und obendrein unter Mordverdacht verhaftet worden.

„Verstehen Sie jetzt, dass ich am Ende bin?", rief er erschüttert. „Ich habe den Besitz unserer Familie verspielt, meine Freunde enttäuscht, habe mich zum Gespött für jedermann gemacht. Und ich bin schuld am grausamen Tod eines Menschen. Wie soll ich je damit zurechtkommen?"

Christel wurde auf einmal sehr ernst. „Das Letztere müssen Sie ganz schnell vergessen!", sprach sie mit großer Eindringlichkeit. „Für den Tod Ihres Kameraden sind Sie in keiner Weise verantwortlich. Alles andere lässt sich regeln. Ich glaube, ich weiß auch schon, wie."

Gerhard Wich starrte sie entgeistert an. Er fühlte, wie der Wein in seinen Kopf stieg und anfing, seine Sinne zu benebeln. Was hatte er eben aus dem Mund der schönen und klugen Frau vernommen?

„Es gibt für alles eine Lösung", wiederholte sie nachdrücklich. „Vertrauen Sie mir!"

Mit einem Schlag wurde Gerd von einer Welle dankbarer und zuversichtlicher Gefühle erfasst. *Es gibt für alles eine Lösung*, hatte sie gesagt. In diesem Moment glaubte er ihr, bedingungslos und naiv wie ein Kind, obwohl er nicht die geringste Ahnung hatte, wovon sie sprach.

Es war zu viel für ihn. Seine ganze innere Anspannung der letzten Stunden, die Schuldgefühle, die Verzweiflung und Hoffnungslosigkeit, das alles entlud sich plötzlich in einem hemmungslosen Schluchzen, und Tränen der Erleichterung liefen über seine Wangen.

„Entschuldigen Sie“, wimmerte er, als er sich wieder halbwegs unter Kontrolle hatte. „Ein Mann darf sich natürlich niemals so gehen lassen ...“

Christel kam zu ihm herüber und schlang ihre Arme um seinen Hals. „Dummer Kerl!“, sagte sie „Warum sollte ein Mann nicht auch mal weinen dürfen? Manchmal tun die Tränen richtig gut.“

Sie packte seine beiden Hände, wie sie es schon auf der Eisenbahnbrücke getan hatte. „Deine Finger sind noch immer eiskalt“, stellte sie fest. „Wie lange hast du denn da draußen an der Brücke gehangen?“

„Ich weiß nicht ...“, murmelte Gerd.

„Weißt du, was du jetzt brauchst? Ein schönes heißes Bad – sonst hast du morgen eine böse Erkältung, und morgen ist ein wichtiger Tag für dich. Ich lasse gleich mal die Wanne volllaufen!“

„Aber das geht doch nicht“, lächelte er müde.

„Keine Widerrede! Vergiss nicht, in diesem Haus bestimme ich, was geschieht. Für heute haben wir genug geredet – jetzt musst du dich mal so richtig entspannen, und das gelingt am besten in der Badewanne. Bin gleich wieder zurück!“

Wieder war Gerhard alleine im Esszimmer. Das alles erlebe ich nicht wirklich, dachte er benommen. Es ist nur ein Traum – aber ein sehr schöner.

Noch einmal griff er nach seinem Weinglas und trank es in einem Zug leer.

Am Stammtisch im Weinhaus Wilhelmi wurde an diesem Abend ausnahmsweise nicht über die große Weltpolitik diskutiert. Die lokalen Ereignisse, über die der Holzhändler Balthasar Nauth und der Notar Baruch Hirschfeld aus erster Hand berichten konnten, lieferten genug Gesprächsstoff: der knappe Ausgang der Flößerwette. Die Weigerung des Gewinners, sein Holz zu verkaufen – der übrigens noch am selben Tag unter Mordverdacht verhaftet, inzwischen aber wieder freigelassen wurde. Die Bluttat auf dem Floß des Schwarzwälder Konkurrenten und die Großfahndung nach einem Kostheimer Flößer, der sie verübt haben sollte.

Balthasar Nauth war erstaunlicherweise bester Laune, obwohl er eine Wette und – schlimmer noch – wahrscheinlich seine bisherige Geschäftsgrundlage verloren hatte. „Die Kurse an der Amsterdamer Rohstoffbörse haben sich heute schon wieder ein wenig erholt“, freute er sich. „Mit etwas Glück mache ich nächste Woche doch noch einen satten Gewinn beim Verkauf.“

„So etwas erlebt man ja öfter an der Börse“, meldete sich Ariel Becker zu Wort. „Eine Überreaktion auf irgendwelche Nachrichten, die zu enormen Kursausschlägen führt. Nach ein paar Tagen beruhigt sich das alles wieder.“

Der Holzhändler nickte. „Ich habe heute früh mit meinem holländischen Geschäftspartner telefoniert, weil ich wissen wollte, wie er die Lage einschätzt. Mijnheer Jongeneel rechnet damit, dass der Kurs sich bei etwa acht bis neun Gulden pro Festmeter einpendeln wird. Seine Kunden sind überwiegend kleinere Bauunternehmer für Privathäuser, die setzen weiterhin auf Fundamentholz.“

Rudolf Dyckerhoff, der Zementfabrikant, konnte das bestätigen. „Unsere Bestellungen kommen vorerst alle von großen Firmen, die mit der Errichtung von Industriebauten und Hafenanlagen beschäftigt sind. Es wird noch Jahre dauern, bis sich das Betonfundament auch im privaten Wohnungsbau durchsetzt.“

„Übrigens vielen Dank für euren Auftrag, Rudolf“, lachte Nauth. „Dein Zement geht pünktlich morgen früh den Rhein hinunter. Trotzdem – mittelfristig werde ich mich wohl aus dem

Holzhandel und der Flößerei ganz zurückziehen. Ich denke, beim Frachtverkehr mit Lastkähnen auf dem Rhein wird es in den nächsten Jahren recht ordentliche Zuwachsraten geben. Da möchte ich gerne dabei sein."

„Auch für diesen Sektor rechne ich in absehbarer Zeit mit einem gewaltigen Umbruch", verkündete der Schiffbauer Christof Ruthof. „Die schwerfälligen Dampfschlepper mit einem halben Dutzend Lastkähnen am Tau werden irgendwann verschwinden. Die Zukunft gehört den kleineren Transportschiffen, die mit eigenem Antrieb fahren."

„Mit eigenem Antrieb?", wunderte sich Baruch Hirschfeld. „Dann müsste man ja auf jedem kleinen Kahn mindestens noch einen Maschinisten und einen Heizer beschäftigen und die Hälfte des Laderaums als Kohlebunker nutzen. Das kann doch nicht wirtschaftlich sein."

Ruthof lächelte. „Die Dampfmaschine ist nicht der Weisheit letzter Schluss, mein Lieber. Letzte Woche habe ich eine moderne Maschinenfabrik in Augsburg besucht. Dort arbeitet ein genialer Ingenieur und leidenschaftlicher Tüftler – Rudolf Diesel heißt er. Er hat einen neuartigen Verbrennungsmotor erfunden, der mit Heizöl betrieben wird, wenig Platz braucht und einfach zu bedienen ist. Es sind bereits etliche kleinere Boote mit dieser Technik erfolgreich im Einsatz; auch das Militär interessiert sich dafür. Meine Werft ist darauf vorbereitet, demnächst solche Motorschiffe zu bauen."

Gerhard Wich döste in der dampfenden Wanne vor sich hin, entspannt und schwerelos, umgeben von Schaum, der nach Fichtennadeln roch – fast wie der Wald vor seiner Haustür nach einem sommerlichen Gewitterregen.

Es ist nur ein Traum, sagte er sich. Er blinzelte ein wenig, sah die chromglänzenden Wasserhähne vor sich, die sandfarbenen Fliesen mit dem braunen Mäandermuster, die Seifenschale aus Porzellan in Form einer Muschel. Alles sah ziemlich edel und echt aus, aber es war nur geträumt.

Plötzlich wusste er, was geschehen war. Er war von der Brücke gesprungen und war tot – ertrunken. Aber zu seiner Verwunderung war er nicht im Vorhof der Hölle gelandet, wie er es erwartet hatte, sondern an der Pforte zum Paradies.

Ja, so musste es sein. Daher war er nicht im Geringsten überrascht, als sich die Tür des Badezimmers leise öffnete und er mit seinen schläfrigen Augen einen Engel hereinschweben sah, nur mit einem kurzen weißen Hemdchen bekleidet, wie es unter Engeln üblich ist.

Das himmlische Wesen schwebte zu ihm herüber und begann, seinen Rücken einzuseifen – lange und gründlich, mit einer Engelsgeduld. Zwischendurch flüsterte es ihm immer wieder Zärtlichkeiten ins Ohr, bis ein wohliges Kribbeln seinen ganzen Körper durchströmte. Dann löste sich der Engel von ihm, zog sein dünnes Hemdchen über den Kopf und stand splitternackt da, so wunderschön, wie nur ein Engel sein konnte. Und auch das war völlig normal, denn im Paradies kennt man keine Scham.

Schließlich, als der Engel hinter ihm in die Wanne stieg, als er Christels glitschige Haut an seinem Rücken spürte, als ihre Hände sich an seinem Körper entlangtasteten, über seine Brust, seine Hüften und Schenkel bis hin zu seinem prächtigen Floßbaum, wusste er: Jetzt war er endgültig im Himmel angekommen. Im siebten Himmel.

Gegen Mitternacht hatte sich das Weinlokal weitgehend geleert. Nur Balthasar Nauth und Christof Ruthof hockten noch am Stammtisch und sprachen über ihre Zukunftspläne.

„Was du da vorhin über die neuen Motorschiffe und den Dieselantrieb erzählt hast, finde ich hochinteressant“, bemerkte der Holzhändler. „Wann wollt ihr denn damit loslegen?“

„Jederzeit – sobald die erste Bestellung eingeht“, antwortete Ruthof. „Wenn du dich schnell entschließt, könntest du einer der ersten sein, der ein solches Schiff aufs Wasser bringt.“

„Und was würde das ungefähr kosten?“

„Nun, das müsste man natürlich genauer kalkulieren. Für den Einstieg würde ich zu einer kleineren Péniche raten, vielleicht vierzig Meter lang und fünf Meter breit, ungefähr 300 Tonnen. Mit so einem Lastkahn kannst du auch kleinere Kanäle und enge Schleusen befahren – Strecken, auf denen heute noch getreidelt wird. Da hättest du einen enormen Wettbewerbsvorteil.“

„Hört sich gut an. Also sag schon – was muss ich dafür hinblättern?“

„Ich lass dir mal in den nächsten Tagen ein detailliertes Angebot zukommen. Grob geschätzt und über den Daumen gepeilt – mit rund 60.000 Mark bist du dabei.“

„Diese Summe hätte ich gerade zur freien Verfügung“, schmunzelte Nauth.

Berthold Wilhelmi kam an den Tisch, wie immer mit unbeweglicher Mimik. „Wünschen die Herren noch etwas zu trinken?“

„Nein, danke“, sagte der Werftbesitzer, „ich zahle.“

„Noch ein Piffchen für Herrn Nauth?“

„Danke, heute nicht“, antwortete der Holzhändler. „Ich zahle auch.“

Kapitel 13 – Aufbruch zu neuen Ufern

Das Floß lag abfahrbereit am Ufer des düsteren Flusses. Eine Reihe von mageren, missmutigen Greisen kauerte an Deck. Der Sturm peitschte das Gewässer. Es war fröstelnd kalt.

„Wohin fahrt Ihr, Meister?“, fragte Gerd den Floßführer, eine finstere Gestalt mit nur einem Auge.

„Charon mein Name, wenn's beliebt. Wir fahren hinüber auf die andere Seite, direkt zum Eingang in die Unterwelt.“

„Nehmt Ihr mich mit?“

„Gerne. Macht drei Mark“.

Er kramte in seinen Taschen. „Ich habe nur noch zwei Mark und sechzig Pfennige.“

„Dann tut's mir leid. Auf Wiedersehen.“ Das Floß legte ab.

„Ich komme schon hinüber!“, rief Gerd hinterher. „Ich bin nämlich selbst Flößer, und kein schlechter!“

Charon lachte höhnisch. „Keine Chance, mein Lieber. Ich alleine habe die Lizenz zum Befahren dieses Flusses!“

„Hör nicht auf ihn!“, vernahm er plötzlich eine Frauenstimme. Er schaute sich um sah Christel im Wasser stehen, im Engelsgewand und wunderschön.

„Komm, halt dich an mir fest!“, lockte sie. „Ich bringe dich direkt zum Eingang des Paradieses.“

„Aber der Fluss ist gefährlich! Es gibt Strudel und starke Strömungen!“

„Vertrau mir einfach, Gerd! Glaub mir, ich bin eine verdammt gute Schwimmerin!“

Sie kam zu ihm heran, ganz nahe, bis ihre Haare seine Nase kitzelten, und flüsterte in sein Ohr: „Aufwachen, Gerd! Aufwachen, du Langschläfer!“

Erschrocken riss er die Augen auf und schaute in das fröhlich stahlende Gesicht von Christel, die sich über ihn gebeugt hatte. „Es wird Zeit, dass du aus den Federn kommst“, lachte sie und küsste ihn auf den Mund. „Das Frühstück ist fertig!“

Gerhard brauchte einen Moment, um sich zu orientieren. „Christel!“, rief er. „Dich gibt es wirklich! Und ich dachte, ich hätte das alles nur geträumt!“

„Was hast du denn geträumt?“, fragte sie neugierig.

Er hatte es schon wieder vergessen. „Lauter wirres Zeug. Wie spät ist es denn?“

„Kurz nach acht.“

„Waaas?“ Mit einem Satz sprang er aus dem Bett, um sich im nächsten Moment wieder verschämt in die Decke zu hüllen, denn er war splitternackt.

Sie lachte. „Vor mir musst du dich nicht verstecken – ich hatte heute Nacht schon reichlich Gelegenheit, deinen aufregenden Körper kennenzulernen.“

Gerd wurde rot.

„Trotzdem solltest du dir jetzt was anziehen“, fuhr sie fort. „Um neun Uhr wirst du abgeholt.“

„Ich werde abgeholt? Etwa von der Polizei?“

„Doch nicht von der Polizei – Dummkopf! Nein, vom Chauffeur meines ... eines guten Freundes von mir. Er bringt dich zu ihm, weil ich denke, dass er dir bei deinen Problemen helfen kann.“

„Was denn für Probleme?“

Christel kicherte. „Aaah – wir machen Fortschritte! Gestern wolltest du noch in den Rhein springen, und jetzt hast du auf einmal keine Probleme mehr! Weiter so!“

Er staunte über sich selbst. Die Schwierigkeiten, in denen er steckte, waren in der Tat seit gestern nicht kleiner geworden, und trotzdem erschienen sie ihm auf einmal überschaubar, beinahe nebensächlich. Eine einzige Nacht in den Armen einer schönen Frau hat alles verändert, dachte er und umfing sie mit liebevollen und zärtlichen Blicken.

„Wer ist er, dein Freund? Wo wohnt er und was macht er?"

Wieder einmal zeigte sie ihr geheimnisvolles Lächeln. „Lass dich überraschen. Ich denke, ihr werdet euch gut verstehen."

„Wo ist Paul?", fragte Gerd beim Frühstück.

Die Morgensonne fiel durch die Fenster des Esszimmers auf den Tisch, der erneut mit allerlei Köstlichkeiten aufwarten konnte. Neben Wurst und Käse gab es jetzt auch Marmelade und Honig, frische Brötchen und duftenden Kaffee.

„Das Kindermädchen hat ihn schon vor einer Stunde abgeholt", erklärte die Mutter. „Heute ist es wieder schön draußen; da spielt er gerne mit den anderen Kindern drüben im Park."

Gerhard Wich wurde auf einmal sehr ernst und nachdenklich. „Christel", sprach er, „dieses große Haus ... der ganze Luxus hier ... dein Sohn ..."

„Ja? Was ist damit?"

„Du trägst einen Ehering. Du bist verheiratet, nicht wahr?"

„Erraten! Aber nicht so, wie du vielleicht denkst!"

„Was soll das heißen? Christel, wo ist dein Mann?"

„Er ist selten hier. Es ist ... es ist ein bisschen kompliziert."

„Dann erkläre es mir bitte! Lebt ihr in Scheidung?"

„Nein, wo denkst du hin?" Sie schüttelte heftig den Kopf. „Ich werde es dir erklären, aber alles zu seiner Zeit. Gestern Abend hast du mir einiges aus deinem Leben erzählt, heute Abend sollst du einiges über mich erfahren. Vielleicht wirst du mich dann verachten – aber das muss ich riskieren. Wir sollten ehrlich miteinander umgehen."

Verständnislos, mit offenem Mund, starrte er sie an.

Drunten auf der Straße blökte zweimal die Hupe eines Automobils. Christel sprang auf. „Du musst dich sputen – der Wagen wartet! Heute Abend reden wir weiter!"

Noch einmal küsste sie ihn leidenschaftlich, bevor er reichlich verwirrt die Treppe hinunterstieg.

An diesem Morgen trafen die Darmstädter Kriminalisten im Mainzer Polizeipräsidium auf einen freudestrahlenden Andreas

Obermess, der voller Stolz gleich mit der wichtigsten Meldung des Tages herausplatzte: „Ich hab gute Nachrichten für euch. Der Jakob Büttner ist heute Nacht geschnappt worden.“

„Donnerwetter – das ging ja schnell!“, rief Kommissär Hartmann, überrascht und erleichtert zugleich. „Wo und wie habt ihr ihn denn gefasst?“

„Na ja – im Zuge unserer Großfahndung haben wir natürlich alle denkbaren Fluchtwege verstärkt kontrolliert – insbesondere die Bahnhöfe, auch den Güterbahnhof, und die Ausfallstraßen. Mir ist zum Glück noch eingefallen, dass die Flößer mitunter gerne mal ein Stück auf Schiffen mitfahren – entweder mit dem Einverständnis des Schiffsführers oder als blinde Passagiere. Also habe ich auch die Häfen überwachen lassen. Heute Nacht um halb eins hat eine Patrouille von meinen Leuten im Zollhafen eine verdächtige Person beobachtet, die durch die Ladeluke eines Lastkahns nach Rotterdam eingestiegen ist. Sie haben gewartet, bis er in der Falle saß, dann haben sie zugegriffen. Der Mann sitzt jetzt in einer Arrestzelle hier im Keller. Seine Beute hatte er allerdings nicht bei sich – nur einen Fünfzig-Mark Schein.“

„Volltreffer! Gratuliere, Andreas – gute Arbeit!“

Das strahlende Gesicht seines Kollegen wurde noch breiter. Er nutzte die Gelegenheit und schwadronierte ausgiebig über seine systematische und abgestimmte Vorgehensweise bei Fahndungen und Razzien, die sich schon bei früheren Anlässen außerordentlich bewährt habe. Doch mittendrin wurde er unterbrochen.

Ein Schutzmann kam ins Büro und meldete: „Entschuldigen Sie, Herr Kommissär, der Notar Hirschfeld wartet draußen und möchte Sie unbedingt persönlich sprechen. Es geht um eine Vermisstenmeldung. Der Holzhändler Nauth ist heute Nacht nicht nach Hause gekommen.“

Paul Hartmann zuckte zusammen und tauschte bedeutungsvolle Blicke mit seinem Kollegen. Beide dachten das gleiche: Hatte der unheimliche Pirat etwa noch ein weiteres Mal zugeschlagen, kurz bevor er festgenommen wurde?

„Bitten Sie ihn herein", sagte der dicke Kommissär. „Das hören wir uns jetzt mal gemeinsam an."

Baruch Hirschfeld und der Mainzer Kriminalist begrüßten sich freundschaftlich; sie hatten offensichtlich schon öfter miteinander zu tun gehabt. Obermess stellte kurz seine Kollegen vor und erklärte den Grund ihrer Anwesenheit, bevor er dem Notar das Wort überließ.

Er komme als Rechtsberater der Familie Nauth und im Auftrag der Gattin des Vermissten, erklärte dieser und legte gleich eine Vollmacht vor. Frau Nauth sei verständlicherweise zutiefst beunruhigt; sie fühle sich nicht gut und sähe sich außerstande, persönlich zu erscheinen.

„Gestern Abend besuchte mein Mandant wie jeden Donnerstag seinen Stammtisch im Weinhaus Wilhelmi, dem auch ich angehöre", begann Hirschfeld. „Ich selbst habe das Lokal gegen halb zwölf verlassen, zusammen mit Rudolf Dyckerhoff und Ariel Becker. Herr Nauth und Herr Ruthof, dem die Kasteler Werft gehört, blieben zurück, weil sie noch etwas Geschäftliches besprechen wollten."

„Wissen Sie, worum es in diesem Gespräch ging?", erkundigte sich Andreas Obermess.

„Soweit ich mitbekommen habe, ging es um einen möglichen Auftrag von Herrn Nauth an Ruthofs Werft. Herr Nauth hat gestern Abend angekündigt, dass er nach dem Verfall der Holzpreise seine Firma neu ausrichten und in die Frachtschifffahrt einsteigen wollte."

„Und wann haben die beiden Herren die Weinstube verlassen?"

„Nun, nachdem mich Frau Nauth heute in aller Frühe völlig aufgelöst angerufen hatte, um mir mitzuteilen, dass ihr Mann verschwunden sei, habe ich natürlich sofort mit Christof – also mit Herrn Ruthof – telefoniert. Er hat mir bestätigt, dass er zusammen mit Herrn Nauth gegen Mitternacht gegangen ist. Christof hat eine Droschke genommen, wie die meisten von uns nach der Stammtischrunde. Außer Rudolf – der lässt sich neuerdings von seinem Chauffeur mit dem Automobil abholen. Balthasar geht als einziger regelmäßig zu Fuß nach Hause. Er hat es ja nicht weit, höchstens zehn Minuten. Seit fast zwanzig Jahren macht er das so. Aber heute Nacht ist er zum ersten Mal nicht zu Hause angekommen."

„Also, Herr Hirschfeld", schaltete sich Paul Hartmann ein, „dafür gibt es vielleicht eine ganz einfache Erklärung. Bitte richten Sie Frau Nauth aus, dass Sie jetzt Ruhe bewahren soll und Geduld haben muss. Es ist ja erst einige Stunden her, dass er zuletzt gesehen wurde, und nach unserer Erfahrung tauchen die meisten Vermissten recht bald wieder auf."

„Hat denn Herr Nauth gestern Abend angedeutet, dass er möglicherweise noch woanders hinwollte?", fragte Werner Holtkamp.

„Nein, natürlich nicht – und das wäre auch völlig ungewöhnlich für ihn. Frau Nauth hat mir bestätigt, dass ihr Mann in fast zwanzig Jahren, seitdem unser Stammtisch besteht, nicht ein einziges Mal verspätet nach Hause kam. Heute früh hätte er wichtige geschäftliche Termine gehabt, die er unbedingt wahrnehmen wollte." Baruch Hirschfeld wandte sich an Kommissär Hartmann. „Sie müssen verstehen, dass wir uns Sorgen machen – zumal ein Geschäftspartner meines Mandanten, der Floßherr Horst Faller, gestern brutal ermordet wurde. Solange der Täter frei herumläuft ..."

„Nein, er läuft nicht mehr frei herum", warf Kommissär Obermess dazwischen. „Der Täter – oder genauer gesagt, die der Tat dringend verdächtige Person – wurde heute Nacht festgenommen. Ob es da einen Zusammenhang mit dem Verschwinden Ihres Mandanten gibt, muss erst noch ermittelt werden."

Paul Hartmann überlegte unterdes fieberhaft. Nach allem, was sie wussten, war Jakob Büttner ein gefährlicher und rücksichtloser Verbrecher, der innerhalb weniger Tage zwei Menschen auf brutale Weise getötet hatte. Gab es jetzt ein drittes Opfer? Hatte der Pirat vielleicht noch eine Rechnung mit dem

Holzhändler offen, die er im letzten Moment, schon auf der Flucht, unbedingt begleichen wollte? Oder war eine andere Person im Spiel?

„Herr Hirschfeld", erkundigte er sich, „Sie als sein Anwalt und Freund kennen doch sein Umfeld am besten. Hatte Balthasar Nauth Feinde? Oder wurde er in der letzten Zeit von jemandem bedroht?"

Der Notar zögerte. „Feinde ... wissen Sie, als erfolgreicher Geschäftsmann hat man immer Neider oder Konkurrenten, die einem nicht wohlgesonnen sind. Von Feinden möchte ich da nicht reden. Aber wenn Sie nach Bedrohungen fragen – die Auseinandersetzung mit dem Floßherren Gerhard Wich, die sich vorgestern in Nauths Büro abgespielt hat, hatte für mich schon etwas Bedrohliches. Wich ist völlig ausgerastet, hat herumgeschrien und meinem Mandanten vorgeworfen, er wolle ihn betrügen und seine Existenz ruinieren. Das war natürlich völliger Unsinn – dass die Holzpreise in den Keller gefallen sind, war nicht vorhersehbar."

„Und mit dem Flößer Jakob Büttner – gab es da mal eine Auseinandersetzung?"

„Davon ist mir nichts bekannt, Herr Kommissär. Soviel ich weiß, ist Büttner einer von vielen Kostheimer Flößern, die gelegentlich für die Fahrten nach Holland angeheuert werden. Es ist unwahrscheinlich, dass Herr Nauth irgendetwas direkt mit ihm verhandelt hat."

„Na, was haltet ihr von dieser Sache?", fragte Kommissär Obermess, nachdem der Notar sein Büro verlassen hatte.

Paul Hartmann zuckte mit den Schultern. „Du weißt ja, dass wir bei Vermisstenmeldungen normalerweise erst nach 48 Stunden aktiv werden. Weil in 90 Prozent der Fälle die – aus welchen Gründen auch immer – verschwundenen Personen spätestens nach zwei Tagen wieder wohlbehalten auftauchen. Ich kann nur hoffen, dass es auch in diesem Fall so ausgeht. Aber wir können es uns nicht leisten, zu warten. Es gab bereits zwei Morde in Verbindung mit dieser vertrackten Flößerwette, und jetzt ist der Initiator dieser Wette betroffen. Wir müssen ihn finden."

„Ganz deiner Meinung!", bestätigte Andras Obermess. Er erhob sich aus seinem Sessel, wälzte seinen massigen Körper hinüber zu dem großen Stadtplan an der Wand und zeigte mit seinen fleischigen Fingern auf die Karte. „Hier ist das Weinhaus Wilhelmi, hier die Wohnung von Nauth. Wenn es stimmt, dass er direkt von seiner Kneipe nach Hause gelaufen ist, dann hat er vermutlich diesen Weg genommen: Rheinstraße – Fischtorplatz – Lauterenstraße. Das sind höchstens 500 Meter. Falls ihn jemand auf diesem Weg überfallen hat, gibt es bestimmt Zeugen, die etwas gehört oder gesehen haben – auch wenn es nach Mitternacht war. Diese Stadt kommt eigentlich nie zur Ruhe – die späten Zecher wackeln erst in den frühen Morgenstunden nach Hause, und bevor es hell wird, sind schon wieder die Fuhrleute und Marktbeschicker unterwegs. Ich schicke gleich meine Leute los. Sie werden etwas finden, und wenn sie an jeder verdammten Wohnungstür in diesem Viertel klingeln müssen!"

„Wir können aber nicht ausschließen", meinte Dr. Holtkamp, „dass Nauth letzte Nacht noch woanders war, ohne dass jemand davon wusste. Es gibt ja viele Versuchungen in so einer Stadt, gerade für die wohlsituierten Herren: Ein Seitensprung mit einer heimlichen Mätresse, ein Besuch im Bordell, ein Saufgelage mit Fremden und anschließendem Aussetzer ..."

„Na klar, natürlich werden wir auch alle diese Möglichkeiten recherchieren", versicherte der Kommissär eifrig. „Wir fragen in allen Lokalen nach, die nach Mitternacht noch geöffnet haben – so viele sind das nicht in dieser Gegend. Natürlich auch in den Puffs im Kappelhofgässchen und in den illegalen Spielhöllen. Wir werden die Droschkenkutscher befragen – Nauth ist eine bekannte Persönlichkeit in dieser Stadt, und sie werden sich bestimmt erinnern, wenn sie ihn gefahren haben. Obwohl – wir haben ja gehört, dass er so etwas noch nie gemacht hat."

„Einmal ist immer das erste Mal", kommentierte Hartmann. „Aber wir wissen einfach zu wenig über Balthasar Nauth, sein Privatleben und seine Geschäfte, und sein Anwalt war diesbezüglich auch nicht sonderlich gesprächig. Ich hatte erst kürzlich einen Fall, wo sich ein ehrbarer Kaufmann über Nacht ins Ausland abgesetzt hat, weil seine Gläubiger hinter ihm her waren ..."

„Auch das werden wir selbstverständlich überprüfen. Am Hauptbahnhof, bei den Schifffahrtslinien, den Reisebüros und so weiter. Lass mich mal machen, Paul. Egal, ob er noch in der Stadt ist oder nicht, ob tot oder lebendig, wir werden ihn finden – verlass dich drauf!"

Ja, dachte Paul Hartmann, diesbezüglich kann ich mich auf meinen Freund verlassen. Seine Polizisten würden jetzt ausschwärmen und nach einem ausgeklügelten Plan so lange die Stadt durchkämmen, bis sie eine Spur des Vermissten gefunden hatten.

„Dann leg los, Andreas, und viel Erfolg! Wir werden inzwischen mal dem Jakob Büttner ein bisschen auf den Zahn fühlen!"

Vor der Villa stand ein dunkelgrüner Opel Doppelphaeton mit einem blitzblank polierten Messingkühler. Der Chauffeur zog ehrerbietig seine Mütze; dann durfte der Fahrgast auf den bequemen Ledersitzen der Rückbank Platz nehmen. Dröhnend und knatternd, eine blaugelbe Auspufffahne hinter sich herziehend, fuhr der Wagen an.

Gerhard Wich war noch nie in einem Automobil gefahren. In Kronach gab es ein paar davon, nach Unterrodach verirrte sich selten eines. Umso mehr genoss er jetzt die Fahrt in dem offenen Wagen, die zunächst durch die engen Gassen der Innenstadt, dann über die breite Rheinstraße und schließlich auf die Rampe der Kasteler Brücke führte. Der Wind wirbelte seine Haare durcheinander; der Lärm machte ein Gespräch mit dem Chauffeur unmöglich. Auf der Landstraße Richtung Darmstadt nahm der Opel volle Fahrt auf und brauste mit schwindelerregenden fünfzig Kilometern pro Stunde voran. Alleenbäume und einzelne Häuser rauschten vorbei, bis eine geschlossene Bahnschranke den Fahrer zum Bremsen zwang.

„Dunnerkeil!“, entfuhr es Gerd.

„Ja – das ist das neueste Modell aus Rüsselsheim!“, rief der Fahrer voller Stolz nach hinten. „Der Wagen hat einen wassergekühlten Vierzylinder-Blockmotor mit drei Litern Hubraum und 18 PS Leistung.“

Nachdem ein schier endlos langer Güterzug vorbeigefahren war, öffnete sich die Schranke wieder. Kurz danach, noch vor den ersten Häusern von Kostheim, bog das Automobil in das Gelände eines Industriebetriebs ein und hielt vor einer großen Werkhalle mit einem geschwungenen Dach an. An der Halle prangte in riesigen Lettern der Schriftzug *Valentin Schellheimer – Holzbearbeitungsbetrieb.*

Der Chauffeur wechselte ein paar Worte mit dem Pförtner am Eingang; dann verabschiedete er sich von seinem Fahrgast mit den Worten: „Bitte warten Sie hier. Der Chef kommt gleich.“

Gerhards Herz schlug schneller. Was hatte das alles zu bedeuten?

Er schaute sich um. Neben der großen Werkhalle, aus der die vertrauten Geräusche von kreischenden Sägen und pfeifenden Hobeln herausdrangen, stand noch eine kleinere; auf der anderen Seite gab es ein Backsteingebäude mit einem hohen Schornstein. Auf dem Hof waren mächtige Stapel von Kantholz und Brettern in verschiedenen Größen ordentlich aufgesetzt. Zwei Pferdefuhrwerke wurden gerade beladen.

Ein großer, schlanker und etwas blasser Mann kam auf ihn zu. „Herr Wich? Einen recht schönen guten Morgen!“, begrüßte er ihn mit einem gewinnenden Lächeln und einem kräftigen Händedruck. „Mein Name ist Valentin Schellheimer. Herzlich willkommen in meinem Betrieb!“

Der Franke erwiderte den freundlichen Gruß und sagte: „Ich bin beeindruckt, Herr Schellheimer. Letztes Jahr, als ich in Kostheim war, gab es hier noch eine riesige Baustelle, und ich habe mich gefragt, was daraus entstehen würde. Das Gelände grenzt direkt an den Floßhafen, nicht wahr?"

„Richtig! Das ist sehr praktisch für uns. Kurze Wege, verstehen Sie? Das Flößerholz gelangt über einen Kettenförderer direkt zu den Maschinen. Möchten Sie denn meinen Betrieb sehen?"

Gerd konnte es kaum erwarten „Sehr gerne – wenn es Ihre Zeit erlaubt ..."

„Selbstverständlich! Sie besitzen auch ein Sägewerk, hörte ich?"

„Nur eine bescheidene Sägemühle, die zudem noch völlig veraltet ist. Ich habe ... besser gesagt: ich hatte Pläne, sie zu modernisieren. Daraus wird nun leider erst mal nichts. – Aber von wem haben Sie das gehört?"

Schellheimer lachte. „Von Christel natürlich! Sie hat mir viel über Sie erzählt."

„Wirklich?" Wich war verblüfft. „Aber wir kennen uns doch erst seit gestern Abend! Wann haben Sie Christel denn getroffen?"

„Es gibt doch das Telefon, Herr Kollege! Heute Morgen hatten wir schon ein längeres Gespräch miteinander. – Kommen Sie, ich zeige Ihnen zuerst die Kraftstation."

Er marschierte auf das Backsteingebäude mit dem Schornstein zu. Innen war es heiß und stickig. Ein rußgeschwärzter Arbeiter schaufelte Kohle in die Feuerungsanlage.

„Die Einzylindermaschine leistet 60 Pferdestärken", schrie Schellheimer, um das Fauchen und Zischen der Dampfmaschine zu übertönen. „Das reicht, um einerseits diesen Generator hier und andererseits die Hochleistungspumpe da drüben anzutreiben. Der Generator versorgt die gesamte Anlage und mein Wohnhaus nebenan mit elektrischem Strom. Von der Pumpe aus führt eine Druckwasserleitung in die Haupthalle, wo alle großen Maschinen hydraulisch angetrieben werden. Wir gehen jetzt gleich mal rüber und schauen uns das an."

Draußen, nachdem sie den lauten Maschinenraum verlassen hatten, ergänzte der Chef: „Außer Kohle verfeuern wir auch die

Reste aus dem Betrieb, also Sägemehl, Hobelspäne, Rinde und so weiter. Damit schlagen wir zwei Fliegen mit einer Klappe: Wir sparen Kosten und entsorgen gleichzeitig unsere Abfälle."

Der Besucher war zutiefst beeindruckt von der modernen Anlage und dem ideenreichen Firmeninhaber. Sein Respekt wuchs noch einmal beträchtlich, als sie die weite, lichtdurchflutete Werkhalle betraten.

Die üblichen Wellen, Riemenscheiben und Transmissionen, die in ähnlichen Betrieben an der Decke montiert waren, fehlten hier. Alle Geräte in der Halle hatten einen hydraulischen Antrieb, der zuverlässig und weitgehend wartungsfrei funktionierte. Zwei große Gattersägen neuester Bauart waren gleichzeitig in Betrieb, ausgerüstet mit einem automatischen Klinkenvorschub. Die raffinierte Spannvorrichtung war Wich aus einem Lehrbuch bestens bekannt – ein französisches Patent, das den raschen Wechsel und die präzise Fixierung der Sägeblätter erleichterte.

Bei den Bandsägen auf der anderen Seite der Halle fluchte ein genervter Schreinermeister lautstark vor sich hin. „Was ist denn los, Herbert?", erkundigte sich der Chef.

„Herr Schellheimer, diese Maschine ist der letzte Schrott!", schimpfte der Mann. „Schon das dritte Mal diese Woche, dass mir das Sägeblatt reißt!"

Der Fabrikant wandte sich achselzuckend an Gerhard Wich. „Die Maschinen haben wir erst vor zwei Wochen in Betrieb genommen – da läuft halt noch nicht alles rund."

„Darf ich mal?" Gerd trat näher und sah sich den Schaden genauer an. „Wenn Bandsägeblätter reißen", meinte er, „liegt das oft an einer zu großen Bandgeschwindigkeit oder einem zu schnellen Vorschub. Aber das glaube ich in diesem Fall nicht. Sehen Sie die feinen Haarrisse zwischen den Zähnen? Das deutet darauf hin, dass die Umlenkrollen im Verhältnis zur Bandstärke zu klein sind."

Valentin Schellheimer warf seinem Gast einen anerkennenden Blick zu. Der fränkische Floßherr verstand offenbar eine Menge von der Technik.

„Probier's mal mit den größeren Umlenkrollen, Herbert", empfahl er seinem Meister. Plötzlich schüttelte ihn ein heftiger Hustenanfall, der minutenlang anhielt. Gerhard Wich schaute ihn besorgt, mitleidsvoll und hilflos an.

„Entschuldigen Sie", röchelte der Fabrikant, als er sich wieder halbwegs erholt hatte. Er räusperte sich mehrfach in sein Taschentuch, bevor er erklärte: „Tuberkulose im fortgeschrittenen Stadium. Die Ärzte geben mir noch ein Jahr, höchstens zwei." Er lächelte. „Ja, da kann man nichts machen. – Kommen Sie, ich zeige Ihnen jetzt die Hobelmaschinen."

Für seine Vernehmungen hatte Kommissär Hartmann im Laufe der Jahre eine spezielle Taktik entwickelt, die sich vielfach bewährt hatte. Er begann zunächst mit einem scheinbar harmlosen, fast freundlichen Gespräch, fragte nach Nebensächlichkeiten und kam eher beiläufig auf die eigentliche Tat zu sprechen. Dann wechselte er abrupt den Tonfall, konfrontierte sein Gegenüber knallhart mit den ermittelten Fakten und schilderte den Ablauf des Verbrechens so drastisch, als wäre er dabei gewesen. Manchmal gelang die Überrumpelung auf Anhieb; die Beschuldigten wurden unsicher und verrieten sich ungewollt, indem sie sich in Widersprüche verwickelten.

Zu diesem Vorgehen gehörte auch, dem Verdächtigen zu Beginn des Verhörs die Handschellen abzunehmen und ihm so das Gefühl zu vermitteln, der Kommissär sei ihm im Grunde wohlgesonnen und werde ihn respektvoll behandeln. Doch heute, nachdem die Polizisten Raabe und Kallweit den Gefangenen in das Mansardenbüro gebracht hatte, zögerte Hartmann. Büttner war zweifellos gefährlich und unberechenbar, und sein finsterer Blick aus dem gesunden Auge, das auf seltsame Weise mit dem klaren Glasauge kontrastierte, war irritierend. Andererseits – sie waren zu viert, die Polizisten waren bewaffnet, und die einzige Waffe, derer sich der Pirat hätte bemächtigen können, wäre die kleine Schere auf dem Schreibtisch gewesen. Und die hatte bereits der Medizinalrat ergriffen, der sich nun über den Häftling beugte und ohne eine weitere Erklärung, nur mit einem kurzen „Entschuldigen Sie bitte“, ein Stück Faden von der schmuddeligen Wolljacke abschnitt.

„Kallweit, nehmen Sie dem Mann die Handschellen ab“, sagte Kommissär Hartmann. „Raabe, Sie machen sich bitte Notizen für das Protokoll.“

Der Pirat lehnte sich zurück und rieb die befreiten Hände aneinander, sagte aber kein Wort. Sein Blick war noch finsterer geworden.

„Herr Büttner“, begann Paul Hartmann in freundlichem Ton, „Sie wurden heute Nacht festgenommen, als Sie in den Laderaum eines Rheinkahns eingestiegen sind. Wollten Sie verreisen?“

Das linke Auge des Mannes flackerte unruhig und tastete nacheinander die vier Beamten im Raum ab. „Ich war auf der Suche nach Arbeit“, behauptete er schließlich. „Wollte zu einem Floßhafen weiter oben am Main, um zu schauen, ob es da was zu tun gibt für mich.“

„Der Lastkahn war aber auf dem Weg nach Holland. Wussten Sie das nicht?“

Der Pirat schüttelte stumm den Kopf.

„Aber Sie wussten doch sicher, dass wir Sie suchen, oder? Haben Sie nicht die Plakate gesehen, die seit gestern Mittag überall in der Stadt hängen – mit Ihrem Bild? Könnte es sein, dass Sie sich heimlich ins Ausland verdrücken wollten?“

„Nein, ich war auf Arbeitssuche“, wiederholte Büttner stur.

„Und da wollten Sie als blinder Passagier reisen. Wäre es nicht einfacher gewesen, mit der Eisenbahn zu fahren, oder wenigstens den Kapitän zu fragen?“

„Das kostet ja Geld. Als Flößer verdient man nicht so viel.“

„Immerhin hatten Sie einen Fünfzig-Mark Schein in der Tasche. Damit kommt man ganz schön weit. Wo hatten Sie denn das Geld her?“

Jakob Büttner schwieg. Hartmann zuckte mit den Schultern, öffnete die Schreibtischschublade und holte den Ohrring von Horst Faller hervor.

„Schauen Sie sich mal dieses Schmuckstück genau an. Kennen Sie es?“

Der Häftling beugte sich nach vorne und richtete sein linkes Auge auf den Brillanten. „Nein ... nie gesehen“, behauptete er.

Der Kommissär schaltete sofort auf Stufe zwei. „Sie lügen!“, schrie er und sprang von seinem Stuhl auf. „Diesen Ring haben wir gestern von einer Zeugin bekommen, und die hat ihn von Ihnen bekommen. Wir wissen mit absoluter Sicherheit, wem dieser Schmuck wirklich gehört, nämlich dem Floßherren Horst Faller. Also sagen Sie uns jetzt, woher Sie diesen Ohrring haben!“

Der Pirat war sichtlich erschrocken. Hartmann bemerkte, wie seine Hände sich verkrampften. Er vermied es, seinem Gegenüber ins Gesicht zu sehen, weil er fürchtete, die ungleichen Augen und der merkwürdige Blick könnten ihn aus dem Konzept bringen.

„Er hat ihn mir geschenkt“, hörte er nach einer Weile.

„Soso, geschenkt! Gab es dafür einen Anlass?“

„Ich habe ihm einen Gefallen getan.“

„Aha. Was war das für ein Gefallen?“

Auf die Frage folgte erneut längeres Schweigen.

„Sie lügen schon wieder!“, meldete sich jetzt Medizinalrat Holtkamp mit Grabesstimme aus dem Hintergrund. „Ich habe diesen Ring hier mit meinem Mikroskop untersucht und Hautfetzen sowie Blutspuren entdeckt. Sie haben ihn demnach dem Holzmichel offensichtlich mit Gewalt vom Ohr gerissen. War das, bevor Sie ihn getötet haben, oder nachher?“

„Nein, nein ... das stimmt nicht!“, rief Jakob Büttner hilflos.

Werner Holtkamp vollführte hinter seinem Mikroskop eine Pantomime für seinen Kollegen, und Hartmann verstand sofort: Der Gerichtsmediziner hatte inzwischen auch den Wollfaden von Büttners Jacke untersucht und festgestellt, dass das Material zu den Fasern unter Ludwig Hempflings Fingernägeln passte. Er wechselte unvermittelt das Thema.

„Horst Faller war ja nicht Ihr erstes Opfer“, stellte er mit schneidender Stimme fest. „Wir wissen, dass Sie letzte Woche im Floßhafen von Aschaffenburg den Floßmeister Ludwig Hempfling auf grausame Art ermordet haben." Er wurde immer lauter; seine Augen funkelten böse. „Sie haben Ihr ahnungsloses Opfer mit einem Floßhaken brutal niedergeschlagen und den Schwerverletzten anschließend rücksichtslos in den Main geworfen, sodass er jämmerlich ertrunken ist! Geben Sie's doch zu und erleichtern Sie ihr Gewissen!"

Der Pirat merkte, dass es verdammt eng für ihn wurde. Wie um alles in der Welt konnte die Polizei das wissen? Es gab keine Zeugen, und außer mit dem toten Holzmichel hatte er mit niemandem darüber gesprochen. Noch einmal lehnte er sich heftig auf: „Nein, nein, damit habe ich nichts zu tun! In dieser Nacht war ich gar nicht in Aschaffenburg!"

Paul Hartmann triumphierte innerlich. Jetzt hatten sie ihn! „Woher wissen Sie, dass es nachts passiert ist, und in welcher Nacht? Ich habe nur von der letzten Woche gesprochen."

Jakob Büttner biss sich auf die Lippen und schwieg. Der Kommissär konzentrierte sich weiterhin auf die Hände des so schwer Beschuldigten; sah, wie sich die zitternden Fäuste zusammenpressten, bis die Knöchel weiß wurden.

Wieder schaltete sich Dr. Holtkamp ein: „Manchmal sind es winzige Kleinigkeiten, die einen Mörder überführen. Der Floßführer hat noch versucht, sich zu wehren, und hat dabei an Ihrer Jacke gezerrt. Dabei sind ein paar Wollfasern unter seinen Fingernägeln hängen geblieben, die wir sichergestellt haben. Und hier unter dem Mikroskop kann ich zweifelsfrei erkennen, dass diese Fasern nur von Ihrer Jacke stammen können!"

Das war natürlich eine ziemlich kühne Behauptung, die ein geschickter Anwalt und ein neutraler Gutachter vor Gericht leicht zerpflücken konnten. Es gab sicher Tausende von Jacken, die aus ganz ähnlicher oder sogar aus der gleichen Wolle gestrickt waren. Doch es reichte, um den Piraten endgültig zu brechen. Alles, was dem Delinquenten jetzt noch blieb, war der Versuch, einen Teil der Schuld von sich abzuwälzen.

„Er hat mich doch dazu angestiftet!“, rief er seinen Peinigern entgegen.

„Wer hat Sie angestiftet?“, fragte Hartmann.

„Na, der Holzmichel natürlich! Er hat gewusst, dass er seine Wette verlieren würde, und hat mir Geld versprochen, wenn ich die Franken bei der Weiterfahrt aufhalten würde. Ich solle mir etwas einfallen lassen, hat er gesagt, egal was. Und wenn jemand was merken würde, hat er gesagt, sollte ich ihn einfach aus dem Weg räumen. Der Floßmeister hat mich erwischt, als ich an den Wieden gesägt habe. Also habe ich gemacht, was der Holzmichel von mir verlangt hat.“

„Und warum haben Sie dann den Holzmichel umgebracht?“

„Weil er mich betrügen wollte, der gemeine Lump. Vorgestern, als ich meine versprochene Belohnung abholen wollte, hat er mich ausgelacht und wollte von der ganzen Sache nichts mehr wissen. Wir bekamen Streit. Ich war so wütend, dass ich ihm ...“ Er fuhr mit der flachen Hand an seiner Kehle entlang.

Paul Hartmann holte tief Luft. Sie hatten Büttners Geständnis für einen zweifachen Mord. Oder wenigstens ein Teilgeständnis. Wenn es stimmte, was er gesagt hatte, dann war Horst Faller ein skrupelloser Hasardeur, dem zumindest eine Mitschuld angelastet werden konnte. Vielleicht stimmte es auch nicht, oder es stimmte nur teilweise. Ihn konnten sie jedenfalls nicht mehr fragen.

Er schlug einen ruhigeren, beinahe versöhnlichen Ton an, als er vorschlug: „Jetzt, wo Sie begonnen haben, Ihr Gewissen zu erleichtern, sollten Sie reinen Tisch machen und uns auch noch sagen, was Sie dem Holzhändler Nauth angetan haben.“

„Dem Holzhändler Nauth?“

„Ja. Sie haben ihm doch letzte Nacht auf seinem Heimweg aufgelauert, kurz bevor Sie zum Zollhafen gingen, nicht wahr? Was ist da passiert?“

Der Kriminalist zwang sich, Büttner in die Augen zu schauen – genauer gesagt in das gesunde linke Auge. War das Ratlosigkeit, Angst oder Verzweiflung, was er da erkennen konnte? Er war sich nicht sicher.

„Ich habe niemandem aufgelauert. Der Nauth hat mich immer gut behandelt."

Hartmann seufzte. „Na schön. Sagen Sie uns wenigstens noch, wo Sie die Diebesbeute versteckt haben, die Sie dem Holzmichel abgenommen haben."

Der Pirat begann zu zittern. Eher würde er sich die Zunge abbeißen, als der Polizei sein Versteck zu verraten. Das war sein Schatz, sein Reichtum, sein Einstieg in ein neues, besseres Leben, und irgendwann wollte er sich ihn holen.

Aber er war unerreichbar. Was ihn erwartete, war nur allzu klar: Zuerst der Kerker, dann ein Gerichtsprozess, dann das Beil des Scharfrichters.

Schweißperlen traten auf seine Stirn. Erneut tastete sich sein gesundes, flackerndes Auge durch den Raum, registrierte blitzschnell die Positionen von vier wachsamen Polizisten, streifte die Wände mit den Aktenschränken, die Tür, das gegenüberliegende schmale Mansardenfenster; spaltbreit geöffnet, um die milde Frühlingsluft hereinzulassen. Dort draußen, hinter diesem Fenster, wartete sein Schatz, und niemand außer ihm sollte ihn bekommen!

„DAAA!", schrie Jakob Büttner plötzlich mit schreckverzerrtem Gesicht und einem weit aufgerissenen linken Auge, schoss gleichzeitig wie eine Rakete in die Höhe und zeigte mit dem ausgestrecktem rechten Arm zur Tür hin.

Vier Köpfe drehten sich unwillkürlich in die gleiche Richtung, vier Augenpaare folgten dem Zeigefinger der zitternden Hand. Paul Hartmann brauchte nur den Bruchteil einer Sekunde, um das Täuschungsmanöver zu durchschauen, aber es war zu spät. Der Pirat hatte sich wieselflink auf die Fensterbank geschwungen, und bevor jemand reagieren konnte, war er draußen.

Der Kommissär sprang auf, polternd ging sein Stuhl zu Boden. In zwei Sätzen war er am Fenster und musste mit ansehen, wie sich der Delinquent, mit den Füßen auf der schmalen Regenrinne balancierend, halsbrecherisch an dem steilen Dach entlang hangelte – zwölf Meter über der Straße!

„Büttner!!!“, rief er ihm verzweifelt hinterher. „Das hat doch keinen Zweck! Sie machen alles nur noch schlimmer! Kommen Sie zurück!“

Hinter ihm drängten sich die anderen drei ans Fenster; voran Wilfried Kallweit, der allen Ernstes fragte: „Soll ich ihm nach, Herr Kommissär?“

„Sind Sie wahnsinnig? Viel zu gefährlich! Alarmieren Sie lieber die Feuerwehr; sie soll mit Leitern und einem Sprungtuch kommen! Na los, machen sie schon!“

Der Schutzmann stürmte hinaus; Holtkamp und Raabe folgten ihm und rannten hinunter auf die Straße.

Paul Hartmann lehnte sich aus dem Fenster. „Büttner! Kommen Sie zurück! Sie haben doch keine Chance!“ Inzwischen hatte der Pirat den barocken Giebel über dem Hauptportal erreicht, wo er erst einmal nicht weiterkam. Der Kriminalist hoffte, dass er dort so lange ausharren würde, bis die Feuerwehr eintraf.

Aber nein – der Flüchtende ging jetzt in die Hocke, hielt sich mit beiden Händen an der Dachrinne fest, und dann stockte dem Zuschauer der Atem: Plötzlich hing der Körper frei in der Luft, nur noch durch die Hände an der Regenrinne gehalten, und die Beine suchten rudernd Halt auf dem Gesims darunter. Offensichtlich wollte er versuchen, am Regenfallrohr herunterzuklettern. Schließlich gelang es ihm für einen Moment, sich an das senkrechte Rohr zu klammern. Doch unter dem Gewicht des Körpers löste sich plötzlich die Halterung aus der Wand, und das Rohr neigte sich mit seiner Last langsam schräg über die Straße.

Unten waren inzwischen Dutzende von sensationshungrigen Passanten stehengeblieben. Ein Aufschrei ging durch die Menge, als das dünne Blech mit einem Ruck abknickte und die Gestalt mit rudernden Beinen erneut frei in der Luft hing. Der Kommissär spürte einen plötzlichen Schwindel, er wandte sich ab und schloss die Augen. Dann ertönte noch einmal ein schriller Schrei, diesmal der eines einzelnen Menschen, und kurz darauf gab es einen dumpfen Schlag. Als er die Augen wieder öffnete, war der Mann verschwunden; nur das jetzt unbelastete Regenrohr schaukelte einsam und leise quietschend hin und her.

Paul Hartmann zitterte am ganzen Körper. Wie durch eine Nebelwand vernahm er das Gemurmel der Menge auf der Straße, dann die scheppernde Glocke des Feuerwehrwagens, der zu spät gekommen war. Er schloss das Fenster, setzte sich an den Schreibtisch und stützte den Kopf in die Hände.

So fand ihn sein Kollege Werner Holtkamp, der eine Viertelstunde später mit ernstem Gesicht ins Büro zurückkam. Der Kommissär schaute kurz auf; der Medizinalrat zuckte mit den Schultern und sagte knapp: „Nach dem Absturz war ich sofort bei ihm. Er hat noch etwas gesagt; es klang wie *Jetzt bin ich reich!*, und dabei hat er gelächelt. Dann war es vorbei."

Hartmann sackte völlig in sich zusammen. Er hing auf seinem Schreibtisch, bewegungslos und stumm, und brütete stumpfsinnig vor sich hin.

Wie im Flug war die Zeit vergangen. Drei Stunden hatten die beiden Männer über Maschinen und Methoden der Holzverarbeitung gefachsimpelt und mit den Mitarbeitern diskutiert; zuerst in der großen Werkhalle, dann in der kleineren nebenan, wo Spezialprofile für die Möbelschreinerei hergestellt wurden. Valentin Schellheimer war überrascht vom fundierten theoretischen Fachwissen seines Gastes, während Gerhard Wich seinerseits tief beeindruckt war vom unternehmerischen Wagemut des Firmenchefs und seiner praktischen Erfahrung beim Einsatz modernster Techniken.

In der betriebseigenen Kantine hatten sie einen kleinen Imbiss zu sich genommen, und Schellheimer hatte dabei in überraschender Offenheit über seine Geschäftszahlen und Geschäftsziele geplaudert. Die Firma, so viel wurde Wich klar, war ausgezeichnet im Markt positioniert. Zimmereien und Schreinereien im weiten Umfeld gehörten zu den Kunden, vor allem aber auch mehrere große Industriebetriebe, die für regelmäßige und lukrative Aufträge sorgten. Umsätze in dieser Größenordnung waren natürlich im ländlich geprägten Frankenwald selbst mit den modernsten Anlagen niemals zu erreichen.

Nun aber saßen sie in Valentin Schellheimers großzügigem und lichtdurchflutetem Büro, wo breite Fenster den Blick auf den Verladehof freigaben. Der Hausherr hatte gerade Cognac eingeschenkt und fragte seinen Gast eher beiläufig: „Ich hörte, Sie haben Fichtenholz zu verkaufen? Wie viel denn?"

Gerhard Wich verschluckte sich fast an dem edlen Branntwein, denn mit dieser Frage hatte er nicht gerechnet.

„Holländerstämme ... etwa zweitausend Festmeter", stotterte er.

„Zweitausend", wiederholte der Firmenchef. „Das ist allerdings eine ganze Menge – deutlich mehr, als ich im Moment brauche. Aber Flößerholz geht ja nicht kaputt, und Lagerplatz habe ich genug. Wie viel wollen Sie denn dafür haben?"

Erneut musste Wich heftig schlucken. „Herr Nauth hat mir gestern 7,50 Mark pro Festmeter geboten. Sie haben sicher gehört, dass die Preise an der Amsterdamer Rohstoffbörse eingebrochen sind."

„Ja – aber ich will ja Ihr Holz nicht nach Holland verkaufen", schmunzelte Schellheimer, „sondern hier in meinem Betrieb verarbeiten, und meine Kunden zahlen weiterhin anständig für meine Produkte. Also sollen auch Sie einen fairen Preis bekommen."

Er ging zu seinem Schreibtisch, blätterte in Tabellen, notierte Zahlen und kurbelte an einer mechanischen Rechenmaschine. Schließlich meinte er: „Sind Sie mit 12,90 Mark für den Festmeter einverstanden? Das ist zwar etwas weniger als letztes Jahr, aber immer noch ganz ordentlich, oder?"

Gerd Wich glaubte, nicht richtig gehört zu haben. „Ist das Ihr Ernst?", fragte er zweifelnd und hoffend zugleich. Rund

26.000 Mark in der Summe – damit wären mit einem Schlag seine Sorgen vom Tisch. Es war zwar weniger, als er ursprünglich erhofft hatte, aber er könnte wenigstens alle Verbindlichkeiten erfüllen und erhobenen Hauptes nach Hause zurückkehren. Sein Herz schlug schneller.

„Ich scherze nie, wenn's ums Geschäft geht, mein Lieber", bemerkte der Unternehmer. „Ich versichere Ihnen, das ist seriös kalkuliert, und ich verdiene immer noch ganz gut dabei. Aber ich will nicht verhehlen, dass ich bei meinem großzügigen Angebot auch einen Hintergedanken habe. Ich möchte Ihnen nämlich noch einen weiteren Vorschlag machen, und ich hoffe sehr, dass Sie darauf eingehen."

„Sie machen mich neugierig."

Schellheimer trat ans Fenster und schaute auf den Hof hinunter. Er schwieg lange, bevor er sprach.

„Sie wissen, dass ich ziemlich krank bin."

Ja, das war nicht zu übersehen. Wieder spürte Gerd tiefes Mitleid, das ihn schon während der häufigen Hustenanfälle seines Gastgebers übermannt hatte. Nach dessen eigenen Worten blieb ihm nur noch eine kurze Zeit auf dieser Erde, und doch sprach er mit einer Leidenschaft und Begeisterung über sein Geschäft und seine Pläne, die Wich mit Respekt und Bewunderung erfüllte.

„Letztes Jahr war ich vier Wochen in einem Schweizer Sanatorium", fuhr er fort. „Es hat nicht viel gebracht. Die Ärzte meinten, vier Wochen seien viel zu kurz. Ich müsste mindestens zwei Monate dortbleiben, vielleicht länger." Er zuckte die Schultern. „Ich glaube ja nicht, dass es hilft, aber ich will es versuchen. Nächsten Monat werde ich erneut nach Davos reisen."

Er kam vom Fenster zurück, setzte sich Wich gegenüber und sah ihn eindringlich an. „Während meiner Abwesenheit, ich rechne mal mit drei Monaten, brauche ich jemanden, der sich um den Laden hier kümmert. Mein bisheriger zweiter Mann hat gerade gekündigt; er will sich selbstständig machen. Das kann ich verstehen. Ich brauche also jemanden, der etwas von der Technik versteht, dem die Mitarbeiter vertrauen können und der auch ein wenig Geschäftssinn mitbringt. Kurzum – ich brauche jemanden wie Sie!"

„Aber ... aber ..." Gerhard schwirrte der Kopf. „Das ist nicht Ihr Ernst!", erklärte er ein zweites Mal. „Ich meine ... Sie kennen mich doch erst seit ein paar Stunden, und ...und für eine solche wichtige Aufgabe braucht es eine gründliche Einarbeitung und spezielles Wissen ..."

Schellheimer schmunzelte. „Wissen Sie, was das Wichtigste in dieser Position ist? Menschenkenntnis! Meine Menschenkenntnis sagt mir, dass Sie der richtige Mann sind. Sie schaffen das! Natürlich müssen Sie noch einiges von mir erfahren, aber wir haben ja noch etwas Zeit. Sie haben tüchtige Mitarbeiter an Ihrer Seite – Herr Fassbinder ist ein exzellenter Buchhalter, und um die Kundenbetreuung, von der Angebotserstellung bis zum Vertragsabschluss, kümmert sich meine Frau. Sie ist da sehr talentiert. Natürlich bekommen Sie ein angemessenes Gehalt!" In großen Ziffern notierte er eine vierstellige Zahl auf einem Blatt Papier und hielt es seinem Gegenüber entgegen. „Einverstanden?"

„1.200 Mark für nur drei Monate Arbeit? Das wäre in der Tat sehr verlockend."

Der Unternehmer lachte. „Da liegt ein Missverständnis vor. Die 1.200 sind Ihr Monatsgehalt. – Nun schauen Sie doch nicht so ungläubig; es sind die üblichen Bezüge eines Geschäftsführers in einem Betrieb dieser Größe."

Dem Floßherrn wurde fast schwindlig. Das war mehr, als er in manchmal in einem ganzen Jahr verdiente. Doch dann schüttelte er den Kopf.

„Ihr Vertrauen ehrt mich, Herr Schellheimer, aber das geht nicht. Ich muss zurück nach Hause. Dort wartet man auf mich."

„Wirklich? Was gibt es denn da hinten im Frankenwald so Dringendes zu tun, was nicht ein Vierteljahr warten könnte?"

Gerd zögerte mit der Antwort. In diesem Sommer würde er kaum ein weiteres Floß auf den Weg bringen, nachdem das gesamte Holz des letzten Winters schon abgeflößt war. Er hätte Zeit, sich um die Renovierung seiner Sägemühle zu kümmern. Aber war das so eilig? Hier in diesem Betrieb konnte er jedenfalls wertvolle Erfahrungen mit den modernsten Maschinen sammeln, die ihm bei der Einrichtung seiner neuen Anlage zugutekommen würden.

Freilich, sein Vater wartete auf ihn. Und natürlich Käthe, der er die Verlobung und baldige Heirat versprochen hatte. Der Gedanke daran war ihm irgendwie unbehaglich. Auch hier sollte er lieber nichts überstürzen. Sie mussten sich ganz sicher sein.

„Ich muss meine Gläubiger auszahlen“, gab er schließlich etwas verlegen von sich. „Und einiges mit meiner Bank abklären.“

„Verstehe. Aber das ist doch sicher in ein paar Tagen zu regeln, nicht wahr? Ich mache Ihnen einen Vorschlag. Fahren Sie nächste Woche nach Hause, erledigen Sie Ihre Geschäfte und bleiben Sie über die Osterfeiertage. Dann kommen Sie zurück, und wir haben immer noch zwei Wochen, um Sie auf Ihre neue Aufgabe vorzubereiten.“

Fürs Erste gab sich Gerd geschlagen. „Geben Sie mir Bedenkzeit, Herr Schellheimer. Ich muss wenigstens eine Nacht darüber schlafen.“

„Selbstverständlich, Herr Wich. Wir reden morgen weiter.“

Kapitel 14 – Im höchsten Maße verdächtig

Erst nach einer Stunde wagte es Dr. Holtkamp, seinen Kollegen anzusprechen.

„Ich weiß, dass Sie sich jetzt Vorwürfe machen, Hartmann. Aber Sie trifft keine Schuld. Das konnte niemand vorhersehen, und niemand konnte es verhindern."

„Ich hätte ihm niemals die Handschellen abnehmen lassen dürfen", murmelte der Kommissär.

„Glauben Sie wirklich, das hätte etwas geändert? Er hätte es auch mit Fesseln probiert, so verzweifelt und entschlossen, wie der war. Da wäre er allenfalls noch schneller abgestürzt."

Kurz darauf kam auch Andreas Obermess angeschnauft, um seinen Freund zu trösten. Für ihn war es eine erstaunliche Leistung, bis in den dritten Stock hinaufzusteigen. Seit Jahren hatte er das nicht mehr gemacht, was bewies, wie sehr ihm die Sache am Herzen lag.

„Es ist eine Schande, dass wir hier immer noch keinen ordentlichen und gesicherten Verhörraum haben – mit venezianischen Spiegeln, Hörapparaten und dem ganzen neumodischen Zeug", schimpfte er. „Seit Jahren kämpfe ich dafür, aber angeblich ist für so etwas kein Geld da. Wir müssen weiterhin hochgefährliche Verbrecher in unseren bescheidenen Büros vernehmen. Das musste ja irgendwann mal schiefgehen!"

„Du hast recht, das ist nicht mehr zeitgemäß", pflichtete Hartmann bei. „In Darmstadt haben wir diese Einrichtung schon längst. Ich werde mal den Generalstaatsanwalt an sein Versprechen erinnern, für alle Polizeipräsidien die gleiche Ausstattung bereitzustellen."

„Ja, mach das ruhig, vielleicht hilft's. Aber quäle dich jetzt nicht länger mit Selbstvorwürfen. Der Büttner hat seine gerechte Strafe bekommen."

Das war nun genau der Spruch, den Paul Hartmann nicht hören konnte. „Falsch, Andreas! Unsere Aufgabe wäre es gewesen, ihn der irdischen Gerichtsbarkeit zu übergeben. Jetzt werden wir nie die ganze Wahrheit erfahren. Wir wissen nicht, wo er seine Beute versteckt hat. Er hat den Horst Faller der Anstiftung zu seinem ersten Mord beschuldigt – stimmt das wirklich? Den Holzmichel können wir jedenfalls dazu nicht mehr befragen. Büttner hat zwei Morde gestanden, aber ob er auch hinter dem Verschwinden von Balthasar Nauth steckt, bleibt unklar. Apropos – haben deine Recherchen in der Stadt schon etwas gebracht?"

Kommissär Obermess schüttelte den Kopf. „Das dauert noch, Paul. Meine Leute gehen systematisch durch das Lauterenviertel und befragen die Anwohner. Bisher ohne Ergebnis."

„Für mich passt da einiges nicht zusammen, Andreas. Angenommen, der Pirat hat dem Holzhändler wirklich letzte Nacht aufgelauert, um ihn zu töten – wobei ein mögliches Motiv völlig im Dunkeln liegt. Dann hätte er sehr genau über dessen Gewohnheiten Bescheid wissen müssen – zum Beispiel über seinen nächtlichen Heimweg vom Stammtisch. Möglich, aber eher unwahrscheinlich. Vor allem aber wird es vom zeitlichen Ablauf eng. Nauth hat das Weinlokal um Mitternacht verlassen, Büttner wurde um halb eins im Zollhafen gesehen. Konnte er wirklich in dieser halben Stunde die Tat begehen, die Leiche verschwinden lassen und anschließend die zwei Kilometer bis zum Hafen rennen? Alles möglich, aber sehr schwierig."

„Ja, da ist was dran. Umso wichtiger, dass wir bald eine Spur von Nauth finden. Mein Bauchgefühl sagt mir, dass sein Verschwinden irgendwie mit dieser komischen Flößerwette zusammenhängt."

„Auf sein Bauchgefühl sollte sich ein guter Kriminalist aber nicht verlassen, Andreas."

„Ja, du vielleicht nicht – aber sieh mal mich an! Ich habe eindeutig den größeren Bauch!"

Zum ersten Mal seit dem verhängnisvollen Verhör konnte Paul Hartmann wieder schmunzeln.

„Der Notar Hirschfeld hat doch erzählt, dass Nauth von dem Floßherren aus Franken übel beschimpft und beleidigt wurde", sinnierte der Dicke. „Vielleicht solltet ihr den mal fragen, was er letzte Nacht gemacht hat."

„Richtig – daran habe ich auch gerade gedacht. Hoffentlich haben wir keinen Fehler gemacht, als wir ihn vorzeitig aus der Haft entlassen haben. Den Mord an Hempfling hat er nicht begangen, aber er ist finanziell und moralisch am Ende und gibt Nauth die Schuld dafür. Na klar, das könnte in der Tat ein Motiv sein – Rache für die Vernichtung seiner Existenz!"

Paul Hartmann gab sich einen Ruck und verscheuchte die trüben Gedanken aus seinem Kopf. Auch wenn der Pirat jetzt tot war, war seine Arbeit nicht zu Ende. Ganz im Gegenteil: Jetzt fing sie erst richtig an.

„Wir müssen unbedingt herausfinden, wo Gerhard Wich letzte Nacht war", verlangte er.

„Das sollte nicht so schwierig sein", meinte Raabe. „Ich habe ihm ja die Adresse vom Kapuzinerkloster gegeben. Dort herrschen strenge Sitten. Das Eingangstor wird abends um zehn verriegelt und erst morgens um sechs wieder geöffnet. In der Nacht kommt da niemand weder raus noch rein."

„Dann begeben Sie sich bitte jetzt dorthin und überprüfen das. Lassen Sie sich seine Schlafstätte zeigen und vergewissern Sie sich, dass es wirklich kein Schlupfloch gibt, durch das man nachts unbemerkt verschwinden könnte. Finden Sie Zeugen, die letzte Nacht im selben Raum geschlafen haben."

„Konnte Wich denn wirklich wissen", zweifelte Dr. Holtkamp, „dass Nauth die Gewohnheit hatte, jeden Donnerstag gegen Mitternacht von seinem Stammtisch nach Hause zu laufen?"

„Das vielleicht nicht", musste Hartmann zugeben. „Aber er wusste, wo Nauth wohnt, und vielleicht hat er ihn zufällig vor seinem Haus erwischt."

Während Raabe sich auf den Weg machte, wandte der Kommissär an seinen Mainzer Kollegen.

„Wich hatte ja die Auflage bekommen, sich jeden Morgen auf einer Polizeiwache zu melden. Wie können wir herausfinden, wo er das heute früh erledigt hat?"

„Diese Meldungen werden normalerweise auf telegraphischem Weg sofort an unsere zentrale Poststelle weitergeleitet", erklärte Obermess. „Wilfried, geh mal schnell runter und frag nach."

Der Schutzmann verschwand, und der Medizinalrat meinte: „Inzwischen kann ich ja noch den Totenschein für Jakob Büttner ausstellen. Eine Obduktion ist wohl nicht nötig. Ich weiß nur noch nicht, was ich als Todesursache angeben soll – Unfall oder Selbstmord. Eigentlich war es beides."

Wilfried Kallweit war schon nach wenigen Minuten zurück. „Leider ist keine Meldung von Wich vorhanden", bedauerte er achselzuckend. „Es sieht so aus, als ob er seiner diesbezüglichen Auflage nicht nachgekommen wäre."

Der Kommissär war alarmiert. „Das macht ihn im höchsten Maße verdächtig. Hoffentlich ist er uns nicht durch die Lappen gegangen."

„Wenn er noch hier ist, dann wird er sicher versuchen, seine Flöße zu verkaufen", meinte Andreas Obermess. „Also sollten wir bei den einschlägigen Holzhandlungen nachfragen, ob er dort aufgetaucht ist."

„Gute Idee, Andreas. Wir brauchen eine Liste sämtlicher Betriebe in Mainz und Umgebung, mit vollständiger Adresse und möglichst auch mit Telefonnummer. Wie kommen wir da ran?"

Der Dicke strahlte. „Dafür gibt es hier in Mainz seit Neuestem das Branchenverzeichnis. Ich glaube, ich habe ein Exemplar davon in meinem Büro."

„Also los – worauf warten wir noch? In deinem Büro gibt es doch auch ein Telefon!“ Paul Hartmann sprang auf und stürmte die Treppe hinunter; sein Freund schnaufte etwas gemächlicher hinterher.

Aus den Tiefen seines Schreibtisches wühlte Andreas Obermess ein dickes Buch mit gelbem Einband hervor – das Branchen-Adressbuch für die Stadt Mainz und Umgebung, Jahrgang 1904. Doch der Blick hinein war ernüchternd. Es gab die beiden Rubriken *Holzhandel* und *Holzverarbeitung* – jeweils mit Dutzenden von Einträgen.

„Da sind wir ja stundenlang mit telefonieren beschäftigt“, stöhnte Hartmann.

„Das geht schon, Paul – wir müssen uns halt die Arbeit teilen“, meinte Obermess. „Ich frage mal die Kollegen in den anderen Abteilungen, ob wir deren Telefone benutzen können.“

Unterdessen kam Kriminalassistent Raabe mit hängendem Kopf zurück. „Gerhard Wich hat gar nicht im Kloster übernachtet“, berichtete er. „Der Cellerar versicherte mir, dass gestern niemand nach einem Nachtlager gefragt hatte.“

Die Alarmglocken bei Paul Hartmann schrillten noch einen Ton lauter. „Ja, zum Kuckuck – wo war er denn letzte Nacht? Er hatte doch kein Geld mehr in der Tasche, um eine Herberge zu bezahlen! – Raabe, bitte helfen Sie uns jetzt bei unserer Telefon-Aktion!“

Die Telefondrähte im Polizeipräsidium glühten. Raabe, Kallweit und die beiden Kommissäre riefen reihum bei den Holzhändlern und Holzverarbeitungsbetrieben an, um sich nach Gerhard Wich zu erkundigen. Sie hatten Glück. Schon nach einer halben Stunde konnte Kommissär Obermess, der die Firmen in Kostheim und Kastel übernommen hatte, einen Erfolg verbuchen und die drei Kollegen in sein Büro zurückrufen.

„Ich habe gerade mit dem Pförtner der Firma Schellheimer gesprochen“, erfuhren sie von ihm. „Das ist ein bedeutender

Holzverarbeitungsbetrieb in Kostheim; direkt beim Floßhafen. Demnach war Gerhard Wich seit heute Morgen halb zehn beim Firmenchef und hat erst vor einer knappen Stunde die Firma verlassen."

Paul Hartmann war erleichtert. Der Verdächtige war also nicht geflohen, sondern offensichtlich noch in der Nähe. „Ja, aber – wohin ist er denn von dort aus gegangen?", wollte er wissen.

Der Dicke schmunzelte. „Er ist nicht gegangen, Paul. Der Pförtner sagt, dass ihn Schellheimers Chauffeur mit dem Automobil weggebracht hat. Zu der Villa des Chefs hier in Mainz, Eisgrubweg 23."

„Ach ja?" Hartmann war völlig perplex. Die wildesten Vermutungen schossen ihm durch den Kopf. Kannten sich Wich und Schellheimer von früher? Hatten sie vielleicht gemeinsam etwas gegen Nauth ausgeheckt?

„Auf jeden Fall müssen wir Wich jetzt ordentlich in die Zange nehmen – möglichst schnell. Wo ist der Eisgrubweg?"

Obermess erhob sich und bewegte sich hinüber zum Stadtplan an der Wand. „Hier ist das", sagte er und zeigte auf einen Punkt am südlichen Stadtrand. „Eine vornehme Adresse. Es scheint, als ob unser Freund Karriere gemacht hätte. Er wird im Automobil chauffiert und besucht die Villa eines reichen Fabrikanten. Sehr merkwürdig!"

„Nun sag schon – wie war dein Tag heute?", wollte Christel wissen.

Sie saßen im Grünen Salon der Villa, wo man auf die Dächer der Altstadt herunterschauen konnte. In den Kristallgläsern funkelte der Rotwein.

„Es war unglaublich!", schwärmte Gerd. „Dein Bekannter ist ein äußerst liebenswerter und großzügiger Mensch. Stell dir vor, er will mein gesamtes Holz kaufen, noch dazu zu einem äußerst fairen Preis, sodass ich mir wegen meiner Schulden überhaupt keine Sorgen mehr machen muss."

„Das ist doch großartig!"

„Ja, aber das ist noch nicht alles. Er hat er mir spontan angeboten, für ein Vierteljahr seine Vertretung als Geschäftsführer zu übernehmen. Weißt du, dass er ziemlich krank ist? Demnächst muss er für einen längeren Kuraufenthalt in die Schweiz reisen."

„Ja, ich weiß." Ein Schatten huschte über das Gesicht der Frau. „Und während dieser Zeit sollst du seine Firma leiten. Hast du zugesagt?"

„Ich habe erst einmal um Bedenkzeit gebeten. Das kommt alles ein bisschen plötzlich für mich. Eigentlich müsste ich ja möglichst bald nach Hause zurück, und im Grunde traue ich mir das auch gar nicht zu – einen so großen Betrieb zu führen, mit über fünfzig Mitarbeitern und mit vielen wichtigen Kunden, die ich nicht kenne ..."

„Um die Betreuung der Kunden musst du dir keine Gedanken machen", unterbrach ihn Christel. „Das kann ich übernehmen."

„Du?", lachte Gerhard. „Machst du Witze? Nein, das musst du nicht tun – um die Kunden kümmert sich nämlich schon die Frau des Chefs, wie ich erfahren habe."

„Ja, eben. Und das werde ich auch weiterhin tun – als seine Ehefrau und enge Mitarbeiterin."

Langsam dämmerte es Gerhard Wich: „Du bist ...?"

„Ich bin Christine Schellheimer, die Gattin von Valentin Schellheimer. Überrascht?"

„Aber ... aber ...", stotterte er und bekam plötzlich rote Ohren. „Um Himmels willen, Christel – wenn er herausbekommt, dass wir ... ich meine, letzte Nacht ..."

Sie legte ihre Hand auf seinen Arm. „Das weiß er doch längst, und er findet das völlig in Ordnung."

„Wie bitte?" Gerd war völlig konsterniert.

Christel griff nach ihrem Weinglas und nippte mehrfach und bedächtig daran, bevor sie mit großem Ernst fortfuhr.

„Ich habe dir schon gesagt, dass unsere Ehe etwas anders ist als die meisten. Mein Mann hat, wie es im Amtsdeutsch so schön heißt, die Ehe nie vollzogen. Was unser Liebesleben angeht, haben wir schon vor unserer Heirat ein geheimes Abkommen getroffen: Jeder darf seinen eigenen Vorlieben folgen. Valentin liebt Männer, ich übrigens auch. Ansonsten verstehen wir uns prächtig."

Gerhard Wich brauchte eine Weile, um zu verstehen.

„Willst du damit sagen, er ist ..."

„Ja. Er ist homosexuell, ein Uranist, oder wie immer du es nennen willst."

Er schüttelte den Kopf. „Das kann ich nicht glauben. Er kam mir völlig normal vor."

Christel musste lauthals lachen. „Aber er ist doch völlig normal – oder denkst du etwa auch, seine Veranlagung sei eine Krankheit, die man medizinisch behandeln muss?"

„Jedenfalls ist das wider die Natur, oder nicht?"

„Wider die Natur, glaubst du?" Ihre Augen blitzten zornig. „Gott hat ihn so geschaffen, wie er ist. Wie könnte etwas, was Gott oder die Natur hervorgebracht hat, widernatürlich sein?"

Gerd schwieg. Die gleichgeschlechtliche Liebe zwischen Männern war ein Thema, das ihm bisher nur in derben Altherrenwitzen begegnet war. In Kronach, erinnerte er sich, gab es zwei junge Burschen, über die diesbezüglich getuschelt wurde – was die Betroffenen aber stets weit von sich wiesen.

„Du wusstest es – und trotzdem hast du ihn geheiratet?", fragte er schließlich.

„Nicht trotzdem, sondern deswegen", stellte sie klar. „Valentin hatte ein Problem. Es gab Gerede im Ort, das seiner Autorität als Firmenchef abträglich war und möglicherweise auch Kunden verschrecken konnte. Das Perverse in unserer Gesellschaft ist ja, dass man Menschen mit dieser Neigung ausgrenzt, verspottet, sogar strafrechtlich verfolgt. Als Mutter eines unehelichen Kindes hatte ich ähnliche Erfahrungen gemacht. Da habe ich ihm vorgeschlagen, die Flucht nach vorne anzutreten und mich zu heiraten. So war uns beiden geholfen. Die Gerüchte verstummten schlagartig, und Paul bekam endlich einen richtigen Vater."

„So war das also. Eure Ehe ist eine reine Zweckgemeinschaft.“

Sie schüttelte den Kopf. „Nein, das siehst du falsch. Ich hätte Valentin niemals geheiratet, wenn mich nicht eine so tiefe freundschaftliche Beziehung mit ihm verbinden würde. Ich weiß, dass er Paul in sein Herz geschlossen hat und sich rührend um ihn kümmert. Wir treffen uns in der Firma, gehen zusammen aus oder laden Freunde und Kunden zu uns ein. Danach gehen wir allerdings wieder unsere eigenen Wege. Valentin schläft meistens in seinem alten Haus neben dem Betrieb, was für ihn sehr praktisch ist. So ist er morgens als Erster im Büro. Und ich lebe mit Paul hier in unserer großzügigen Stadtvilla, mit all dem Luxus, den wir uns leisten können.“

Christine Schellheimer bemerkte die Zweifel im Gesicht ihres Zuhörers und fügte hinzu: „Ob du es glaubst oder nicht, wir führen eine sehr harmonische und glückliche Ehe – vielleicht eine bessere als viele der sogenannten normalen Ehen. Ich kann mit meinem Mann über alles reden; wir können zusammen lachen und gemeinsam unsere Probleme lösen. – Kannst du dir vorstellen, wie viele Frauen mit einem homosexuell veranlagten Mann verheiratet sind, ohne davon zu wissen? Und sich mit Selbstvorwürfen quälen, weil man ihnen einredet, es läge an ihnen, wenn sich der Mann nicht für sie interessiert?“

Gerd nahm einen tiefen Schluck aus seinem Weinglas. Das alles musste er jetzt erst einmal verdauen.

„Wer ist denn der richtige ... ich meine: der leibliche Vater von Paul?“, wollte er noch wissen.

Sie zuckte die Achseln; ihr Blick verfinsterte sich. „Das spielt keine Rolle. Ich habe keinen Kontakt mehr zu ihm. Er weiß gar nicht, dass er einen Sohn in die Welt gesetzt hat.“

Die Türglocke läutete. „Das wird das Kindermädchen sein“, vermutete Christel. „Es bringt Paul zurück.“ Eilig lief sie hinunter zur Haustür, um zu öffnen.

Es war nicht das Kindermädchen, das geklingelt hatte. Christels Überraschung konnte kaum größer sein.

Ein mittleres Polizeiaufgebot hatte sich in Richtung Eisgrubweg in Bewegung gesetzt. Kommissär Obermess hatte empfohlen, Verstärkung mitzunehmen, um die Villa von allen Seiten zu umstellen und einen möglichen Fluchtversuch zu vereiteln. Und so marschierten hinter Hartmann und Holtkamp nicht nur Raabe und Kallweit, sondern auch noch drei weitere Schutzleute aus dem Bereitschaftsdienst quer durch die Stadt.

Kallweit führte die Hilfstruppe zum Hintereingang des Anwesens, wo eine schmale Treppe hinunter in die Pfaffengasse führte. Die anderen näherten sich der Villa von vorne – ein vornehmes, modernes Gebäude umgeben von Grün, und dennoch in unmittelbarer Nähe zur Altstadt gelegen. Am schmiedeeisernen Eingangstor drückte der Kommissär auf den Klingelknopf.

In der Haustür erschien kurz darauf eine junge Frau, die Hartmann irgendwie bekannt vorkam. Als sie sich näherte, um die Gartenpforte zu öffnen, fiel bei ihm der Groschen.

„Christel, bist du's? ... Die Christel Krug aus Ginsheim?"

Die Frau blieb stehen und schaute dem Kriminalbeamten mit einem spöttischen Lächeln entgegen.

„Sieh da, der Kommissär Paul Hartmann aus Darmstadt! Ich hätte nicht gedacht, dass wir uns noch einmal über den Weg laufen."

„Ehrlich gesagt, ich auch nicht. Trotzdem schön, dich zu sehen."

Schlagartig war die Erinnerung zurück, aufwühlend und wehmütig zugleich. Die Tochter eines Gastwirts hatte er vor einigen Jahren bei Ermittlungen in dem kleinen Ort Ginsheim kennengelernt[35], und sie hatte seine Sinne verwirrt. Einerseits war er hingerissen von ihrer Schönheit, angestachelt von ihrem aufreizenden Benehmen, ihren zweideutigen Anspielungen und eindeutigen Avancen; andererseits war er zutiefst verstört von ihren leichtfertigen Reden und ihrer Respektlosigkeit gegenüber

[35] Nachzulesen in: Jochen Frickel, Die Kraft des Stromes. Siehe S. 338.

allem, was ihm heilig war. Im Streit waren sie auseinandergegangen, und irgendwann war es ihm gelungen, sie vollständig aus seiner Erinnerung zu verbannen – bis heute.

„Christel Krug! Ich kann's nicht glauben!", wiederholte Paul.

„Inzwischen Frau Christine Schellheimer, wenn's beliebt!"

Er ließ seinen Blick über die prächtige Fassade der Villa und den gepflegten Vorgarten schweifen. „Gratuliere! Es sieht so aus, als hättest du das große Los gezogen."

„Bist du eifersüchtig?"

„Nein, kein bisschen. Ich gönne es dir."

„Und weshalb bist du hier?"

„Also, ich ..." Dem Kommissär wurde plötzlich bewusst, dass seine private Unterhaltung mit Christel befremdlich auf seine Kollegen wirken musste, zumal die eigentliche Zielperson des heutigen Einsatzes inzwischen ebenfalls mit fragenden Bicken an der Haustür erschienen war. Raabe hatte sich bereits in Position gebracht, um einen Fluchtversuch zu verhindern. Werner Holtkamp stand stirnrunzelnd und etwas ratlos daneben.

Hartmann räusperte sich und ging ein paar Schritte auf den Floßherren zu.

„Herr Wich", begann er in strengem und dienstlichem Ton, „Sie werden sich hoffentlich daran erinnern, dass wir Sie gestern nur vorläufig und unter gewissen Auflagen aus der Haft entlassen haben. Unter anderem sollten Sie sich jeden Morgen bei einer Polizeidienststelle melden. Warum sind Sie dieser Auflage nicht nachgekommen?"

Gerhard Wich lächelte und schlug sich an die Stirn. „Entschuldigen Sie – das habe ich total vergessen. Wissen Sie, es ist so viel passiert seit gestern. ..."

Der Kommissär war verblüfft. Der Franke war nicht wiederzuerkennen. Die dunklen Schatten um die Augen waren verschwunden. Sein Gesicht war frisch und rosig, und er zeigte sich nicht im Geringsten verlegen oder schuldbewusst; vielmehr strahlte er eine heitere Gelassenheit aus. Hartmann entschloss sich, ohne Umschweife auf den Punkt zu kommen.

„Dann muss ich Sie fragen – und bitte überlegen Sie genau, bevor Sie antworten: Wo waren Sie in der letzten Nacht zwischen zwölf und ein Uhr? Oder haben Sie das auch vergessen?“

Gerd Wich bekam rote Ohren. Er senkte seinen Blick auf den Boden und schwieg. Schließlich sagte er leise: „Dazu möchte ich mich nicht äußern.“

Paul Hartmann holte tief Luft. „Ist Ihnen klar, dass Sie sich im höchsten Maße verdächtig machen, wenn Sie eine so einfache Frage nicht beantworten wollen? Wir können Sie jederzeit wieder festnehmen, schon alleine, weil Sie gegen Ihre Auflagen verstoßen haben. Also noch mal – wo waren Sie in der vergangenen Nacht?“

„Er war bei mir“, antwortete Christine Schellheimer an seiner Stelle.

Der Kommissär wirbelte herum. „Wie bitte?“

„Er war bei mir, hier in diesem Haus, an meiner Seite, die ganze Nacht“, wiederholte sie. „Das kann ich jederzeit beschwören, wenn's sein muss.“

Jetzt war es Paul Hartmann, der einen knallroten Kopf bekam. „Christel, komm mal mit“, rief er ärgerlich und lief ein paar Schritte um die Hausecke, damit die anderen sie nicht hören konnten. Sie folgte ihm, wieder mit diesem spöttischen Lächeln auf den Lippen.

„Christel“, redete er erregt auf sie ein, „ich weiß, dass du dich einen Teufel um Gesetze und Regeln scherst, aber es meine Pflicht, dich auf die Folgen einer Falschaussage hinzuweisen. Wenn sich herausstellen sollte, dass Gerhard Wich letzte Nacht eine schwere Straftat begangen hat und du ihm ein falsches Alibi gegeben hast, wanderst auch du ins Gefängnis – wegen Strafvereitelung!“

„Ja, du und deine Paragraphen ...“ Christels Augen funkelten kampfeslustig. „Gerd soll eine schwere Straftat begangen haben? Na klar – für dich ist es eine schwere Straftat, wenn ein Mann mit einer verheirateten Frau schläft. Ja, ich habe mit ihm geschlafen, und wenn du es genau wissen willst, er ist ein besserer Liebhaber als du!“

Paul spürte, wie sein Kopf noch einmal Ton röter wurde. So genau wollte er es nun doch nicht wissen. Aber sie war anscheinend immer noch so wie früher – unbekümmert, respektlos, provozierend.

„Am besten, du verhaftest mich gleich mit“, musste er sich noch anhören. „Ich habe nämlich Unzucht getrieben. Und meinen Mann ebenfalls – wegen Kuppelei. Vielleicht fällt dir ja noch mehr ein.“

Sie drehte sich um, ließ ihn einfach stehen und lief zurück, um den verdutzten Polizeibeamten laut und klar zu verkünden: „Nachdem mich Kommissär Hartmann über die Folgen einer Falschaussage belehrt hat, gebe ich hiermit zu Protokoll: Gerhard Wich wohnt zurzeit als Gast meines Mannes und mir hier in diesem Haus. Ich habe ihn gestern Abend in einer schwierigen persönlichen Situation vorgefunden und ihm Hilfe und Obdach angeboten. In der vergangenen Nacht hat er unser Haus nicht verlassen. Im Übrigen ersuche ich die Polizei, sich aus unserem Privatleben herauszuhalten.“

Paul Hartmann stand daneben wie ein begossener Pudel. Er fühlte sich gedemütigt und vor versammelter Mannschaft vorgeführt.

Er hatte keine Handhabe gegen Gerhard Wich. Selbst wenn Christel ihm ein falsches Alibi gegeben hätte, was er nicht beweisen konnte – solange sie nicht wussten, was mit Nauth passiert war, konnte er niemanden beschuldigen. Fürs Erste blieb ihm nur noch ein einigermaßen geordneter Rückzug.

„Raabe“, fragte er den Kriminalassistenten, „wo ist hier die nächste Polizeistation?“

„Polizeiwache Altstadt am Hopfengarten“, kam es wie aus der Pistole geschossen.

Hartmann wandte sich noch einmal dem Floßherren zu, der immer noch verständnislos an der Haustür stand. „Herr Wich,

Sie melden sich ab sofort jeden Morgen um Punkt neun Uhr auf der Polizeiwache am Hopfengarten. Falls Sie das wieder vergessen sollten, wird das für Sie Konsequenzen haben. Guten Tag!"

Er gab seinen Kollegen ein Zeichen; die Beamten grüßten kurz und verließen das Grundstück.

Als sie schon auf der Straße waren, kam Gerd Wich noch einmal hinterhergerannt. „Herr Kommissär", bat er flehentlich. „Bitte sagen Sie mir, was letzte Nacht passiert ist!"

Hartmann drehte sich zu ihm um, und die ganze angestaute Wut über die verkorkste Befragung und seine Blamage entlud sich jetzt in gehässigen Blicken und zynischen Worten.

„Der Holzhändler Balthasar Nauth, mit dem Sie eine hässliche und peinliche Auseinandersetzung hatten, ist seit Mitternacht spurlos verschwunden. Aber Sie können natürlich nicht wissen, was ihm widerfahren ist – Sie waren ja die ganze Zeit mit dieser Dame da drüben zusammen und haben Gott weiß was getrieben. Beten Sie, dass er noch lebt, und dass es ihm nicht so ergangen ist wie Ihrem Konkurrenten Faller!"

Wich starrte den Kriminalbeamten entgeistert an. „Der Holzmichel? Was ist mit ihm?"

„Haben Sie es noch nicht gehört? Horst Faller ist am Mittwochabend auf seinem Floß ermordet worden. Sie hatten Glück, dass Sie zur Tatzeit in Polizeigewahrsam waren, sonst hätten wir Sie sofort verdächtigt. Aber keine Angst, wir haben den Mörder bereits gefasst. Es war ein Flößer aus Kostheim – Jakob Büttner, genant der Pirat. Er ist übrigens auch tot – heute Mittag ist er bei einem Fluchtversuch vom Dach des Polizeipräsidiums gestürzt. Vorher hat er noch den Mord an Ihrem Floßführer Hempfling gestanden."

Gerhard Wich war kreidebleich geworden. Die geballte Wucht der schrecklichen Nachrichten, die auf ihn einprasselten, erschütterte ihn bis ins Markt.

Paul Hartmann aber hatte kein Mitleid und musste unbedingt noch eines draufsetzen.

„Drei Tote und ein Vermisster!“, schleuderte er ihm entgegen. „Und alle hatten sie etwas mit Ihrer verdammten Wette zu tun! Ich frage mich langsam, ob das ein Zufall ist. Leben Sie wohl!“

Damit wandte er ihm den Rücken zu und lief weiter. Nach fünfzig Metern blickte er noch einmal zurück. Christel hatte den Floßherren tröstend in ihre Arme genommen.

Es war die zweite Nacht, in der Gerhard Wich an der Seite von Christel in ihrem weichen und breiten Bett lag. Er spürte ihre Wärme und ihre Nähe, er lauschte dem gleichmäßigen Atem der Schlafenden. Für ihn selbst aber war an Schlaf nicht zu denken. Zu tief saß der Schock, nachdem er erfahren hatte, welchen grausamen Blutzoll die verfluchte Wette gefordert hatte. Drei Tote und ein Vermisster, hatte der Kommissär ihm vorgeworfen. Wieder hatte er die schwere Last seiner Schuld gespürt. All das wäre nicht passiert, hätte er sich nicht blindlings, von seinem verdammten Ehrgeiz getrieben, in dieses unkalkulierbare Abenteuer gestürzt.

Aber Christel hatte ihm eindringlich klargemacht, dass er seine Schuldgefühle unbedingt überwinden müsse. Das Böse, hatte sie erklärt, entstehe immer aus einer Kette von vielen einzelnen Entscheidungen, die für sich betrachtet weder gut noch böse seien. Diejenigen, die Entscheidungen treffen, können das Böse am Ende der Kette nicht vorhersehen und erst recht nicht verhindern.

Also musste er jetzt nach vorne blicken. So vieles hatte sich verändert in den letzten beiden Tagen. Seine Gedanken drehten sich im Kreis; er dachte an seine Vergangenheit und seine Zukunft, seine Chancen und Risiken, grübelte über die seltsame Ehe der Schellheimers und über das unerwartete Angebot des Fabrikanten, verlockend und herausfordernd zugleich. Unruhig wälzte er sich auf dem Lager, bis die Frau neben ihm hochschreckte und mit suchender Hand das Nachtischlämpchen anknipste.

„Gerd“, murmelte sie schlaftrunken. „Du bist immer noch wach?“

„Entschuldige, wenn ich dich geweckt habe", flüsterte er. „Ich muss über so vieles nachdenken ..."

„Über was musst du nachdenken?"

„Zum Beispiel darüber, ob ich das Angebot deines Mannes annehmen und für ein Vierteljahr hierbleiben soll."

„Was würdest du denn am liebsten tun?"

Gerd schaute hinüber in das rätselhafte Antlitz der Frau, die dem Schlaf noch nicht ganz entkommen war; er sah ein Gesicht, das weichgezeichnet war vom gelben Licht der trüben Lampe und umrahmt war von wallenden dunklen Locken; er blickte auf ihre halb geöffneten Lippen und ihre großen, fragenden Augen; er sah, wie sich ihre Brüste unter dem dünnen seidenen Nachthemd mit jedem Atemzug hoben und senkten. Plötzlich verspürte er das unwiderstehliche Verlangen, diese intime Nähe zu der schönen Frau, dieses nie zuvor gekannte und dennoch völlig selbstverständliche Band der Zweisamkeit für immer zu bewahren und Nacht für Nacht an ihrer Seite zu wachen.

„Ich denke, ich werde zusagen", sprach er leise, aber bestimmt.

Christel reckte und streckte sich, wohlig schnurrend wie eine Katze, dann legte sie ihre Hand an seinen Hals.

„Das ist gut!", flüsterte sie mit ihrem geheimnisvollen Lächeln. „Morgen früh gehen wir zu ihm und sagen es ihm."

Gerd lag bewegungslos auf dem Rücken. Er wusste nicht, wieso, aber es drängten sich ihm unwillkürlich Verse auf seine Lippen; einfache Zeilen, die er während der Floßfahrt so manches Mal vor dem Einschlafen gelesen hatte, und er begann:

Ich möchte jemanden einsingen,
bei jemandem sitzen und sein.
Ich möchte dich wiegen und kleinsingen
und begleiten schlafaus und schlafein.
Ich möchte der Einzige sein im Haus,
der wüsste: die Nacht war kalt.
Und möchte horchen herein und hinaus
in dich, in die Welt, in den Wald ...

Christel richtete sich auf. „Du magst Gedichte und kennst sie sogar auswendig? Von wem ist das?“

„Von Rainer Maria Rilke. Gefällt es dir?“

Sie kuschelte sich ganz eng an ihn. „Es ist wunderschön. Geht es noch weiter?“

„Warte.“ Die Martinsglocke des Domes hatte zu schlagen begonnen, dumpf hallte das Echo durch die Nacht. Dann mischten sich hellere Töne in den Glockenklang, als auch die Stephanskirche die Mitternacht verkünden wollte. Nachdem das Geläut verstummt war, hörte man irgendwo noch entferntes Hundegebell, dann war alles ruhig, und Gerd brachte das Gedicht zu Ende.

Die Uhren rufen sich schlagend an,
und man sieht der Zeit auf den Grund.
Und unten geht noch ein fremder Mann
und stört einen fremden Hund.
Dahinter wird Stille. Ich habe groß
die Augen auf dich gelegt;
und sie halten dich sanft und lassen dich los,
wenn ein Ding sich im Dunkel bewegt.

Christel beugte sich langsam über ihn; sie sahen sich an und bemerkten, dass sie beide Tränen in den Augen hatten; Tränen der Ergriffenheit und Glückseligkeit. Sie lachten ein wenig verlegen und waren sich in diesem kostbaren Moment so nahe, wie sich zwei Menschen überhaupt sein können.

Kapitel 15 – Spurlos verschwunden

Bei der morgendlichen Lagebesprechung am Samstag wirkte Kommissär Obermess ziemlich bedrückt und ratlos. Von dem vermissten Balthasar Nauth fehlte noch immer jede Spur. Weder die Anwohner längs seines Heimweges noch die Wirte und Bordellbetreiber konnten einen Hinweis geben.

„Auch die Droschkenfahrer nicht", ergänzte der Dicke. „Ein Kutscher konnte sich erinnern, dass er den Ruthof in der Nacht nach Kastel gefahren hat. Aber der saß allein im Wagen."

„So langsam schwindet bei mir die Hoffnung, dass der Holzhändler noch am Leben ist", meinte Dr. Holtkamp.

„Es sei denn", entgegnete Andreas Obermess, „dass er wirklich noch in der Nacht heimlich die Stadt verlassen hat. Nach Mitternacht halten allerdings nur noch zwei Züge im Hauptbahnhof: Der Nachtzug mit Schlafwagen nach Basel und in der Gegenrichtung der Nachtexpress nach Amsterdam."

„Nauth hat ja geschäftliche Verbindungen mit Holland", meinte sein Darmstädter Kollege. „Bleib da auf jeden Fall dran, Andreas!"

„Dann müsste er allerdings seine Abreise schon länger geplant haben, denn in der Nacht zum Freitag hat er definitiv keine Fahrkarte gelöst; das haben wir überprüft. Ich habe auch bei der Schlafwagengesellschaft angefragt, ob ein Abteil auf den Namen Nauth gebucht wurde, aber bis jetzt keine Antwort bekommen. Er könnte natürlich auch unter falschem Namen gereist sein, wenn er etwas zu verbergen hat."

Paul Hartmann trat vor den großen Stadtplan an der Wand. „Angenommen, jemand hat ihm auf seinem Heimweg aufgelauert. Dann wird er nicht gleich hier auf der belebten Rheinstraße zugeschlagen haben, auch nicht auf dem weiten und gut einsehbaren Fischtorplatz, sondern eher in der ruhigen Lauterenstraße. Aber wieso hat niemand etwas gehört?"

„Eine Messerattacke zum Beispiel", schaltete sich der Medizinalrat ein, „kann praktisch lautlos ablaufen, wenn sie geschickt ausgeführt wird. Man schneidet dem überraschten Opfer die Kehle durch, und es kann nicht einmal schreien. Aber wo ist die Leiche?"

Obermess zuckte die Achseln. „Ein gewöhnlicher Raubüberfall war es jedenfalls nicht, denn ein Raubmörder macht sich kaum die Mühe, die Leiche verschwinden zu lassen. Vielleicht kam der Täter mit einer Kutsche – jemand, den Nauth kannte und zu dem er bedenkenlos eingestiegen ist. Der könnte ihn wer weiß wohin gebracht haben."

„Oder es war eine Entführung", stellte Dr. Holtkamp in den Raum, „und jetzt wird er irgendwo gefangen gehalten. Allerdings gibt es bis jetzt keine Lösegeldforderung ..."

„Genug der Spekulationen!", beendete Kommissär Hartmann die Diskussion. „Wir brauchen Klarheit. Wir müssen mehr über Balthasar Nauth erfahren, über sein Privatleben und seine Geschäfte. Gibt es da Unregelmäßigkeiten oder einen dunklen Fleck? Wer profitiert von seinem Tod? Alles Fragen, auf die wir keine Antwort haben."

„Gestern Abend war sein Anwalt nochmal bei mir", berichtete Obermess. „Baruch Hirschfeld hat übrigens sämtliche Vollmachten zur Weiterführung der Geschäfte während der Abwesenheit des Firmeninhabers. Wir haben vereinbart, dass wir uns heute Nachmittag in Nauths Büro treffen. Wir werden die Geschäftsbücher durchgehen, die Verträge und Versicherungen, die offenen Aufträge."

„Sehr gut, Andreas. Hoffentlich werdet ihr fündig. Ich fürchte nur, für Dr. Holtkamp und mich kommt das zu spät. Wir müssen leider am Montag zurück nach Darmstadt. Unser Chef wird langsam ungeduldig, nachdem wir schon eine Woche unterwegs sind. Der Mord an dem Floßführer, der uns ursprünglich auf den Plan gerufen hat, ist ja inzwischen aufgeklärt, und die Sache mit Nauth fällt eindeutig in deine Zuständigkeit."

„Verstehe!" Der dicke Kommissär sah auf einmal recht unglücklich aus. „Eigentlich schade. Wir haben doch so gut zusammengearbeitet ..."

Hartmann lächelte. „Zwei Tage bleiben uns ja noch, und die werden wir nicht untätig verstreichen lassen."

Er blätterte in seinem Notizbuch. „Was genau ist in den letzten Stunden vor Nauths Verschwinden passiert? Da war er an seinem Stammtisch, zusammen mit seinen engsten Freunden, mit denen er sich regelmäßig einmal die Woche trifft. Die wissen sicher eine ganze Menge über ihn. Was war er für ein Mensch? Worüber wurde an diesem Abend geredet? Vielleicht gab es da irgendeine Bemerkung, die den Schlüssel zum Verschwinden des Holzhändlers liefert. Der Notar Hirschfeld hat ja bereits den Verlauf des Abends aus seiner Sicht beschrieben, aber ich würde mich gerne mit allen Teilnehmern dieser illustren Runde unterhalten."

„Uiuiui, da sei bloß vorsichtig, Paul! Das sind allesamt wichtige und einflussreiche Persönlichkeiten, die man auf keinen Fall verprellen darf. Dyckerhoff ist einer der größten Arbeitgeber der ganzen Gegend und ein wichtiger Steuerzahler. Dasselbe gilt für Christof Ruthof. Der Ariel Becker ist aus meiner Sicht ein etwas zwielichtiger Typ, der seine Finger in vielen Geschäften hat. Aber er hat sich noch nie etwas zuschulden kommen lassen, und er sitzt im Stadtrat. Weißt du was? Ich rede mit unserem Polizeipräsidenten – er soll mal bei den Herren anrufen und ganz diskret vorfühlen, ob dein Besuch genehm ist."

Am Ende war alles ganz einfach. Die „wichtigen und einflussreichen Persönlichkeiten" erklärten spontan ihre Bereitschaft, die Kriminalisten aus Darmstadt noch am gleichen Tag zu empfangen. Alle drei betonten, dass sie selbstverständlich alles in ihrer Macht Stehende beitragen wollten, um das mysteriöse Verschwinden ihres Stammtischbruders aufzuklären. Und so überquerten Hartmann und Holtkamp ein weiteres Mal die Rheinbrücke und ritten entlang dem Kasteler Ufer, an dem vor zwei Tagen noch das riesige Rheinfloß gelegen hatte, auf die Werft von Christof Ruthof zu.

Eine eindrucksvolle Anlage war das, mit zwei Querhellingen, auf denen einfache Leichter mit flachem Unterboden im Bau waren, und einer Längshelling, auf der ein schlankes Schiff heranwuchs, offensichtlich für den militärischen Einsatz bestimmt. Dort fanden sie auch den Firmenchef, der zusammen mit dem Chef-Ingenieur die Arbeiten überwachte.

Ruthof hieß die Kriminalisten willkommen und erklärte voller Stolz: „Sehen Sie da drüben – für den Bau dieses Torpedo-Bootes setzen wir erstmals die modernen Knallgas-Schweißbrenner von Dräger ein, die den bisherigen Leuchtgasbrennern haushoch überlegen sind. Aber kommen Sie, wir gehen hinüber ins Konstruktionsbüro; dort können wir uns ungestört unterhalten."

In dem Büro, dessen Wände mit vielen technischen Zeichnungen und Projektkalendern bestückt waren, servierte die Sekretärin den Gästen zunächst einmal einen frisch gebrühten Kaffee, der dankbar angenommen wurde.

„Ihre Stammtischrunde, Herr Ruthof", begann Hartmann, „besteht ja schon sehr lange, nicht wahr?"

Ruthof nickte. „Seit fast 20 Jahren treffen wir uns jeden Donnerstag nach Feierabend zu einem guten Schoppen und reden über alles Mögliche – über Politik, über unsere Geschäfte, über den neuesten Klatsch in der Stadt ..."

„Und von Anfang an immer im gleichen Lokal?"

„Richtig. Wir fühlen uns wohl in der Weinstube Wilhelmi. Na ja, der Wirt ist ein komischer Kauz; er verzieht keine Miene und ist ziemlich wortkarg. Aber es ist gemütlich dort, es gibt gutes Essen und vorzüglichen Wein. Was will man mehr?"

„Worüber haben Sie denn vorgestern hauptsächlich geredet?"

„Nun, das aktuelle Geschehen im Haus unseres Freundes Balthasar lieferte ja Gesprächsstoff genug. Seine komische Wette, der dramatische Absturz der Holzpreise, ein Mord auf seinem Floß ...“

„Wirkte Herr Nauth denn irgendwie bedrückt oder verängstigt?“

„Ganz im Gegenteil – er war munter und aufgekratzt wie lange nicht mehr! Ich habe mich noch gewundert, dass er angesichts der Schwierigkeiten für sein Geschäft so gelassen blieb. Aber er war voller Pläne für die Zukunft – er wollte sich aus dem Holzhandel nach und nach zurückziehen und stattdessen in den Transport auf Wasserstraßen investieren. Mit seiner Frachtflößerei hatte er ja schon ein Bein in der Binnenschifffahrt, und im Geiste sah er wohl schon eine ganze Flotte von Schiffen mit der Aufschrift *Reederei Nauth* auf dem Rhein fahren.“

„Diesbezüglich haben Sie ja offenbar noch mit ihm gesprochen, als die anderen schon gegangen waren. Was wollte er denn von Ihnen wissen?“

„Nun, ich habe ihm von unseren Plänen für den Bau von neuartigen selbstfahrenden Lastkähnen mit Dieselantrieb erzählt. Das hat ihn sehr interessiert. Er wollte unbedingt wissen, was so ein Schiff kosten würde, und ich habe ihm eine grob geschätzte Zahl genannt: 60.000 Mark. Daraufhin meinte er, das sei kein Problem für ihn – die Summe hätte er momentan flüssig.“

„Und danach haben Sie zusammen mit ihm das Lokal verlassen?“

„Richtig. Wir haben bezahlt und sind gegangen. Ich habe eine Droschke genommen, und Balthasar wollte wie immer zu Fuß nach Hause gehen.“

„Haben Sie gesehen, ob er wirklich den Heimweg angetreten hat?“, hakte der Medizinalrat nach. „Oder hat er vielleicht eine andere Richtung eingeschlagen?“

„Tut mir leid – ich bin sofort zur Kutsche hinübergelaufen und habe mich nicht mehr umgedreht. Es hat nämlich nur ein Wagen am Droschkenplatz gewartet, und ich wollte nicht, dass ihn mir jemand wegschnappt.“

„Um wie viel Uhr war das genau?“

„Das muss ganz kurz vor Mitternacht gewesen sein. Ich erinnere mich, dass ich die Domuhr schlagen gehört habe, nachdem sich die Kutsche in Bewegung gesetzt hatte.“

Bevor sich die Besucher verabschiedeten, äußerte Ruthof noch eine Bitte.

„Ich wäre Ihnen dankbar, meine Herren, wenn Sie mich auf dem Laufenden halten könnten. Bitte rufen Sie mich an, wenn Sie etwas in Erfahrung bringen. Egal, ob es gute oder schlechte Nachrichten sind – nichts ist so schlimm wie diese Ungewissheit! Sie können gerne auch am späten Abend oder morgen am Sonntag bei mir zu Hause klingeln. Ich gebe Ihnen mal meine Privatnummer: Kastel 286.“

Hartmann versprach es und schrieb die Nummer in sein Notizbuch.

Es waren nur wenige hundert Meter von der Schiffswerft zur Zementfabrik, aber den beiden Reitern schien es, als würden sie auf dem Weg dorthin in eine fremde, gespenstische Welt eintauchen.

Straße und Häuser, Wiesen und Halden, selbst die Büsche und Bäume waren auf einmal von einer dünnen weißgelben Staubschicht überzogen. Es sah aus, als hätte es über Nacht Frost und Raureif gegeben, oder als sei gerade zarter Schnee gefallen – ein schmutziger, schwefliger, dünner Reif oder Schnee.

Der Staub kam aus den hohen Schloten der Zementöfen, die Tag und Nacht ihre Wolken in den Himmel bliesen. Bei günstigem Wind wurden diese Wolken weit davongetrieben und lösten sich irgendwann auf – bei Windstille aber senkten sie sich langsam zu Boden und überzogen die gesamte Umgebung mit einem feinen, klebrigen Puder. Bei feuchter Witterung verband sich dieser Puder mit seiner Unterlage und war nicht mehr zu entfernen.

Rund um die Dyckerhoff'sche Fabrik gab es eine Reihe von kleineren Industriebetrieben, erstaunlicherweise aber auch einige neue Wohnblocks, und alle waren sie von dem gleichen schmutzig-weißen Belag eingehüllt.

„Kann man in so einer Gegend auf Dauer wohnen?“, wunderte sich Hartmann.

„Ich fürchte, die Anwohner kriegen früher oder später ernste Probleme mit den Bronchien“, vermutete Dr. Holtkamp. „Wenn sie dann vom Husten geschüttelt werden, spucken sie wahrscheinlich jedes Mal ein paar Brocken Beton aus.“

Rudolf Dyckerhoff empfing die Beamten in seinem modernen, großzügigen Büro mit Rheinblick. Der Medizinalrat bediente sich dankend mit einer der angebotenen Zigarren, während der Kommissär ebenso dankend ablehnte.

„Noch immer keine Spur von Nauth?“, fragte der Fabrikant. „Schrecklich! Ich hoffe ja immer noch, dass er bald wiederauftaucht!“

„Haben Sie denn irgendeine Idee, wo er sich aufhalten könnte?“, erkundigte sich Holtkamp.

„Ich habe nicht die geringste Ahnung. Jedenfalls hatte er keine Andeutung gemacht, dass er in dieser Nacht noch woanders hinwollte.“

„Können Sie sich vorstellen“, wollte Paul Hartmann wissen, „dass Herr Nauth vielleicht eine heimliche Geliebte hatte, die er hin und wieder aufsuchte?“

„Der Balthasar? Nein, das halte ich für ausgeschlossen. Das würde eher zu Ariel Becker passen – der ist Junggeselle und sucht hin und wieder ein amouröses Abenteuer. Die Nauths führen eine vorbildliche Ehe; er hat zwei reizende Töchter und ist höchstens ein bisschen unglücklich darüber, dass er keinen männlichen Nachkommen hat, der später die Firma übernehmen könnte.“

„Gibt es denn in seinem Privatleben irgendeinen wunden Punkt – ein heimliches Laster vielleicht, dem er frönt?“

„Na ja – Laster würde ich das nicht gerade nennen, aber seine große Leidenschaft sind Pferdewetten. Er besucht regelmäßig die Galopprennbahn in Niederrad und ist immer ganz stolz, wenn er gewonnen hat.“

Der Kommissär zog die Augenbrauen hoch. „Bei Pferdwetten kann man aber auch richtig viel Geld verlieren, wenn man aufs falsche Pferd setzt.“

Dyckerhoff lachte. „Balthasar hat meistens aufs richtige Pferd gesetzt, auch bei seinen Geschäften. Seine Firma ist groß geworden, weil er ein Gespür dafür hat, wer ihm nützlich sein kann. Er hat sich verlässliche Lieferanten und seriöse Kunden ausgesucht. Er ist aufgeschlossen für alles Neue und flexibel genug für Veränderungen.“

„Haben Sie denn eine direkte geschäftliche Verbindung mit ihm?“

„Nun, seine Frachtflößerei übernimmt manchmal einen Transport für uns – so auch in dieser Woche; 1.400 Fässer Portland Spezial nach Holland. Ansonsten haben wir natürlich miteinander über unsere Geschäfte gesprochen, über die allgemeine Marktlage und so weiter. Ich habe ihm zum Beispiel von unserem neuen wasserfesten Beton erzählt, für den wir eine gewaltige Nachfrage aus den Niederlanden erwarten. Das hat ihn zum Nachdenken gebracht, weil er sich ausrechnen konnte, dass der Handel mit Fundamentstämmen irgendwann am Ende ist. Vorgestern hat er uns mit der Ankündigung überrascht, dass er sich aus dem Holzhandel zurückziehen und ins Reedereigeschäft einsteigen wollte. Auch da hat er, denke ich, auf das richtige Pferd gesetzt.“

Am Nachmittag besuchten sie noch Ariel Becker in seinem vornehmen Stadthaus in der Mainzer Neustadt. Das Dienstmädchen führte die bereits erwarteten Kriminalisten sogleich ins Wohnzimmer. Dort hatte der Kaufmann auf einem großen Tisch Dutzende von Aktenordnern, Kontenbüchern und Formularen ausgebreitet, die er beim Eintreten der Beamten hastig zur Seite schob.

„Ja, ich weiß, ein frommer Jud sollte am Schabbat nicht arbeiten“, entschuldigte er sich. „Aber was will ich machen? Das Finanzamt ist mit meiner Steuererklärung nicht einverstanden und verlangt Nachbesserungen. Immerhin war ich heute Morgen seit längerem mal wieder in der Synagoge und habe für die gesunde Wiederkehr meines Freundes Balthasar gebetet.

Mögen Sie Challah?“ Er reichte ein Tablett mit dem geflochtenen und mit Sesam bestreuten Brot herüber, und die Gäste griffen gerne zu, da sie nach dem Frühstück nichts mehr gegessen hatten und allmählich Hunger bekamen.

„Wir alle sind zutiefst besorgt“, betonte Becker mit ernster Miene. „Was ist mit ihm passiert? Ein großes Rätsel, meine Herren.“

„Wir versuchen, dieses Rätsel zu lösen“, versicherte der Kommissär, während er kaute. „Im Augenblick geht es uns darum, möglichst viel über das private und geschäftliche Umfeld von Herrn Nauth zu erfahren. Sie kennen ihn doch schon sehr lange, und als versierter und rühriger Kaufmann wissen Sie, was in dieser Stadt vor sich geht. Ich frage Sie mal ganz direkt: Könnte es sein, dass Ihr Freund in der letzten Zeit außerhalb seines eigentlichen Metiers in andere, dubiose Geschäfte verwickelt war, die möglichst geheim bleiben sollten?“

Ariel Becker überlegte eine Weile. „Ich glaube nicht, dass er etwas Illegales getan hat, wenn Sie das meinen. Aber vor einigen Wochen hat er mir erzählt, er hätte die Chance, in eine richtig große Sache einzusteigen. Worum es ging, dürfe er noch nicht verraten, aber er müsse jetzt schnell reagieren und das nötige Startkapital aufbringen, sei aber momentan nicht flüssig.“

„Interessant. Er hat Sie also angepumpt?“

„Nicht direkt – er wollte mir etwas verkaufen, nämlich einen Terminkontrakt der Amsterdamer Rohstoffbörse, angeblich ein sicheres und gewinnträchtiges Wertpapier. Ich bin nicht darauf eingegangen – die Sache kam mir komisch vor. Er hätte doch dieses Papier jederzeit über die Bank verkaufen können! *Nein, für diesen Handel musst du dir einen Dümmeren suchen*, habe ich ihm unverblümt klargemacht.“

„Und wie hat Nauth darauf reagiert?“

„Er hat nicht mehr davon geredet. Ich weiß auch nicht, ob aus dieser geheimnisvollen neuen Unternehmung etwas geworden ist. Mittlerweile glaube ich fast, dass er die ganze Geschichte nur erfunden hat, um mir ein faules Papier anzudrehen.“

Hartmann pfiff durch die Zähne. „Das ist aber ein schwerer Vorwurf, Herr Becker. Ihr langjähriger Stammtischbruder wollte Sie bewusst hereinlegen?“

Der Kaufmann lächelte. „Ich nehme ihm das nicht übel, Herr Kommissär. Die Zeiten sind härter geworden – überall geht es nur noch um Profit, möglichst viel und möglichst schnell, und die Moral bleibt auf der Strecke. Man kann keinem mehr trauen, selbst dem besten Freund nicht. Wer nicht aufpasst, hat verloren. So sind nun mal die Spielregeln.“

Werner Holtkamp wechselte das Thema. „Nach unseren Informationen haben Sie am Donnerstag die Stammtischrunde vorzeitig verlassen – wieso?“

„Vorzeitig? Nein – unsere Runde löst sich meistens so gegen halb zwölf auf. Balthasar bleibt gerne länger sitzen und trinkt noch ein Piffchen – er hat ja den kürzesten Weg nach Hause. Manchmal leistet ihm einer von uns dabei Gesellschaft, so wie vorgestern der Christof. Baruch und Rudolf sind zusammen mit mir gegangen.“

„Und wie sind Sie drei nach Hause gekommen?“

Der Weinhändler schien etwas verwundert über diese Frage, dennoch antwortete er geduldig: „Also, Rudolf Dyckerhoff wird meistens von seinem Chauffeur abgeholt. Baruch und ich haben noch draußen mit ihm gewartet, bis das Automobil kam. Dann habe ich eine Droschke genommen, während Baruch unbedingt zu Fuß gehen wollte. Normalerweise nehmen wir zusammen eine Kutsche, weil wir fast den gleichen Weg haben.“

„Moment – Baruch Hirschfeld ist zu Fuß nach Hause gegangen?“, vergewisserte sich Paul Hartmann. „Macht er das öfter?“

„Eigentlich nie. Er wohnt am Bismarckplatz – da läuft man mindestens eine halbe Stunde. Aber vorgestern sagte er, er habe Kopfschmerzen und brauche unbedingt etwas frische Luft.“

Es wurde schon dämmrig, als die Darmstädter Kriminalbeamten ihre Pferde in die Stallungen des Polizeipräsidiums zurückbrachten.

„Was halten Sie davon“, schlug Paul Hartmann vor, „wenn wir den Tag bei einem guten Glas Wein ausklingen lassen? Und zwar im Weinhaus Wilhelmi. Ich würde gerne die Atmosphäre auf mich wirken lassen, in der Balthasar Nauth die letzten Stunden vor seinem Verschwinden verbracht hat.“

„Eine ausgezeichnete Idee!“, pflichtete der Medizinalrat bei. „So langsam wird meine Kehle trocken, und mein Magen möchte auch etwas zu tun bekommen.“

Die Weinstube war voll, wie es an einem Samstagabend zu erwarten war. Junge Studenten, Ehepaare mittleren Alters und würdige Pensionäre – das Publikum war bunt gemischt. Auch der Stammtisch war mit einer fröhlichen Männerrunde besetzt. Mit Mühe fanden die Neuankömmlinge noch Platz an einem freien Zweiertisch. Das Lokal war gemütlich eingerichtet. In den Nischen der holzgetäfelten Wände standen Bronzefiguren auf schweren Marmorsockeln; die Tische waren mit frischen Frühlingsblumen dekoriert. Es ging laut und lebhaft zu.

Hartmann und Holtkamp studierten die knappe Speisekarte und die umso längere Weinkarte. Unterdessen näherte sich der Wirt mit einem unbewegten, melancholischen Gesichtsausdruck.

„Was darf ich den Herren bringen?“

„Für mich einen Nackenheimer Silvaner“, verlangte der Medizinalrat.

„Und ich nehme die Nummer fünfzehn, den Hattenheimer Steinberg, Spätlese“, bestellte der Kommissär. „Außerdem hätten wir gerne was zu essen. Wir sind zum ersten Mal hier – was können Sie uns empfehlen?“

„Unser Gebräteltes wird von den Gästen sehr gelobt. Das ist ein Pfännchen mit Bratkartoffeln, Fleischwurst und Eiern.“

„Hört sich gut an. Für Sie auch, Herr Kollege?“

Holtkamp nickte. Mit einer leichten Verbeugung zog sich Berthold Wilhelmi zur Theke zurück.

„Nun, was haben unsere heutigen Besuche gebracht?“, fragte der Medizinalrat. „Sind wir jetzt schlauer geworden?“

„Wir haben zumindest ein besseres Bild von Balthasar Nauth. Wenn es stimmt, was Becker erzählt hat, dann war er in geschäftlichen Dingen ziemlich skrupellos. Er wollte seinem langjährigen Freund ein faules Wertpapier andrehen ...“

„... aber der ist nicht darauf reingefallen. Ich frage mich, ob Nauth nicht das Gleiche bei einem anderen Stammtischbruder probiert hat und dabei erfolgreich war.“

„Das hat aber keiner von denen erwähnt.“

„Vielleicht, weil es ihm peinlich war. Oder ... weil er sich inzwischen an dem falschen Freund gerächt hat!“

„Suchen Sie jetzt etwa den Verdächtigen im Kreis der Stammtischrunde?“

„Ist das so abwegig? Sie haben doch neulich selbst gesagt, dass die meisten Gewaltverbrechen Beziehungstaten sind. Da sind zwei Menschen, die einander nahestehen, die sich seit Jahren kennen – und plötzlich rastet einer von ihnen aus und wird zum Mörder!“

Paul Hartmann wiegte den Kopf hin und her. „Wer käme da Ihrer Meinung nach in Frage? Sicher nicht ein angesehener Industrieller wie Rudolf Dyckerhoff oder Christof Ruthof.“

Dr. Holtkamp zuckte mit den Schultern. „Man kann nie wissen ... Was ist mit Baruch Hirschfeld? Wieso wollte er ausgerechnet an diesem Abend zu Fuß nach Hause gehen, was er sonst nie gemacht hat?“

„Ja, das ist allerdings merkwürdig“, stimmte der Kommissär zu.

Der Medizinalrat spann den Faden weiter. „Wir wissen nicht, ob er wirklich den Heimweg angetreten hat. Er könnte da draußen gewartet haben, bis Nauth herauskam. Er ist ihm heimlich gefolgt, und im richtigen Moment ...“

Ihre Unterhaltung wurde unterbrochen, als Berthold Wilhelmi die Gläser brachte und mit einem knappen „Zum Wohl!“ auf dem Tisch absetzte. Der Kommissär nutzte die Gelegenheit und zeigte dem Wirt diskret seine Dienstmarke.

„Wir sind von der Kriminalpolizei und untersuchen das Verschwinden des Holzhändlers Balthasar Nauth“, erklärte er.

„Dürfen wir Ihnen ein paar Fragen stellen?“

Wilhelmi sah sich nervös in seinem Lokal um. „Eigentlich habe ich keine Zeit. Sie sehen ja, was hier los ist. Die Polizei war schon bei mir.“

„Es wird nicht lange dauern“, versicherte Hartmann. „Herr Wilhelmi, die Stammtischrunde mit Herrn Nauth tagt ja schon seit vielen Jahren bei Ihnen. Als Wirt lernt man doch seine Stammgäste mit der Zeit ganz gut kennen und macht so seine Beobachtungen. Ist Ihnen aufgefallen, dass es in den letzten Wochen gewisse Spannungen zwischen den Teilnehmern gab?“

„Spannungen? Nein, davon habe ich nichts bemerkt. Bei denen geht es immer friedlich und harmonisch zu.“

„Wirklich? Es gab nie Streit oder Missstimmung zwischen den Herren, in all den Jahren?“

„Wenn es um Politik ging, haben sie manchmal kontrovers diskutiert. Da wurde es schon mal laut. Aber das war nichts Persönliches.“

Vom Stammtisch rief jemand herüber: „Herr Wilhelmi, wo bleibt mein Handkäs?“

„Eine letzte Frage noch“, legte der Kommissär hastig nach. „Am Donnerstag waren die Herren Nauth und Ruthof noch bis Mitternacht hier. Haben Sie gesehen, dass Herr Nauth nach dem Verlassen Ihres Lokals sofort den Heimweg angetreten hat?“

Der Wirt schüttelte den Kopf. „Nein – da hätte ich ja auf die Straße gehen müssen. Die beiden Herren waren meine letzten Gäste und sind zusammen gegangen. Hinter ihnen habe ich die Tür abgeschlossen und das Licht ausgemacht.“

Nachdem Wilhelmi entschwunden war, ließ Werner Holtkamp seiner Fantasie wieder freien Lauf.

„Der Notar Hirschfeld hat alle Vollmachten für die Geschäftsführung des Holzhändlers, wie wir gehört haben. Vielleicht hat er sie zu seinem Vorteil genutzt und einen größeren Betrag unterschlagen? Er hat befürchtet, dass Nauth ihm auf die Schliche kommt – deshalb hat er ihn aus dem Weg geräumt!“

„Möglich – aber wie?“, zweifelte Hartmann. „Und wo ist die Leiche?“

Holtkamp aber kam jetzt immer mehr in Fahrt.

„Oder Erpressung!“, rief er. „Das könnte ebenfalls ein Motiv gewesen sein! Nauth wusste etwas Belastendes oder Strafbares über einen seiner Freunde. Beispielsweise über Ariel Becker, einen etwas zwielichtigen Charakter, der in viele Geschäfte verstrickt ist. Er hat damit gedroht, seine Informationen an die Polizei weiterzugeben, und hat ihn damit erpresst!“

„Vorsicht, Holtkamp, nun bewegen wir uns endgültig auf dem Boden der reinen Spekulation! Wir haben keinerlei Beweise, nicht einmal Indizien. Ich fürchte, wir werden die Lösung dieses Rätsels unserem Kollegen Obermess überlassen müssen. Unsere Mission hier ist zu Ende. Übermorgen geht es nach Hause, und morgen gönnen wir uns noch einen ruhigen, gemütlichen Sonntag.“

Doch darin irrte er sich gewaltig.

Der kleine Paul jauchzte und krähte vor Begeisterung, aber Adele, das Dienstmädchen, war schier entsetzt. Gerhard Wich hatte die teuren Esszimmerstühle im Kreis aufgestellt und erklärt: „Das ist jetzt unsere Manege!“ Anschließend hatte er sogar noch die große bunte Tischdecke als Vorhang quer über die breite Flügeltür gespannt, um damit den Eindruck eines Zirkuszeltes zu verstärken. Auf der anderen Seite des Vorhangs hatte er Christels dicken Pelzmantel von der Garderobe genommen und rasch über sich geworfen, bevor er in die Manege trat, sich artig vor seinem Publikum verbeugte und in einem tiefen Bass verkündete: „Hallo – ich bin Bruno, der schlaue Braunbär aus den finsteren Karpaten. Ich zeige euch jetzt, welche Kunststückchen ich schon gelernt habe!“

Das war endgültig zu viel für Adele, die gute Seele des Hauses, und da sie ohnehin schon lange Feierabend hatte, verließ sie kopfschüttelnd und naserümpfend die Arena. So entging ihr der ziemlich lächerliche Anblick eines erwachsenen Mannes, der sich auf allen vieren langsam von einem Stuhl zum nächsten hangelte und dabei ein furchterregendes Brummen von sich gab.

Dem einzigen verbliebenen Zuschauer jedenfalls schien es zu gefallen. Er klatschte begeistert mit seinen kleinen Patschhändchen, als der Bär zum Schluss mit dem Kopf heftig hin- und herschaukelte und sich laut brummend rückwärts hinter den Vorhang zurückzog.

„In der nächsten Abteilung, wertes Publikum", rief Gerd von draußen, während er den Pelzmantel wieder an die Garderobe hing, „erleben Sie den weltberühmten Jongleur Gerardo Wichenko mit seiner sensationellen Darbietung – zum allerersten Mal hier in dieser Stadt zu sehen!" Mit drei kleinen Kartoffeln in der Hand, die er vorher aus der Speisekammer stibitzt hatte, kam er zurück in die Manege. Sein Publikum hatte sich inzwischen glatt verdoppelt, denn Pauls Mutter war hereingekommen, hatte ihren Sprössling auf den Schoß genommen und schaute dem Artisten erwartungsvoll lächelnd entgegen.

Gerhard Wich ließ die Erdfrüchte in der Luft kreisen. Es klappte eigentlich ganz gut, obwohl er seine bescheidenen Fertigkeiten in der Kunst des Jonglierens seit Jahren nicht mehr geübt hatte. Jedenfalls hielt er fast 20 Sekunden durch, bevor er aus dem Rhythmus kam und eine der Kartoffeln über den Boden kullerte. Nichtsdestotrotz erntete er laute Bravo-Rufe und kräftigen Beifall von seinen Zuschauern, sodass er einen zweiten Versuch wagte. Diesmal war allerdings schon nach zehn Sekunden Schluss, und der Jongleur fand es ratsam, seine Vorstellung zu beenden und sich mit einer eleganten Verbeugung zurückzuziehen.

„Hochverehrtes Publikum", erklang jetzt seine Stimme hinter dem Vorhang. „Wir kommen nunmehr zum Höhepunkt unseres heutigen Programms." Rasch streifte er sein Hemd ab und stieg aus der Hose. „Staunen Sie über unseren kühnen Akrobaten Giraldus, den Unbesiegbaren, der die Welt auf den Kopf stellen und auf seinen Händen durch die Manege laufen wird."

Und mit aufgeblasenen Backen, den populären Marsch *Einzug der Gladiatoren* vor sich hin prustend, marschierte er mit nichts als seiner Unterwäsche zurück in die Manege, reckte die Arme und ließ seine Muskeln spielen. Dann versuchte er einen Handstand, so wie er es einst im Unterrodacher Turnverein gelernt hatte.

Tatsächlich gelang ihm schon beim zweiten Versuch, irgendwie in die Senkrechte zu kommen. Seine Beine, hatte ihm der Turnlehrer eingeschärft, sollten jetzt kerzengerade gestreckt in die Luft ragen und mit der Hüfte und den Armen eine Achse bilden – doch davon war er weit entfernt. Er versuchte, seine Haltung zu korrigieren. Für einen Moment konnte er sich noch mit äußerster Anstrengung in der Balance halten, dann schlug er krachend zu Boden, riss gleich drei der wertvollen Esszimmerstühle mit sich und blieb stöhnend auf dem Parkett liegen.

Es sah so komisch aus, dass Christel ihr Kichern nicht unterdrücken konnte. Der kleine Paul aber kam zu ihm herüber und fragte besorgt: „Onkel Gerd, hast du dir wehgetan?"

Der unglückliche Akrobat richtete sich langsam auf. „Halb so schlimm, Paul. Aber versuche bitte nicht, das nachzumachen." Mit einem verlegenen Achselzucken wandte er sich an die Hausherrin. „Wenn's dem Esel zu wohl wird ..."

„... übt er in meinem Esszimmer den Handstand", ergänzte sie lachend. „Aber jetzt ist Schluss mit dem ganzen Zirkus. Paul, für dich ist es höchste Zeit. Du müsstest schon längst in deinem Bettchen liegen und schlafen!"

„Nein, nein, Mama!", protestierte der Kleine. „Es war doch noch gar kein Clown da!"

Gerd nahm den Jungen in seine Arme. „Schau, die Artisten sind auch schon ziemlich müde. Deine Mama bringt dich jetzt zu Bett, und wenn du dann brav in der Heia liegst, kommt der Clown zu dir und sagt dir Gute Nacht."

„Wirklich?"

„Versprochen!", antwortete Gerd.

Kapitel 16 – Requiescat in pace

Es war feucht und neblig am Sonntagmorgen. Die monumentalen Grabmale, die sich in endlosen Reihen auf dem Hang über dem Zahlbachtal verteilten, verwischten in der Ferne zu mystischen Schatten. Die hohen Bäume dazwischen zeichneten mit ihren kahlen, ineinander verflochtenen Ästen gespenstische Muster in den grauen Himmel. Von den stumm klagenden Steinfiguren, die aus dem dichten Efeugestrüpp herausragten, tropfte der Tau.

Anna Schreiner war schon früh auf dem Mainzer Hauptfriedhof unterwegs, um an der letzten Ruhestätte ihres Mannes ein Blumengebinde niederzulegen. Obwohl es sie fröstelte, verweilte sie lange und in stummer Andacht an seinem Grab. „Ruhe in Frieden, Karl-Egon", flüsterte die Witwe schließlich, wischte sich eine Träne aus dem Auge und machte sich wieder auf den Weg.

Nach ein paar Schritten merkte sie, dass sie nicht alleine auf dem Friedhof war. In der Reihe oberhalb von ihr hockte auf der Einfassung eines großen Familiengrabes ein etwas rundlicher Herr mit dunklem Mantel und Zylinder. Es sah aus, alle wolle er sich nach dem Anstieg zur Grabstätte etwas ausruhen. Bewegungslos kauerte er am Boden, mit einem Strauß gelber Narzissen in der Hand.

„Ob er eingeschlafen ist?", wunderte sich Frau Schreiner. „Guten Morgen!", rief sie ihm zu, doch er regte sich nicht.

Er wird sich erkälten, dachte sie besorgt. Sie stieg hinauf zu dem pompösen Grabdenkmal mit der Inschrift *R.I.P. – Ruhestätte der Familie Heinrich Nauth* und rüttelte an der Schulter des Schlafenden.

„He, guter Mann – aufwachen!“

Der Körper rutschte zur Seite, der Zylinder fiel vom Kopf und gab eine große, hässliche Wunde frei, mit zersplitterten Knochen und verkrustetem Blut.

Anna Schreiner stand da wie versteinert. Dann rannte sie, so schnell es ihre alten Beine erlaubten, hinunter zum Eingangstor und klingelte Sturm am Häuschen des Friedhofwärters.

„Da ... da oben ... liegt eine Leiche“, keuchte sie völlig außer Atem, nachdem der Mann an die Tür gekommen war.

Der Wärter rollte die Augen. Nicht mal am Sonntag hat man seine Ruhe vor diesen verrückten alten Weibern, dachte er.

„Ich weiß, gute Frau. Da oben liegen Tausende von Leichen. Das ist ja der Zweck eines Friedhofs!“

„Aber ... aber die liegt nicht unter der Erde, sondern obendrauf! Kommen Sie!“ Sie packte den Mann am Ärmel, und ihm blieb nichts anderes übrig, als dieser Irren zu folgen.

Eine Stunde später standen Paul Hartmann, Werner Holtkamp und Ernst Raabe erschüttert am Fundort. Der Medizinalrat hatte sich über den Toten gebeugt, um eine erste Untersuchung vorzunehmen. „Schwerste Kopfverletzung, wahrscheinlich unmittelbar tödlich. Ein heftiger Schlag mit einem stumpfen Gegenstand.“

„Wie lange liegt er denn schon hier?“, erkundigte sich der Kommissär.

„Nur wenige Stunden, würde ich sagen. Seine Kleidung und seine Schuhe sind blitzsauber. Sehen Sie – rund um das Grab und überall auf den Wegen wurde dieser poröse Bessunger Kies frisch aufgeschüttet. Der rötliche Staub verteilt sich beim kleinsten Luftzug auf alles, was am Boden liegt.“

Hartmann schaute hinunter auf seine Schuhe, die schon auf dem kurzen Weg bis zum Grab einen gelb-roten Belag bekommen hatten.

„Der Mörder“, sinnierte er, „hat viel Mühe auf sich genommen, um sein Opfer bei Nacht und Nebel hier an diese Stelle zu bringen. Was will er uns damit sagen?“

„Er bereut seine Tat“, meinte Kriminalassistent Raabe. „Er möchte, dass Nauth wenigstens ein anständiges Begräbnis bekommt. Er bringt ihn sozusagen zurück in den Kreis seiner Familie.“

„Fein beobachtet, Raabe. Auch die Blumen, die er ihm mitgegeben hat, sprechen dafür. Er wollte, dass man ihn hier findet.“

„Damit scheidet Jakob Büttner endgültig aus dem Kreis der Verdächtigen aus“, folgerte Raabe. „Der Täter ist jemand, der der Familie Nauth nahesteht oder zumindest deren Grabstätte kennt.“

Hartmann nickte. „Die spannende Frage ist jetzt: Wo war die Leiche zwischen der Nacht zum Freitag und heute früh?“

„Vielleicht verrät sie mir das ja bei der Obduktion“, meinte Dr. Holtkamp. „Raabe, lassen Sie den Toten ins Leichenschauhaus bringen.“

Kommissär Hartmann wartete am Eingang der Leichenhalle beim St. Rochus-Hospital, wo der Gerichtmediziner zusammen mit einem jungen Assistenzarzt die Obduktion vornahm. Gerade hatte ein wachsbleicher Baruch Hirschfeld die Halle verlassen – der Schutzmann Wilfried Kallweit hatte ihn hierhergebracht, um den Toten zu identifizieren. Dem Anwalt stand jetzt ein schwerer Gang bevor. Er musste den Angehörigen die traurige Nachricht überbringen.

Nach einer halben Stunde kam Holtkamp heraus. „Es dauert noch ein bisschen“, entschuldigte er sich. „Vorab schon so viel: Der Schlag auf den Kopf muss mit größter Wucht ausgeführt worden sein. Er hat die Schädeldecke total zertrümmert. Der Mann war sofort tot.“

„Hat Ihr Patient denn ausgeplaudert, wo er sich die letzten 48 Stunden aufgehalten hat?“

„Ja – jetzt wird’s interessant. Zunächst einmal ist überraschend, dass nicht die geringsten Anzeichen einer innerlichen Zersetzung zu erkennen sind, die normalerweise nach 24 bis 48 Stunden einsetzt. Des Weiteren haben wir auf dem Rücken des Toten gewisse Hautveränderungen entdeckt, die auf den Einfluss von extremer Kälte hinweisen: Bläuliche Verfärbung, Pusteln, Frostbeulen. Es sieht so aus, als habe er längere Zeit, und zwar gleich nach seinem Tod, auf einer Eisfläche gelegen."

Paul Hartmann runzelte die Stirn. „Wo gibt's denn zu dieser Jahreszeit noch Eis?"

„In Grönland beispielsweise", zwinkerte der Medizinalrat. „Allerdings ist es ziemlich unwahrscheinlich, dass unser Mörder mit seinem Opfer sich dort aufgehalten hat, denn eine solche Reise würde mehrere Wochen dauern. Ich tippe auf Eistafeln oder Eisstangen, wie sie unter anderem in den Bierkellern der Brauereien in großen Mengen zum Einsatz kommen."

„In Brauereien? Was hat Nauth mit dem Brauwesen zu tun?"

„Das war nur ein Beispiel. Man braucht dieses Eis natürlich auch in Metzgereien, im Fischhandel, in Hotels und Restaurants – kurz, überall dort, wo Lebensmittel über längere Zeit frisch gehalten werden müssen."

Der Kommissär dachte nach. „In den Wirtschaftsräumen von herrschaftlichen Villen gibt es doch auch Kühlkammern oder Eisschränke, die mit solchen Eistafeln bestückt werden – richtig?"

„Allerdings", bestätigte Holtkamp. „Ich würde mich nicht wundern, wenn wir in den Haushalten von Nauth, Dyckerhoff, Ruthof und so weiter solche Einrichtungen finden würden. Oder auch in der Villa Schellheimer, die bezeichnenderweise am Eisgrubweg liegt – gleich da drüben."

Paul Hartmann schaute sich um. Tatsächlich, die Villa, die sie am Freitag aufgesucht hatten, lag in Sichtweite und schaute hochmütig auf das Hospital herab.

„Machen Sie weiter, Holtkamp. Wir treffen uns später im Hotel."

Tief in Gedanken versunken lief der Kommissär langsam zurück in die Klarastraße. Im Polizeipräsidium gab es heute nur eine Notbesetzung. Andreas Obermess hatte seinen freien Tag und war nicht erreichbar, aber Kriminalassistent Raabe und der Schutzmann Kallweit waren in Bereitschaft.

Hartmann setzte sich ins Vorzimmer seines Mainzer Kollegen und grübelte vor sich hin. Er hatte das Gefühl, der Lösung ganz nahe zu sein. Er musste nur die kleinen Mosaiksteinchen, die in seinem Kopf herumschwirrten, zu einem vernünftigen Bild zusammenfügen. Einzelne Sätze, die sie bei ihrer gestrigen Befragung gehört hatten, hallten in seinen Ohren nach.

Ariel Becker: *Man kann keinem mehr trauen, selbst dem besten Freund nicht. Wer nicht aufpasst, hat verloren.*

Rudolf Dyckerhoff: *Er hat ein Gespür dafür, wer ihm nützlich sein kann.*

Christof Ruthof: *Ich bin sofort zur Kutsche hinübergelaufen und habe mich nicht mehr umgedreht.*

Schließlich griff er zum Telefon und hob den Hörer ab. „Hallo, Fräulein!", sprach er ins Mikrofon. „Bitte verbinden Sie mich mit Kastel, Nummer 286."

Es knackte ein paar Mal in der Leitung, dann hörte er: „Hier Ruthof. Mit wem spreche ich?"

„Hier Kommissär Paul Hartmann. Herr Ruthof, entschuldigen Sie, dass ich Ihre Sonntagsruhe störe, aber es gibt leider schlechte Nachrichten."

Am anderen Ende herrschte Schweigen. Dann sagte Ruthof: „Sie haben ihn gefunden. Tot?"

„Ja, leider. Die Leiche lag heute Morgen am Grab der Familie Nauth auf dem Hauptfriedhof."

Wieder Schweigen. Schließlich fragte der Schiffbauer: „Wer tut so etwas?"

„Wir werden es herausfinden, Herr Ruthof, ich verspreche es Ihnen. – Ich brauche noch eine kleine Auskunft von Ihnen, die uns vielleicht weiterhilft. Sie haben gesagt, dass Sie am Donnerstag gegen Mitternacht mit Herrn Nauth die Weinstube verlassen haben. Bitte versuchen Sie sich zu erinnern. Sind Sie wirklich zusammen mit ihm durch die Tür gegangen, oder war

Herr Nauth vor Ihnen auf der Straße? Oder vielleicht hinter Ihnen?"

Es gab eine kurze Pause, dann kam die Antwort: „Ja, wenn Sie mich jetzt so genau fragen, fällt's mir wieder ein: Ich war als Erster draußen. Nachdem ich bezahlt hatte, habe ich nämlich aus dem Fenster geschaut und gesehen, dass gegenüber nur eine einzige Droschke gewartet hat. Ich habe mich kurz verabschiedet und bin gleich losgestürmt, damit sie mir nicht vor der Nase wegfährt. Da war Balthasar noch am Bezahlen."

Hartmann holte tief Luft. „Vielen Dank, Herr Ruthof. Das war sehr wichtig. Guten Abend!"

Nachdem er aufgelegt hatte, blieb der Kommissär noch eine Weile reglos am Schreibtisch sitzen. Dann sprang er auf, lief hinüber zur Wachstube und gab den Polizisten Kallweit und Raabe genaue Anweisungen.

Schließlich schlüpfte er in seinen Mantel und begab sich ein weiteres Mal zum Weinhaus Wilhelmi.

Das Weinlokal hatte gerade erst geöffnet; Hartmann war der erste Gast. Der Wirt hinter dem Tresen schien nicht erstaunt, den Kriminalisten nach so kurzer Zeit wiederzusehen.

„Wieder das Gleiche wie gestern, Herr Kommissär? Einen Hattenheimer Steinberg?", fragte er mit rauer Stimme.

„Gerne. Der war wirklich gut. – Ach, könnte ich erst mal schnell auf die Toilette?"

Wilhelmi zeigte zur Hintertür. „Geradehaus über den Hof ins Nebengebäude."

Paul Hartmann nickte und lief hinaus. Der Hinterhof war eng und unaufgeräumt; zugestellt mit leeren Weinkisten, Mülltonnen und einem Leiterwagen.

Der Kommissär bückte sich und strich mit dem Zeigefinger über die Felgen des Handwagens. Er holte ein kleines Papiertütchen aus der Tasche und füllte es mit einer winzigen Probe des Staubs an den Rädern. Danach kehrte er in das Lokal zurück, wo sein Weinglas schon auf dem Tisch stand.

„Herr Wilhelmi“, bat er, „setzen Sie sich doch mal zu mir.“

Der Wirt sah erschreckend aus. Sein Gesicht war aschfahl; er hatte dunkle Ringe um die Augen und zitterte leicht.

„Entschuldigen Sie bitte – ich habe zu tun“, gab er unsicher zurück.

„Es sind ja noch keine Gäste da. Also setzen Sie sich bitte.“

Zögernd leistete der Wirt Folge. Er blickte stumm geradeaus, ohne den Kommissär anzusehen.

„Herr Wilhelmi“, fragte Hartmann ruhig, „haben Sie hier im Haus eine Kühlkammer oder einen Eisschrank?“

Hinter der Theke erschien eine verhärmte Frau, ebenfalls totenbleich und mit geröteten Augen, der die Panik ins Gesicht geschrieben stand.

Der Wirt schaute kurz zu ihr hinüber, bevor er mit zitternder Stimme antwortete: „Im Keller haben wir eine Eiskammer. Das braucht man heutzutage in unserem Gewerbe.“

„Und einen Leiterwagen besitzen Sie auch, wie ich gesehen habe. Der rötliche Staub an den Rädern – ich wette, es ist derselbe Staub, der auch an meinen Schuhen klebt, seit ich heute Morgen auf dem Friedhof war!“

Vom Tresen kam ein mühsam unterdrückter Schrei. Die Frau hatte Mund und Augen weit aufgerissen und starrte voller Entsetzen zu ihnen hinüber. Berthold Wilhelmi sagte nichts.

„Sie haben uns erzählt, dass die Herren Nauth und Ruthof am Donnerstag zusammen Ihr Lokal verlassen haben.“ Hartmann sprach noch immer in dem gleichen ruhigen Tonfall, aber klar und bestimmt. „Doch das entspricht nicht ganz der Wahrheit. Herr Ruthof hat inzwischen bestätigt, dass er als Erster hinausgerannt ist, um seine Kutsche zu erwischen. Von diesem Moment an waren Sie mit Herrn Nauth alleine hier im Lokal. Was ist dann passiert?“

Berthold Wilhelmi zitterte jetzt am ganzen Körper. Es würgte in seiner Kehle, seine Augen traten hervor. Dann brach es aus ihm heraus: „Ja – ich habe ihn erschlagen!“

„NEIN!“, schrie die Frau hinter der Theke und schlug mit dem Kopf auf den Tisch.

Wilhelmi stand auf, wankte hinüber und nahm seine Frau in die Arme. „Lass gut sein, Irmgard. Es hat keinen Zweck. Ich muss es loswerden!“

Laut schluchzend klammerte sie sich an ihn, dann machte sie sich frei und rannte wimmernd die Treppe hinauf.

Die Tür zur Gaststube sprang auf. Zwei junge Pärchen kamen hereingeplatzt, schwätzend und lachend. Als sie den Wirt erblickten, der sich leichenblass und zitternd am Tresen festhielt, verstummten sie.

Mit einem Rest von Würde, der ihm geblieben war, trat Wilhelmi seinen Gästen entgegen und sprach: „Bitte gehen Sie wieder. Wir haben geschlossen.“ Seine Stimme klang dumpf und leer.

„Aber Herr Wilhelmi“, protestierte einer der Männer, „wir haben doch reserviert! Wieso ist jetzt geschlossen? Und für wie lange?“

Der Wirt ging zur Tür und öffnete sie. „Für immer“, gab er tonlos bekannt. „Suchen Sie sich ein neues Stammlokal.“ Mit einer hilflosen Geste schickte er die sprachlose Gesellschaft hinaus.

Von oben war wieder das Wimmern und Schluchzen seiner Frau zu hören. Berthold Wilhelmi wandte sich mit einem flehentlichen Blick an den Kommissär.

„Die Irmgard kann heute Nacht nicht alleine bleiben. Ihre Schwester soll herkommen; sie wohnt gleich um die Ecke. Dorothea Dietz, Salmengässchen 12. Können Sie das veranlassen?“

„Ja, natürlich.“ Hartmann ging zur Tür. Draußen warteten inzwischen wie verabredet Kallweit und Raabe mit der Grünen Minna.

Der Kommissär winkte den Kriminalassistenten zu sich. „Raabe, bitte gehen Sie hinüber ins Salmengässchen Nummer 12 und klingeln Sie bei Frau Dorothea Dietz. Sagen Sie ihr, ihrer Schwester ginge es nicht gut, und bringen Sie die Frau am besten gleich mit.“

Raabe nickte und entfernte sich, während der Schutzmann die Anweisung erhielt: „Kallweit, schicken Sie die Leute weg, wenn sie hier reinwollen. Das Lokal ist geschlossen. Polizeiliche Ermittlungen."

Paul Hartmann verriegelte die Tür, nahm den Gastwirt sachte am Arm und führte ihn zu seinem Stuhl zurück. Schweigend ließ er sich ihm gegenüber nieder und wartete. In die Stille hinein ließ er nur ein einziges Wort fallen: „Warum?"

Wilhelmi schluckte ein paar Mal, dann begann er zu reden, leise und monoton.

„Ein ganzes Leben lang haben wir uns abgerackert, die Irmgard und ich, und eisern gespart. Ich hatte einen Traum. Ein richtig großes und modernes Hotel wollte ich haben, mit einem schicken Restaurant, mit vielen Angestellten und vornehmen Gästen, nicht so eine mickrige Weinkneipe wie diese. Aber es hat nie geklappt."

Die tiefe Resignation in diesen Worten war erschütternd. Nach einer Pause offenbarte der Gastwirt langsam und stockend sein weiteres trauriges Schicksal.

„Vor vier Wochen dachte ich endlich, dass ich meine Chance bekäme. Das Hotel Reichspost am Münsterplatz steht nämlich zum Verkauf. Ich habe mit dem Besitzer verhandelt und mit meiner Bank gesprochen. Ergebnis: Um das Geschäft abzuschließen, sollte ich bis Ende dieses Monats 70.000 Mark an Eigenkapital einzahlen; der Rest sollte über ein Hypothekendarlehen finanziert werden. Aber ich konnte beim besten Willen nicht mehr als 65.000 Mark zusammenkratzen. Es fehlten lächerliche 5.000 Mark an der Verwirklichung meines Lebenstraums."

Wieder musste er heftig schlucken, bevor er weitersprechen konnte. Der Kommissär ging hinüber zur Theke und brachte ihm ein Glas Wasser.

„Sie können sich vorstellen, wie enttäuscht ich war", fuhr Wilhelmi fort. „Am selben Abend hatten die Honoratioren wieder ihren Stammtisch, und Herr Nauth war wie so oft mein letzter Gast. Er muss wohl gemerkt haben, wie bedrückt ich war, und so kamen wir ins Gespräch. Ich habe ihm meine Situation geschildert. Da meinte er, er könne mir vielleicht helfen. Er sei in einer ähnlichen Lage: Er bräuchte dringend 60.000 Mark in bar für ein wichtiges Geschäft, und zwar sofort. Und dann hat er mir von diesem Terminkontrakt erzählt, den er mir für 60.000 überlassen wollte, obwohl er schon jetzt über 63.000 Mark wert war und bis zu seiner Fälligkeit am 25. März bestimmt noch ein paar Prozent zulegen würde. Damit wäre uns beiden geholfen. Es klang alles so einleuchtend, wie er mir das erklärt hat."

„Also sind sie ihm auf den Leim gegangen", nickte Hartmann.

Der Wirt schüttelte den Kopf. „Nicht gleich. Ich verstehe ja nicht viel von diesen Börsengeschäften. Am nächsten Tag war ich bei meiner Bank, um mich über dieses Papier zu erkundigen. Man hat mir die Kurszettel gezeigt, wonach der Wert seit Januar kontinuierlich gestiegen war, und wahrscheinlich, sagten sie, würde das bis zum Fälligkeitstag so weitergehen. Gleichzeitig hat man mich aber dringend davor gewarnt, alles auf eine Karte zu setzten und praktisch mein gesamtes Erspartes in dieses eine Papier zu investieren. Das sei keine kluge Strategie, haben sie gesagt. Ich solle mein Risiko streuen, hieß es. Doch ich habe nicht darauf gehört. Ich war wie geblendet von der Aussicht, in kurzer Zeit viel Geld zu verdienen. Und ich wollte unbedingt dieses Hotel haben. So habe ich schließlich Nauths Angebot angenommen. Drei Tage später hatte er sein Geld, und ich hatte den Kontrakt."

Das alte Lied, dachte der Kommissär. Immer häufiger ließen sich naive Anleger dazu verleiten, ihre gesamten Ersparnisse in riskanten Wertpapiergeschäften zu verspielen, gelockt von der Aussicht auf einen schnellen Gewinn – und oft genug mit dramatischen Folgen.

„Anfangs glaubte ich, ich hätte alles richtig gemacht", erfuhr Hartmann. „Jede Woche habe ich im Börsenblatt nachgeschaut

– der Kurs ist tatsächlich immer weiter gestiegen. Am letzten Montag war ich wieder auf der Bank, um das Papier zu verkaufen. Da bin ich aus allen Wolken gefallen. Mein Kontrakt sollte plötzlich weniger als die Hälfte wert sein."

„Und da wurde Ihnen klar, dass Nauth Sie reingelegt hatte."

Wieder schüttelte Wilhelmi den Kopf. „Nein, da noch nicht. Ich war verzweifelt, aber ich habe mir selbst die Schuld gegeben, weil ich so gierig war und alle Warnungen in den Wind geschlagen habe. Den Nauth habe ich sogar bedauert, weil ich dachte, ihn hätte es genauso hart getroffen. Sein Hauptgeschäft war ja der Handel mit den Holländern. Erst am Donnerstag, als er wieder mit seinen Stammtischbrüdern hier war, quietschvergnügt und voller Pläne für die Zukunft, fiel es mir wie Schuppen von den Augen. Ich habe einiges von ihren Gesprächen aufgeschnappt. Nauth wollte sich aus dem Holzhandel zurückziehen. Er wusste von Dyckerhoff, dass die Holländer in Zukunft mehr Zement als Holz brauchen würden, und er konnte sich ausrechnen, dass dieser verdammte Terminkontrakt von heute auf morgen an Wert verlieren würde. Er hat mich vorsätzlich betrogen und um mein Geld geprellt. Später, als ich mit ihm alleine war, habe ich ihm das auf den Kopf zugesagt."

„Und wie hat er darauf reagiert?"

„Das war ja das Schlimme. Er hat mich ausgelacht und verhöhnt. *Ja, mein lieber Wilhelmi, so läuft das nun mal im Kapitalismus*, hat er gesagt. *Wer nicht aufpasst, hat schon verloren. Ich hoffe, Sie haben Ihre Lektion gelernt!*"

Der Gastwirt geriet zunehmend in Erregung, als er sich noch einmal die Szene vergegenwärtigte, die sich um Mitternacht in seiner Gaststube abgespielt hatte. Seine Stimme war jetzt heiser und brüchig geworden.

„Ich war außer mir. Nie hätte ich gedacht, dass mich ein langjähriger Stammgast auf diese Weise hintergehen könnte. Er hat meine Existenz vernichtet, und obendrein wurde ich noch verspottet! Und es hörte nicht auf! *Die Börse hat nun mal ihre eigenen Gesetze*, sagte er und lachte dabei. *Man kann da sehr schnell ein kleines Vermögen machen, indem man ein großes aufs Spiel setzt. Pech gehabt, mein Lieber! Aber trösten Sie sich: Ihr Geld ist ja nicht weg – das hat jetzt nur ein anderer.* Ich musste mich da drüben an die Wand lehnen, so fassungslos war ich!“

Er wies hinüber an die Stelle, wo in einer Nische eine etwa 50 Zentimeter hohe Statue aufgestellt war: Die Bronzefigur eines Sämanns auf einem massiven kubischen Sockel aus schwarzweiß gebändertem Marmor.

„Irgendwann habe ich es nicht mehr ausgehalten. Meine Finger umklammerten diese Figur da drüben, und plötzlich hatte ich das schwere Ding in der Hand. Dann habe ich ausgeholt und zugeschlagen ...“

Berthold Wilhelmi atmete heftig. Minutenlang war er unfähig, weiterzureden. Unterdessen klopfte es an der Tür.

Paul Hartmann stand auf und öffnete. Kriminalassistent Raabe war zurück, mit einer dunkel gekleideten Frau in seiner Begleitung, die der Kommissär nun eintreten ließ.

„Danke, Dorothea, dass du gekommen bist“, murmelte der Wirt. „Die Irmgard ist oben.“

Wortlos und mit steinerner Miene stieg Frau Dietz die Treppe hinauf.

„Die Irmgard war schon oben in unseren Privaträumen, als es passierte“, ließ sich der Wirt nach einer Weile vernehmen. „Sie hat den Schlag gehört und kam die Treppe herunter. Als sie sah, was geschehen war ...“ Wieder konnte er nicht weitersprechen. „Bitte ersparen Sie mir das“, flüsterte er nur.

Berthold Wilhelmi war jetzt völlig am Ende. Tränen standen in seinen Augen, seine Brust und sein Hals zuckten unkontrolliert. Paul Hartmann schob ihm sein Taschentuch hinüber.

Als sich der zutiefst erschütterte Mann endlich ein wenig gefasst hatte, brachte er seine Geschichte zu Ende.

„Ich habe zu ihr gesagt: *Ich muss mich der Polizei stellen.* Und sie hat geantwortet: *Wenn du als Mörder eingesperrt und verurteilt wirst, bringe ich mich um.* Wir waren beide verzweifelt und ratlos. Unser ganzes bisheriges Leben, alles, was wir zusammen aufgebaut hatten, war auf einmal sinnlos geworden. Gegen Morgen haben wir dann beschlossen, die Leiche erst einmal zu verstecken. Zusammen haben wir sie in den Keller geschafft und auf die Eisplatten gelegt, die am Vortag geliefert worden waren. Danach haben wir noch überall die Blutflecken weggeschrubbt."

Er schnäuzte sich in das Taschentuch, bevor er fortfuhr: „Am Abend darauf haben die Gäste von dem Kostheimer Flößer erzählt, der vom Dach des Polizeipräsidiums gestürzt war. Der hätte schon zwei Morde gestanden, sagten sie, und bestimmt hätte er auch den Holzhändler Nauth auf dem Gewissen. Da hatte ich einen Moment lang die Hoffnung, dass die Polizei den Fall ohne weitere Nachforschungen abschließen würde. Aber als Sie gestern Abend mit Ihrem Kollegen hier auftauchten und Fragen stellten, wurde mir klar, dass die Leiche verschwinden musste. Früher oder später hätte es sicher eine Hausdurchsuchung gegeben."

Noch einmal musste Berthold Wilhelmi unter Tränen innehalten, bevor er den letzten Akt des Dramas offenbarte.

„Letzte Nacht habe ich zusammen mit Irmgard den Toten wieder nach oben geschafft und in den Leiterwagen gelegt. Am einfachsten wäre es wahrscheinlich gewesen, ihn in den Rhein zu werfen. Aber das haben wir beide nicht fertiggebracht. Trotz allem, was er uns angetan hat – das hatte der Nauth nicht verdient. Er sollte ein anständiges christliches Begräbnis bekommen. So haben wir ihn in der Dunkelheit auf Umwegen bis zum Grab seiner Eltern gebracht. Die ganze Zeit auf dem langen Weg haben wir für ihn gebetet, und erst im Morgengrauen waren wir zurück."

Nach dem erschütternden Geständnis herrschte minutenlanges Schweigen. Auch Paul Hartmann war bis ins Innerste aufgewühlt. Vor seinem geistigen Auge entstanden Bilder von dem, was er gerade gehört hatte: Der gewissenlose Holzhändler und sein zynischer Spott, die grausige Bluttat, die nächtliche Verzweiflung der Wirtsleute, die alles verloren hatten, der gespenstische Leichenzug durch die neblige Nacht ...

Von oben waren die Stimmen der beiden Frauen zu hören, die laut vor sich hin beteten:

Requiem aeternam dona eis, Domine,
et lux perpetua luceat eis.

Der Kommissär gab sich einen Ruck. „Sie wissen, was ich jetzt tun muss?“

Berthold Wilhelmi nickte stumm. „Kann ich mich noch von Irmgard verabschieden?“, fragte er leise.

„Natürlich.“ Hartmann lief wieder zur Tür und winkte Ernst Raabe und Wilfried Kallweit herein.

„Herr Wilhelmi hat ein Geständnis abgelegt. Bitte lassen Sie ihm Zeit, damit er sich von seiner Frau verabschieden kann. Danach bringen Sie ihn bitte ins Polizeipräsidium.“

Noch einmal trat er an den Tisch und legte seine Hand auf die Schulter des Mannes, dem nichts mehr geblieben war.

„Ich weiß“, sprach er ernst und eindringlich, „dass Sie Ihre Tat ehrlich bereuen, zu der Sie offensichtlich unter extremer seelischer Belastung getrieben wurden. Ich werde vor Gericht für Sie aussagen und hoffe, dass Sie einen milden Richter bekommen. Auf Wiedersehen!“

Paul Hartmann drehte sich um und ging müden Schrittes hinaus in die Nacht. Sein Weinglas stand noch immer unberührt auf dem Tisch.

Kapitel 17 – Abschied

Die Koffer waren gepackt und warteten bereits beim Concierge in der Eingangshalle des Central-Hotels. Zum letzten Mal begaben sich die Darmstädter Kriminalisten ins Polizeipräsidium, um Kommissär Obermess Bericht zu erstatten und sich gleichzeitig zu verabschieden.

„Schade, dass ich nicht dabei war“, bedauerte der Dicke, nachdem er alles über die gestrigen Vorgänge und über das Geständnis des Gastwirts erfahren hatte. Anderseits war er ganz froh, dass es ihm erspart geblieben war, über die steilen Friedhofswege zu klettern.

„Glückwunsch, werte Kollegen! Ihr habt den Fall mit Bravour gelöst. – Sag mal, Paul, wie biss'de denn so schnell auf den Wilhelmi gekomme?“

Hartmann schmunzelte. „Na, so schnell nun auch wieder nicht. Wir sind ja von Anfang an davon ausgegangen, dass Nauth etwas zugestoßen ist, *nachdem* er die Weinstube verlassen hatte. Aber es erschien mir wenig plausibel, dass auf seinem kurzen Heimweg ein Mord passiert sein sollte, für den es weder Zeugen und vor allem keine Leiche gab. Deshalb hatte ich auch bis gestern früh immer noch gehofft, dass er noch am Leben ist und sich irgendwo versteckt hält – aus welchen Gründen auch immer.“

„Aber dann ist die Leiche aufgetaucht“, sagte Obermess.

„Ja – unter sehr merkwürdigen Umständen, die einen Mord auf offener Straße noch unwahrscheinlicher erscheinen ließen. Denn der Täter hätte sein Opfer unauffällig mitnehmen müssen, um es irgendwo 48 Stunden lang aufs Eis zu legen und anschließend ans Familiengrab zu bringen. Aus alledem habe ich den Schluss gezogen: Balthasar Nauth hat die Weinstube nicht lebend verlassen. Die Blumen, die er gestern früh in seiner Hand hielt, lieferten einen weiteren Hinweis. Es waren die gleichen Blumen, die wir am Samstagabend auf den Tischen im Weinhaus Wilhelmi gesehen haben – gelbe Osterglocken."

„Das ist mir nicht aufgefallen", musste Dr. Holtkamp zugeben. „*Narcissus pseudonarcissus*, ein Symbol für Auferstehung und Überwindung des Todes ... Wilhelmi wollte, dass wir die Leiche finden, und im Grunde wollte er auch, dass wir ihn finden."

„Das denke ich auch", pflichtete Kommissär Hartmann bei. „Er zeigt ehrliche Reue und ist bereit, für seine Tat zu büßen."

„Ich sorge dafür, dass er einen guten Anwalt bekommt", versprach Andreas Obermess. „So, wie es aussieht, war das kein vorsätzlicher, kaltblütiger Mord – höchstens Totschlag im Affekt."

„Das ist lieb von dir, Andreas." Doch Paul Hartmann machte sich keine Illusionen. Selbst wenn es ein mildes Urteil geben würde und der Wirt mit ein paar Jahren Freiheitsstrafe davonkäme – sein ganzer Lebensinhalt, seine Träume und Hoffnungen waren für immer zerbrochen.

„Übrigens, von der Beute, die der Pirat dem Holzmichel abgenommen hat, gibt es noch immer keine Spur", berichtete Kriminalassistent Raabe. „Am Samstag war ich mit vier Kollegen den ganzen Tag drüben in Kostheim. Wir haben Büttners Hütte auseinandergenommen und das gesamte Schrebergartengrundstück fünfzig Zentimeter tief umgegraben. Da war nichts. Vielleicht hat er das Geld bei einem Komplizen versteckt."

„Glaube ich nicht", meinte Andreas Obermess. „Der Büttner war ein typischer Einzelgänger; der hatte keine Freunde."

Paul Hartmann schaute auf seine Taschenuhr und erhob sich. „Wer weiß?", meinte er. „Vielleicht taucht die Beute ja irgendwann durch einen Zufall wieder auf, auch wenn es Jahre dauert. Aber das ist eine andere Geschichte. Ich habe jetzt noch etwas in der Stadt zu erledigen, bevor wir abreisen. Holtkamp, wir treffen uns dann in zwei Stunden am Bahnhof."

Mit herzlichen Dankesworten und ausgiebigem Händeschütteln verabschiedete er sich von den Mainzer Kollegen. Der Versuch, seinen Freund Obermess zum guten Schluss noch zu umarmen, gelang allerdings wegen dessen Leibesumfangs nur teilweise.

Kommissär Hartmann verspürte das Bedürfnis, sich vor seiner Abreise auch von Gerhard Wich zu verabschieden und sich bei ihm zu entschuldigen – dafür, dass er ihn zweimal grundlos verdächtigt hatte; vor allem aber dafür, dass er ihn nach der Befragung vor der Villa Schellheimer so unbeherrscht abgekanzelt hatte. Er empfand inzwischen ehrliches Mitleid mit diesem Mann, der so tief gestürzt war, und er war froh darüber, dass der Floßherr offensichtlich nun doch sein Holz verkaufen konnte. Auch darüber wollte er Näheres erfahren.

Also begab sich Paul Hartmann noch einmal zur Villa am Eisgrubweg. Am schmiedeeisernen Eingangstor wurde er von einem frechen Knirps angehalten, der ihm eine rote Spielzeug-Polizeikelle entgegenstreckte.

„Halt – Polizei! Hier darf niemand rein!“

Der Kommissär ging schmunzelnd in die Hocke, um mit dem Jungen auf Augenhöhe reden zu können. „Hör mal – ich bin auch von der Polizei“, erklärte er. „Ich möchte mit dem fränkischen Flößer sprechen, der seit ein paar Tagen hier wohnt.“

Der Kleine sah ihn misstrauisch an. „Du lügst!“, stellte er fest. „Du hast ja gar keine Uniform an!“

„Weißt du – es gibt auch Polizisten ohne Uniform“, erklärte Hartmann geduldig. „Ich muss nämlich Diebe und andere Gauner fangen. Die dürfen gar nicht wissen, dass ich bei der Polizei bin. Sonst würden die ja gleich weglaufen. Wie heißt du denn, mein kleiner tapferer Schutzmann?“

„Ich bin der Paul. Und wie heißt du?“

„Na, so ein Zufall! Ich heiße auch Paul! Wie alt bist du denn?“

„Ich bin schon vier! Am 15. Februar war mein Geburtstag."

Die Tür der Villa öffnete sich, und die Hausherrin erschien auf der Schwelle.

„Mama, Mama", rief der Junge. „Der Mann hier möchte mit Onkel Gerd sprechen. Er sagt, er sei von der Polizei, aber ich glaube, er lügt."

„Nein, Paul, der lügt nicht – er ist wirklich von der Polizei!", entgegnete Christine Schellheimer. Mit einem herausfordernden Blick wandte sie sich dem Kommissär zu und fragte: „Du schon wieder? Willst du den Gerd jetzt doch noch verhaften?"

Paul Hartmann richtete sich auf und blickte der jungen Frau entgegen, wie sie in der Haustür stand: schön, stolz und kühn, mit zurückgeworfenem Kopf und einem überlegenen, spöttischen Lächeln. Genauso hatte er sie in Erinnerung. Mit demselben Gesichtsausdruck stand sie an der Tür ihres Gasthofs, nachdem er ihr gesagt hatte, dass er sie nie mehr wiedersehen wollte.

Damals, nachdem seine kriminalistischen Untersuchungen in Ginsheim beendet waren, hatte er versucht, Christel Krug aus seinen Gedanken zu verdrängen. Es gelang ihm nicht. Ein halbes Jahr später, im Frühling, hatte er sich kurz entschlossen noch einmal für ein Wochenende im Gasthaus Zur Post einquartiert, um seine heimliche Sehnsucht zu stillen. Am Abend waren sie mit dem Paddelboot den Rhein hinuntergefahren, hatten in einer verschwiegenen Bucht zwischen den Krippen angelegt. Christel hatte sich ohne die geringste Scheu vor ihm ausgezogen und war lachend ins eiskalte Wasser gesprungen, und er hatte es ihr ohne zu Zögern nachgemacht.

Dann lagen sie zusammen im feuchten Sand, und in einer wilden, leidenschaftlichen Ekstase verschmolzen ihre Körper miteinander. Unbeschreibliche Wellen der Glückseligkeit, wie er sie noch nie erfahren hatte, durchströmten sein Innerstes, und er wünschte sich, dass diese sensationellen Gefühle niemals vergehen würden.

Doch schon am nächsten Tag war alles anders. Sie hatten sich gestritten. Christel vertrat die revolutionären Ansichten von radikalen Frauenrechtlerinnen, regte sich darüber auf, dass es den Frauen verboten war, sich politisch zu organisieren oder politische Versammlungen zu besuchen, und darüber, dass man ihnen weiterhin das Wahlrecht und den Zugang zu den meisten Berufen verwehrte. Paul hielt dagegen, indem er auf die bestehende Rechtsordnung verwies, die sich über Jahrhunderte bewährt habe, und erklärte, die Rolle der Frau sei nun mal von Natur aus nicht in der Politik, sondern daheim, an Haus und Herd, angesiedelt.

Ein Wort gab das andere, und ihm wurde schnell klar, dass er mit dieser Frau an seiner Seite seine Karriere als Staatsbeamter vergessen konnte. Im Zorn war er abgereist, und irgendwann war es ihm gelungen, nicht mehr an sie zu denken. Bis jetzt.

Der Kommissär riss sich zusammen. „Ich bin nicht dienstlich hier, Christel, sondern sozusagen privat“, erklärte er. „Ich möchte mich bei Herrn Wich dafür entschuldigen, dass ich ihn zeitweise etwas unfair behandelt habe, und möchte ihm für die Zukunft alles Gute wünschen. Kann ich ihn sprechen?“

Christine Schellheimer kam näher und zog ironisch die Augenbrauen hoch. „Das sind ja ganz neue Töne. Der Herr Kommissär möchte sich entschuldigen! Aber Gerd ist nicht hier; er ist bei der Arbeit.“

„Aha“, sagte Paul Hartmann. „Wo arbeitet er denn?“

„Na, in der Firma meines Mannes natürlich!“

„Aha. – Als Flößer?“

„Nein – als Stellvertreter des Geschäftsführers.“

„Aha“, kam es ein drittes Mal. Nun verstand er gar nichts mehr. Aber das war jetzt nicht mehr wichtig.

„Christel“, stotterte er, „sag mal ... du hast ... einen Sohn?“

„Ja, und?“, gab sie keck zurück. „Es soll ja mitunter vorkommen, dass Frauen Kinder gebären, und ungefähr in der Hälfte aller Fälle sind es männliche Nachkommen. Oder hast du mir das nicht zugetraut?"

„Du hast ihn Paul genannt", stellte er fest – nüchtern und sachlich, aber innerlich voller Aufruhr.

„Ja, und?" Die Mutter ging zu ihrem Sprössling und strich ihm zärtlich über das Haar. „Paul, schau doch mal hinten im Garten nach unserem Brunnen. Ich glaube, dein Frosch vom letzten Jahr ist wieder da."

„Wirklich, Mama?" Der Junge ließ seine Polizeikelle fallen und war wie der Blitz um die Ecke verschwunden.

„Denkst du, der Name ist für dich gepachtet?", fragte Christel herausfordernd. „Ich kann mein Kind nennen, wie ich will. Was dagegen?"

„Nein, aber ...Christel", flüsterte er mit zitternder Stimme, „der kleine Paul hat mir verraten, dass er im Februar vier Jahre alt geworden ist. Ich ... ich habe nachgerechnet, Christel. Bitte sage mir ehrlich: Bin ich der Vater?"

Ihre Augen blitzten. „Mein Paul hat bereits einen Vater – den besten, den er sich wünschen kann, und der heißt Valentin Schellheimer. Im Übrigen habe ich dich schon einmal gebeten, dich aus unserem Privatleben herauszuhalten!"

Er starrte sie entgeistert an. „Christel", stammelte er, „warum hast du mir nie etwas gesagt? Ich meine ... selbstverständlich hätte ich dich sofort ..."

„Geheiratet, wolltest du sagen?", unterbrach sie ihn heftig. „Ja, das glaube ich dir aufs Wort. Du hättest mich natürlich prompt zum Traualtar geschleift – nicht aus Liebe zu mir oder dem Kind, sondern nur wegen deines verdammten Pflichtgefühls. Ein Mann von Ehre lässt die Frau, die er geschwängert hat, nicht einfach sitzen, oder? Und was wäre daraus geworden? Vom ersten Tag an hätten wir uns nur gestritten! Du hättest nie Zeit gehabt für mich oder deinen Sohn, weil dir dein verdammter Beruf immer wichtiger war als alles andere. Kannst du verstehen, dass ich darauf keine Lust hatte? Wie du siehst, bin ich auch ohne dich ganz gut zurechtgekommen!"

Paul Hartmann atmete schwer. „Irgendwann musst du es ihm sagen, Christel. Der Junge hat ein Recht zu erfahren, wer sein leiblicher Vater ist."

Sie seufzte „Ja, bestimmt gibt es da einen Paragraphen ... Vielleicht werde ich es ihm sagen, Paul; später, wenn er größer ist und die Dinge versteht. Dann kann er entscheiden, ob er dich näher kennenlernen möchte. Aber bis dahin lässt du uns bitte in Ruhe!"

„Ich darf ihn also nicht sehen? Wenigstens ab und zu und von Weitem?"

Ihre Gesichtszüge wurden plötzlich weich. „Du kannst ja hin und wieder mal hier vorbeikommen. Jetzt weißt du ja, wo wir wohnen. Aber wie ich dich kenne, wirst du kaum Zeit dafür finden."

Sie hauchte ihm einen flüchtigen Kuss auf die Stirn. „Alles Gute für dich, Paul. Ich wünsche dir viel Erfolg bei deiner Verbrecherjagd!"

Der kleine Paul kam aus dem Garten zurückgerannt. „Mama, Mama – ich habe überall nachgeschaut. Da ist kein Frosch!"

„Wirklich nicht? Na, vielleicht habe ich mich getäuscht. – Komm, Paul, sag unserem Besuch ade. Der Kommissär muss wieder weiter, um die Bösewichte zu einzufangen."

Der Kleine streckte dem Erwachsenen sein Händchen entgegen. „Bist du wirklich bei der Polizei?", fragte er zweifelnd.

„Ja, das stimmt", bestätigte Hartmann. Er warf der Mutter einen unsicheren Blick zu. „Darf ich ihn kurz in die Arme nehmen?" Sie nickte.

Vorsichtig, als wäre es aus zerbrechlichem Porzellan, nahm er das Kind vom Boden hoch und hielt es auf seinem Arm. „Auf Wiedersehen, Paul", flüsterte er. „Du bist wirklich ein ganz lieber und gescheiter Junge, auf den deine Eltern stolz sein können!"

„Wenn ich groß bin, möchte ich auch Polizist werden", antwortete der Kleine. „Oder vielleicht Zirkusclown."

„Dann schon lieber Clown in einem Zirkus“, meinte der Kommissär. „Da kannst du die Leute zum Lachen bringen. Bei der Polizei passiert das eher selten.“

Behutsam setzte er den Jungen wieder ab, winkte noch kurz der Mutter zu und lief schnell die Straße hinunter, bevor der kleine Paul die Tränen in seinen Augen bemerken konnte.

Auf der Zugfahrt zurück nach Darmstadt sprach Paul Hartmann kein einziges Wort. Tief in Gedanken versunken schaute er zum Fenster hinaus, wo die Tafeln mit den Stationsnamen in kurzem Abstand vorbeihuschten: Mainz Südbahnhof, Gustavsburg-Kostheim, Bischofsheim ...

Bis ihn sein Reisebegleiter mit der Frage aufschreckte: „Sind Sie immer noch am Grübeln, Hartmann? Der Fall ist doch gelöst!“

„Wie? Entschuldigen Sie, Holtkamp, aber ich bin soeben Vater geworden“, entfuhr es ihm unwillkürlich.

„Herzlichen Glückwunsch!“, gratulierte der Medizinalrat erstaunt. „Ein Junge oder ein Mädchen?“

„Ein goldiger kleiner Junge. Er ist schon vier Jahre alt.“

„So, so.“ Der Gerichtsmediziner schwieg verdutzt. Nach einer Weile sagte er leise: „Und die Mutter ist Frau Schellheimer, nicht wahr?“

Paul Hartmann fuhr hoch „Wie? Woher wissen Sie das, Holtkamp?“

Werner Holtkamp schmunzelte. „Ich habe Sie beide beobachtet, bei unserem blamablen Auftritt vor der Villa. Sie beide haben sich benommen wie ein Paar, das vor langer Zeit einmal eine Affäre hatte, die tragisch ausgegangen ist.“

„Bravo, Herr Doktor! Sie hätten Kriminalkommissär werden sollen! Aber tragisch ... ich weiß nicht. Es war sicher besser so. Wir haben einfach nicht zueinandergepasst. Vielleicht erzähle ich Ihnen ein andermal mehr darüber. Die Sache bleibt aber erst mal unter uns, nicht wahr?“

„Selbstverständlich, Herr Kollege. Ich bin verschwiegen wie ein Grab.“

Paul Hartmann hüllte sich erneut in tiefes Schweigen. Ich habe einen Sohn, ging es ihm pausenlos durch den Kopf. Ich habe einen süßen kleinen Jungen, aber ich darf mich nicht zu ihm bekennen. Schließlich zog er sein Notizbuch hervor und schrieb: *Geburtstag von Paul junior: 15. Februar. Geschenk nicht vergessen!!! (Clownskostüm). Adresse: Schellheimer, Eisgrubweg 23, Mainz.*

Am Dienstagmorgen reiste Gerhard Wich zurück in seine Heimat. Den Weg vom Kronacher Bahnhof nach Unterrodach legte er wie gewohnt zu Fuß zurück, obwohl er diesmal ohne Weiteres eine Kutsche hätte mieten können. Valentin Schellheimer hatte das angekaufte Holz prompt bezahlt, die stolze Summe von 22.000 Mark auf sein Konto überwiesen und ihm den Rest in bar ausgehändigt.

Der Floßherr lief die Hauptstraße hinauf und fühlte sich fremd im eigenen Dorf. Die Straße war wie leergefegt. Die Männer waren bei der Arbeit; Frauen verschwanden grußlos in ihren Häusern, als sie ihn von Weitem sahen.

Er hatte sich vorgenommen, seinen schwersten Gang gleich zu Beginn hinter sich zu bringen, und so klopfte er an der Tür von Martha Hempfling. Für einen kurzen Moment sah er ihr blasses, verhärmtes Gesicht hinter den Fensterscheiben; dann wurde der Vorhang zugezogen.

Gerhard klopfte noch einmal und wartete. Nach einer Weile öffnete sich die Haustür, und Gretel, die Tochter des Hauses, erschien auf der Schwelle.

„Verschwinde, du Mörder! Was willst du von uns?"

Er spürte einen Stich im Herzen. „Gretel", sprach er mit heiserer Stimme, „das alles tut mir entsetzlich leid, aber ich war das nicht. Du siehst – die Polizei hat mich wieder freigelassen. Ich bin gekommen, um euch mein aufrichtiges Beileid auszusprechen. Kann ich mit deiner Mutter reden?"

Die junge Frau schüttelte heftig den Kopf. „Sie will dich nicht sehen, verstehst du? Für sie bist und bleibst du der Schuldige am Tod meines Vaters, egal ob du dafür verurteilt wirst oder nicht. Du warst es, der ihn dazu überredet hat, auf diese verdammte Reise zu gehen!"

Gerhard Wich senkte den Kopf. „Ja, ich weiß. Glaube mir, ich mache mir selbst die größten Vorwürfe deswegen."

„Kannst du dir vorstellen, was wir in den letzten Tagen durchgemacht haben?", schluchzte sie. „Vorige Woche, als deine Flößer heimkamen und erzählten, dass mein Vater tot sei, haben wir es erst nicht glauben können. Am Freitag war dann ein Gendarm aus Kronach da und hat den Mord bestätigt. Gestern kam er noch einmal und hat uns diese schrecklichen Fotos gezeigt. Und er hat gesagt, dass der Leichnam inzwischen eingeäschert wurde. Das war das Schlimmste für die Mutter – dass man ihren Ludwig einfach verbrannt hatte und seine Asche irgendwo in der Fremde geblieben war. Also verschwinde jetzt und lass uns in Ruhe!"

Die Tür schloss sich vor ihm. Wie in einem schlechten Traum schlich Gerhard Wich weiter die Straße entlang, deren Häuser ihn mit leeren Fenstern anstarrten.

Erst als zu Hause bei der Sägemühle angekommen war, lief ihm sein Vater mit Freudentränen in den Augen entgegen und umarmte ihn herzlich. „Schee, dass du widdä dou bisd, Buu. Iech hab des dumme Gewaaf von die Leid sowieso nieä glaubd. Mei Buu is kaan Mörder!"

Und dann erzählte der Alte. Vor ein paar Tagen erst waren die Flößer von der Mainmündung zurückgekehrt und hatten schlimme Nachrichten mitgebracht: Ludwig Hempfling war tot, Gerd war unter Mordverdacht verhaftet worden. Das Holz, das sie unter größtem Einsatz geschlagen, zugerichtet und geflößt hatten, war plötzlich wertlos geworden. Mit leeren Händen waren sie nach Hause gekommen.

Ein tiefer Riss ging seitdem durch das Dorf. Diejenigen, die mit Gerd Wich unterwegs gewesen waren, verteidigten weiterhin ihren Floßherren und zeigten ihren Stolz auf die gemeinsame Leistung. Andere aber hatten schon immer geahnt, dass der Gerd in seinem fanatischen Ehrgeiz und seinem aufwallenden Zorn sogar über Leichen gehen würde, um seine viel zu hoch gesteckten Ziele zu erreichen.

Hinzu kam, dass der Verfall der Holzpreise sehr schnell bis in den Frankenwald durchgeschlagen war. Mehrere Floßherren hatten unfreundliche Depeschen von ihren langjährigen Abnehmern erhalten: Minderung oder Stornierung von Bestellungen, Rücknahme von Preisgarantien – in diesem Jahr sah es schlimm aus für ihr Geschäft. Und auch dafür gaben sie Gerhard Wich und seiner elenden Flößerwette die Schuld, weil viel zu viel Holz viel zu früh in Mainz angekommen war.

Immerhin hatte der Vater auch eine erfreuliche Nachricht zu vermelden. Hedwig Schwemmlein war inzwischen bei ihm eingezogen, und die beiden verwitweten Nachbarsleute kamen offenbar prächtig miteinander aus.

Erfreulich war auch der Inhalt eines Schreibens von der Offenbacher Hafenverwaltung, das inzwischen eingegangen war. Die Forderung auf Schadensersatz für das beschädigte Nadelwehr, hieß es darin, sei fallengelassen worden. Die Aussage des am 12. März verunglückten Floßführers, dass er auf ein Hindernis aufgefahren sei, habe sich im Nachhinein bestätigt. Man habe in der Einfahrt zur Floßrutsche die sechs Meter lange Rettungsleiter gefunden, die vorschriftsmäßig am Fußgängersteg angebracht war und offenbar von einem unbekannten Täter ausgehängt und abgeworfen worden sei. Der Hafenmeister entschuldigte sich sogar für die entstandenen Unannehmlichkeiten.

Am nächsten Tag um die Mittagszeit versammelten sich die Flößer, die vor drei Wochen mit Gerd aufgebrochen waren, im Gasthaus von Hans Seidel. Auch Gottlieb Schalk und Hermann Xander, inzwischen aus Holland zurück, waren gekommen. Jetzt erst erfuhr die fassungslose Mannschaft, was sich letzte Woche in Mainz zugetragen hatte: Der Holzmichel war auf seinem Floß von Jakob Büttner umgebracht worden. Der Pirat hatte auch den Mord an Ludwig Hempfling gestanden und war bei einem Fluchtversuch zu Tode gekommen.

Und in die berechtigte Empörung der Männer über die niederträchtigen Machenschaften ihrer Gegner mischte sich die Genugtuung, dass beide ihre gerechte Strafe bekommen hatten – und ihr Stolz, trotz alledem als Sieger beim Wettlauf der Fichtenstämme durch Ziel gegangen zu sein, wuchs ins Unermessliche.

„Dena hammers gzeigd, dena Schoofsäggel!"

„Mir senn die bessern Flüeßä!"

„Die Schwazzwäldler, die Fregger, die elendigen ..."

Nachdem sich die Gemüter wieder einigermaßen beruhigt hatten, kam Gerhard Wich zum geschäftlichen Teil. Jeder Floßknecht bekam seinen Lohn und die versprochenen Zuschläge in bar ausbezahlt. Mit seinen Holzlieferanten kontrollierte er die Abrechnungen – schon morgen wollte er sie per Banküberweisung begleichen. Einer nach dem anderen klopfte dem Floßherren anerkennend auf die Schulter und verließ das Gasthaus, um die Neuigkeiten im Dorf zu verbreiten – bis Gerd schließlich mit seinen Freunden Hans, Gottlieb und Hermann alleine war.

„Und wann steigt die große Feier?", wollte der Gastwirt wissen. Er trug immer noch den Gipsverband am Bein, bewegte sich aber inzwischen mit seinen Krücken so geschickt, dass er seine Gäste wie gewohnt bedienen konnte.

„Da gibt es nichts zu feiern, Hans", entgegnete Wich mit Nachdruck. „Es ist zu viel Blut geflossen. Das Ganze war eine verrückte Idee, und ich bereue zutiefst, dass ich mich darauf eingelassen habe."

Gottlieb Schalk schüttelte den Kopf. „Du hast dir nichts vorzuwerfen, Gerd. Das Blut hat ein anderer vergossen. Ich habe die Begeisterung in den Gesichtern der Männer gesehen, die eben hier waren. Du hast ihnen etwas gegeben, das sie ihr Leben lang nicht vergessen werden!"

Gerhard Wich schwieg lange. „Nächste Woche fahre ich zurück nach Mainz“, vertraute er schließlich seinen Freunden an. „Zunächst für ein Vierteljahr, vielleicht für immer.“

Noch einmal griff er in seine Geldtasche und legte sechs Fünfzig-Mark-Scheine auf dem Tisch. „Hans, du bist doch der Kassierer vom Floßverein. Ich möchte, dass der Ludwig einen besonders schönen Grabstein bekommt. Aber sag der Martha nicht, dass das Geld von mir ist. Ich werde mich darum kümmern, dass die Urne mit der Asche nach Unterrodach überführt wird.“

Auf der Bank in Kronach erledigte Gerd Wich seine Geschäfte. Nach Tilgung seines Kredits und nach Abzug sämtlicher Überweisungen blieb ein hübsches Sümmchen übrig – als Kapital für eine monatliche Leibrente, die er zugunsten seines Vaters einrichten ließ.

Danach hatte er noch einen weiteren schweren Gang vor sich. Mit klopfendem Herzen lief er den Strauer Torweg hinauf und betrat das Schuhgeschäft von Fritz Porzelt.

Käthe bediente gerade eine Kundin, die sich offenbar nicht entscheiden konnte. Als sie Gerd erblickte, lief sie feuerrot an und senkte den Blick. Er setzte sich in einen der Anprobiersessel und wartete.

Endlich, nachdem die wählerische Kundin ohne einen Kauf den Laden verlassen hatte, kam sie zu ihm herüber.

„Ich habe lange nichts mehr von dir gehört“, wisperte sie. „Hast du meine Briefe nicht bekommen? Ich habe dir postlagernd geschrieben; nach Würzburg, Aschaffenburg, Frankfurt ...“

Gerd schüttelte den Kopf. „Tut mir leid – ich kam nicht dazu, zur Post zu gehen. Es ist so viel passiert unterwegs ...“

„Hier ist auch einiges passiert“, antwortete Käthe, und das Rot in ihrem Gesicht wurde noch dunkler. Sie druckste ein bisschen herum, bevor sie es loswerden konnte: „Bald nachdem du weg warst, kam der Felix Deuber hier in den Laden. Du weißt schon – seine Eltern haben das Bekleidungsgeschäft in der Rosenau. Er ist mit seinem neuen Automobil vorgefahren; das durfte ich mir ansehen. Ein schicker roter Zweisitzer mit schwarzen Ledersitzen, die so komisch gerochen haben. Der Felix hat mich dann für Sonntag zu einem kleinen Ausflug aufs Land eingeladen. Ich habe Ja gesagt, weil ich noch nie in einem Automobil gefahren bin."

Sie sah sich mit scheuen Blicken um, dann setzte sie hastig ihre Beichte fort: „Wir haben mitten im Wald angehalten, und da ist es dann passiert. Er hat ... er hat mir das genommen, was ich eigentlich für dich aufheben wollte. Ich schäme mich so sehr ... Ich dachte, dass ich dir nie mehr unter die Augen treten könnte."

Käthe zögerte ein wenig, bevor sie leise hinzufügte: „Eigentlich ist er ja ganz nett, der Felix. Meine Eltern finden auch, dass wir gut zueinanderpassen. Wir werden wohl bald Verlobung feiern. Bist du jetzt sehr enttäuscht?"

Gerd lächelte. „Nein, überhaupt nicht. Ich wünsche euch von ganzem Herzen, dass ihr miteinander glücklich werdet. – Weißt du, auch ich habe mich nämlich inzwischen in eine andere Frau verliebt. Eigentlich bin ich heute gekommen, um dir das zu sagen."

„Wirklich?"

„Ja, Käthe."

Die junge Frau schluckte ein paar Mal, dann blitzte es in ihren Augen zornig auf, und in umwerfender Logik stieß sie hervor: „Vater hat schon recht – ihr Flößer könnt einfach nicht treu sein!"

Das Dorf blieb weiterhin tief gespalten, und das Gerede nahm kein Ende. Zwar hielten sie Gerhard Wich jetzt nicht mehr für einen Mörder, aber engstirnige und verbohrte Neider gaben ihm die Schuld dafür, dass der Holzhandel in eine schwere Krise geraten war, und sie missgönnten ihm und seinen Freunden das offensichtlich erfolgreiche Geschäft mit dem Kostheimer Aufkäufer, während viele andere sich jetzt um ihre Zukunft sorgen mussten.

Am Palmsonntag besuchte Gerd zusammen mit seinem Vater und Hedwig Schwemmlein den Gottesdienst. Die Worte des Pfarrers beim Gebet hallten in seinen Ohren: „Lasst uns beten für alle, die gesündigt haben: Aus Eitelkeit und falschem Stolz, aus Habgier und Raffsucht. Herr, erbarme dich, und vergib ihnen ihre Schuld."

Gerhard spürte, wie sich die Augen der Gemeinde auf ihn richteten. Trotzig hob er den Kopf, während der Geistliche fortfuhr: „Lasst uns ebenso beten für die in Neid und Missgunst Verblendeten, für die Verleumder und Hasser, so wie Christus am Kreuz gebetet hat: Vater, vergib ihnen, denn sie wissen nicht, was sie tun!"

Nach der Kirche kam Marius Döser, der Bürgermeister, auf Wich zu und schüttelte ihm die Hand. „Glückwunsch, Gerd – ich habe ja immer gewusst, dass du es schaffen wirst. Aber auf unser Dorf kommen jetzt harte Zeiten zu. Der Holzhandel und die Flößerei – das wird auf die Dauer nicht reichen. Wir müssen neue Wege gehen! Ich habe da so ein paar Ideen – Fremdenverkehr zum Beispiel. Die Großstädter suchen für ihre Sommerfrische ruhige und idyllische Naturlandschaften – davon haben wir doch jede Menge zu bieten! Ich werde mich dafür einsetzten, dass wir einen Eisenbahnanschluss bekommen. Ihr könntet beispielsweise eure Sägemühle umbauen und Fremdenzimmer einrichten, und als Gaudi für die Gäste könntet ihr sogar kleinere Floßfahrten anbieten! Denk mal darüber nach, Gerd!"

Gerhard Wich fühlte sich mehr denn je als Fremder im eigenen Dorf. Das war nicht mehr seine Welt. Sein Platz war jetzt woanders – in der großen, fröhlichen Stadt am Rhein, wo er eine neue Aufgabe und eine neue Liebe gefunden hatte.

Seinen Vater wusste er gut versorgt. Er verabschiedete sich von seinen engsten Freunden und fuhr schon am nächsten Morgen zurück nach Mainz – eine Woche früher als geplant.

In den Tagen nach Ostern hatte Gerd Wich noch einiges zu lernen. Er prägte sich die Arbeitsabläufe im Betrieb von Valentin Schellheimer ein und machte sich Notizen für eine bessere Maschinenauslastung. Unter der Anleitung des Stammpersonals werkelte er an sämtlichen Geräten, bis er die Bedienung im Schlaf beherrschte. Er knüpfte Kontakte zu den Handwerkern der Umgebung, die für Reparaturen und Wartungsarbeiten gebraucht wurden. Und er studierte die Geschäftsprozesse – von der Werbung über die Auftragsabwicklung bis zur Rechnungserstellung.

Der Franke wohnte jetzt ganz offiziell im Gästezimmer von Schellheimers altem Wohnhaus – teils, um dem Gerede vorzubeugen, das unweigerlich entstehen würde, wenn er bei der Frau des Firmeninhabers über Nacht bliebe, vor allem aber, weil er so den kürzesten Weg zu seinem neuen Arbeitsplatz hatte.

Mitte April war es dann so weit: Valentin Schellheimer verabschiedete sich für längere Zeit von seinen Mitarbeitern, um seinen Kuraufenthalt in Graubünden anzutreten. Seine Gattin, sein kleiner Sohn und sein inzwischen bestens eingearbeiteter Stellvertreter begleiteten ihn zu Bahnhof.

„Wie weit ist das denn, Papa, wo du hinfährst?“, wollte der neugierige Paul wissen, während sie auf dem Bahnsteig warteten.

„Ja, das ist eine lange Reise.“ Der Vater nahm den Kleinen auf dem Arm und erklärte: „Weißt du, es geht bergauf und bergab, bis hinunter zum Bodensee, und zu Schiff über seine springenden Wellen hin. Beim Ort Rorschach, auf schweizerischem Gebiet, vertraut man sich wieder der Eisenbahn an, gelangt aber zunächst nur bis Landquart, wo man den Zug zu wechseln gezwungen ist. In dem Augenblick, wo sich die kleine Schmalspurbahn in Bewegung setzt, beginnt der eigentlich abenteuerliche Teil der Fahrt, denn jetzt geht es auf wilder, drangvoller Felsenstraße allen Ernstes ins Hochgebirge.“

„Du wirst ja auf einmal richtig poetisch, mein Lieber“, lächelte Christel. „Aber egal, wie weit es ist – im Sommer kommen wir dich besuchen!“

„Na ja, wir werden sehen ...“ Schellheimer setzte seinen Sohn ab und wurde plötzlich sehr ernst. „Gerd, kommst du mal?“

Die beiden Männer liefen ein paar Schritte, sodass die anderen sie nicht hören konnten.

Mit feuchten Augen sprach der Fabrikant: „Gerd, ich habe so ein unbestimmtes Gefühl, dass wir uns nicht wiedersehen werden. Ich möchte, dass du dich um Christine und Paul kümmerst, falls ich nicht zurückkomme."

Gerhard Wich erschrak. „Aber was redest du da! Du wirst bestimmt wieder gesund, davon bin ich fest überzeugt! Schließlich wirst du hier noch gebraucht!"

Valentin schüttelte den Kopf. „Machen wir uns doch nichts vor, Gerd. Du weißt ja, wie es um mich steht. Ich möchte, dass Paul später die Firma übernimmt, wenn er groß ist. Vorausgesetzt, er hat Interesse am Holzgeschäft."

„Im Moment möchte er eigentlich lieber Polizist werden. Oder Zirkusclown", lächelte Gerd.

„Paul hat bisher keinen Patenonkel", sagte Schellheimer. „Ich wollte dich bitten, dass du die Patenschaft übernimmst. Wirst du das tun?"

Gerd nickte stumm, mit einem Kloß im Hals. Er umarmte den Reisenden lange und fest, bis die schwere Schnellzuglokomotive schnaubend und fauchend in die Bahnhofshalle einfuhr.

Später an diesem Tag, nachdem sie Paul in die Obhut des Kindermädchens zurückgegeben hatten, bat Gerd: „Lass uns noch einen kleinen Spaziergang machen, Christel."

Im milden Nachmittagslicht liefen sie am Zitadellengraben entlang, durch den frühlingshaften Stadtpark hinüber zur Eisenbahnbrücke.

„Gerd, wo willst du denn hin?", wunderte sich Christel, als er sie die Treppe hinauf zum schmalen Fußgängersteg führte. „Du willst doch nicht etwa wieder in den Rhein springen?"

„Bestimmt nicht!", lachte er. Während sie über die Holzplanken dahinschritten, den Geruch von Ruß, Teer und Schmieröl in der Nase, kam die Erinnerung an jenen schrecklichen Abend zurück. „Ich weiß immer noch nicht", sinnierte er, „ob ich wirklich gesprungen wäre, wenn du nicht gekommen wärst. Ich weiß nur, dass ich kurz davor war."

Sie standen jetzt in der Mitte der Brücke. Das eine Ufer war im Rücken verschollen, das andere noch nicht zu sehen. Tief unter ihnen, in einem spitzen Winkel von rechts kommend, mündete der Main in den Rhein. Das Mainwasser, mit seiner dunkelbraunen, fast moorigen Färbung, ergoss sich langsam quellend, als wäre es von einer dickflüssigeren, schwereren Substanz, in die viel helleren, gelbgrünen Gewässer des mächtigen Rheinstromes.

Der Main, dachte Gerhard, hat mich hierhergebracht. Der Main hat seinen eigenen Lebensweg, seine eigene Geschichte; er trägt seine eigenen Schiffe und treibt seinen eigenen Wein. Ob sich wohl deshalb sein dunkles, wolkiges Wasserband in seiner eigensinnigen Färbung so lange im fremden Fluss hält? Es zieht sich am rechten Ufer entlang bis fast zum Ende der gegenüberliegenden alten Stadt mit ihren vielen Kirchtürmen, ihren Dächern und Gemäuern, die für die Ewigkeit gemacht scheinen.

Die Frau neben ihm riss ihn aus seinen Gedanken. „Als ich dich vor drei Wochen hier gefunden habe, hast du mich zuerst *Käthe* genannt – erinnerst du dich? Wer ist diese Käthe? Du hast sie geliebt, nicht wahr?"

„Ach, das ist lange her", antwortete er. „Ja, sie war meine große Liebe. Wir wollten heiraten. Aber das ist vorbei. Inzwischen hat sie einen Mann gefunden, der besser zu ihr passt. – Und du? Wie viele Männer hast du schon um den Verstand gebracht?"

Christel antwortete nicht gleich. „Das ist lange her", wiederholte sie seine Worte. „Ich muss dir gestehen, ich war früher ein richtiges ... wie sagt man bei euch? Bubenschleckerla?"

„*Buumschmeggerla* heißt das."

„Bummschmeckerla. Meine Beziehungen haben nie sehr lange gehalten, weil ich jedes Mal ziemlich bald gemerkt habe, dass ich den Richtigen noch nicht gefunden hatte. Aber jetzt ist die Suche zu Ende!"

Sie schloss Gerd in die Arme. Ihre Lippen, ihre Zungen fanden sich zu einem langen, leidenschaftlichen Kuss.

Es donnerte und dröhnte, die ganze Brücke zitterte und wippte, während ein Zug vorbeirumpelte. Nachdem sich der dichte Rauch und der beißende Qualm verzogen hatte, sah sie ihm tief in die Augen und gestand: „Weißt du, als ich dich hier von dieser Brücke geholt habe und dich erst in mein Haus, dann in meine Badewanne und schließlich in mein Bett gebracht habe, da hast du mir einfach leidgetan. Ich wollte dir eigentlich nur zeigen, dass es Dinge gibt, für die es sich lohnt, am Leben zu bleiben. Doch dann habe ich mich dummerweise in dich verliebt. Und jetzt weiß ich: Wir beide gehören auf ewig zusammen!"

„Dann schau mal, was ich mitgebracht habe." Gerd griff in seine Jackentasche und holte ein massives Vorhängeschloss heraus – eine Spezialanfertigung, die er bei einem Kostheimer Schlosser in Auftrag gegeben hatte. Auf der Rückseite war ein Herz eingraviert, außerdem zwei Namen und eine Jahreszahl: *Christel und Gerd, 1904*.

An einem Gitterstab des Brückengeländers, genau an der Stelle, an der sie sich zum ersten Mal begegnet waren, ließ Gerhard Wich die Verriegelung einrasten. „So fest und stabil wie dieses Schloss", sprach er feierlich, „soll unsere Treue sein, und so lange es an dieser Stelle hängt, wird unsere Liebe nicht enden!"

Christel war gerührt. „Ein wunderbarer Einfall! Manchmal bist du richtig romantisch, und mir tut das gut. Aber stell dir vor – wenn alle verliebten Pärchen das nachahmen würden! Da könnte diese Brücke irgendwann zusammenbrechen!"

Gerd lachte. „Keine Angst – die Brücke hält, selbst wenn hier in hundert Jahren immer mehr Schlösser dazukommen. Außerdem kann man ja so ein Schloss auch wieder entfernen."

Er griff noch einmal in seine Jackentasche. „Hier sind zwei Schlüssel, einer für dich und einer für mich. Heb ihn gut auf! Wenn ich eines Tages hier vorbeikomme, und unser Schloss ist nicht mehr da, dann weiß ich, dass du mich nicht mehr liebst."

Christel nahm ihren Schlüssel entgegen. „Ein bisschen habe ich Angst davor“, bekannte sie, „dass unser Liebesschloss vielleicht irgendwann verschwunden ist, weil du meiner überdrüssig geworden bist.“

„Da kannst du sicher sein – das wird nie passieren. Schau her!“ Er warf seinen Schlüssel in einem weiten Bogen hinaus über das Geländer.

Christel lachte laut auf, riss ihre Arme in die Höhe und stieß einen Jubelschrei aus. Dann warf auch sie ihren Schlüssel hoch in die Luft. Der winzige Punkt am Himmel senkte sich rasch nach unten und verschwand für immer in den Fluten des Rheins.

Abbildungsverzeichnis und Bildnachweis

Bildnachweis:

[1] Deutsches Schifffahrtsmuseum Bremerhaven.

[2] Flößermuseum Unterrodach.

[3] Flößer- und Schiffermuseum Kamp-Bornhofen.

[4] Hauptstaatsarchiv Stuttgart.

[5] Privatarchiv Familie Brendel, Heroldsbach.

Literaturangaben

[1] Wikipedia-Artikel: Kettenschifffahrt auf dem Main.

[2] Polizei-Ordnung für die Schifffahrt und Flößerei auf dem Main unterhalb der alten Brücke zwischen Frankfurt und Sachsenhausen betreffend (1887).

[3] Willi Frenz, Die Industrialisierung Kostheims (2003).

[4] Meyers Großes Konversations-Lexikon, 6. Auflage (1905–1909).

[5] Flößerei in Deutschland. Herausgegeben von Hans-Walter Keweloh (1985), ISBN 978-3-8062-0426-8.

[6] Flößerei auf dem Rhein, Siebengebirgsmuseum der Stadt Königswinter (1999), ISBN 978-3-941300-73-6.

[7] Hans-Walter Keweloh, Fachwörterbuch der Flößerei (2014).

[8] Thomas Gunzelmann / Christine Dorn, Die Kulturlandschaft der Flößerei im Frankenwald, Heimatkundliches Jahrbuch des Landkreises Kronach 24 (2003–2006).

[9] Hafenordnung für den Floßhafen unterhalb Kostheim, Großherzoglich Hessisches Regierungsblatt Nr. 24 (1894).

Dank und Anerkennung

Ich danke dem Vorsitzenden des Floßvereins Unterrodach, Herrn Friedrich Fricke, sowie seinen Vereinskollegen im dortigen Flößermuseum für die freundliche Unterstützung.

Bei Eva Malcharek bedanke ich mich für die Übersetzung der Dialoge in die oberfränkische Mundart; ebenso bei Gilbert Knecht für die Hinweise zur Seligenstädter Stadtgeschichte.

Heinz Hillesheimer hat den größten Teil des Manuskripts kritisch gelesen und zahlreiche Fehler und Unstimmigkeiten entdeckt – auch dafür herzlichen Dank.

Entschuldigen muss ich mich posthum bei Carl Zuckmayer, Umberto Eco und Thomas Mann, von denen ich einige Zitate beinahe wörtlich übernommen habe, ohne diese Textstellen besonders zu kennzeichnen. Dies möge bitte nicht als Plagiat verstanden werden, sondern als Zeichen meiner Verehrung für drei bedeutende Ikonen der Literaturgeschichte, die mir stets Vorbild waren.

Bischofsheim, im Februar 2022
Jochen Frickel

Die ersten beiden Fälle von Paul Hartmann

Der „Prinzenraub“ von 1888 neu erzählt

Jochen Frickel:
Villa Clementine
Ein Polit-Thriller aus Wiesbaden
Zweite, überarbeitete Auflage 2023
ISBN 978-3-943580-24-2
Auch als E-Book erhältlich

Aus der großen Zeit der Rheinschiffsmühlen

Jochen Frickel:
Die Kraft des Stromes
Historischer Heimatkrimi
Fünfte, überarbeitete Auflage 2023
ISBN 978-3-943580-16-7
Auch als E-Book erhältlich

Roland Reischl Verlag

Der schmale Grat der Digitalisierung

Rick Elfenjoch:
NIHIL
Eine Science-Fiction-Erzählung
ISBN 978-3-943580-35-8
Auch als E-Book erhältlich

25. Oktober 2039: Rick Elfenjochs namenloser Protagonist wacht auf und stellt fest, dass sein Chip nicht funktioniert. Plötzlich ist nichts mehr, wie es mal war. „Dieses kleine unschuldige Bit entscheidet über deine digitale Existenz", erläutert Allmech. „Eine Eins bedeutet: Du lebst. Eine Null dagegen: Du bist nicht mehr existent, ein Nichts: nihil."

Das Pseudonym Rick Elfenjoch steht für Jochen Frickel, der NIHIL zunächst nur als E-Book und im Selbstverlag veröffentlichte, „um die Reaktionen aus meinem Umfeld abzuwarten". Nach den überwiegend positiven Rückmeldungen entschloss er sich, auch dieses Werk über den rrv einer breiteren Öffentlichkeit zugänglich zu machen.

Der Autor

Foto: privat

Jochen Frickel, Jahrgang 1946, lebt in Bischofsheim bei Mainz und bezeichnet sich gerne scherzhaft als „Deutschlands ältesten Nachwuchsautor".
In seinem früheren Berufsleben als IT-Spezialist hatte er wenig Zeit, seinen Hobbys zu frönen. Erst nach dem Eintritt in den Ruhestand fand er genug Muße, um sich ausgiebig mit der Geschichte seiner Heimat zu befassen, wobei er schwerpunktmäßig die technologischen und sozialen Umbrüche des 19. Jahrhunderts im Blick hat. *Webseite: www.frickel-net.de*